大学金融投资类系列教材

Foundations of Finance

金融学基础

胡俊霞◎主编

華東理工大學出版社
EAST CHINA UNIVERSITY OF SCIENCE AND TECHNOLOGY PRESS
·上海·

图书在版编目(CIP)数据

金融学基础/胡俊霞主编. —上海:华东理工大学出版社,2015.7
ISBN 978-7-5628-4298-9

Ⅰ. ①金… Ⅱ. ①胡… Ⅲ. ①金融学 Ⅳ. ①F830

中国版本图书馆 CIP 数据核字(2015)第 128715 号

大学金融投资类系列教材

金融学基础

主　　编 / 胡俊霞
责任编辑 / 李　骁
责任校对 / 张　波
封面设计 / 戚亮轩
出版发行 / 华东理工大学出版社有限公司
地　址:上海市梅陇路 130 号, 200237
电　话:(021)64250306(营销部)
(021)64252716
传　真:(021)64252707
网　址:press.ecust.edu.cn
印　刷 / 上海展强印刷有限公司
开　本 / 710 mm×1000 mm　1/16
印　张 / 18
字　数 / 310 千字
版　次 / 2015 年 7 月第 1 版
印　次 / 2015 年 7 月第 1 次
书　号 / ISBN 978-7-5628-4298-9
定　价 / 39.00 元

联系我们:电子邮箱 press@ecust.edu.cn
官方微博 e.weibo.com/ecustpress
天猫旗舰店 http://hdlgdxcbs.tmall.com

華東理工大學出版社
客户端扫码进入天猫旗舰店

内容提要

本教材遵循金融学知识由基础理论→基础实务→基础运用的规律，主要阐述了货币、信用、利息以及利率等基本概念；介绍了金融市场的基本实务，包括货币市场和债券、股票市场，以及金融衍生品等其他金融市场的内容；同时阐述了银行和非银行金融机构的主要业务，中央银行的货币政策调控，通货膨胀的类型及治理等基础运用手段；并结合国际金融市场阐述了外汇、国际收支等理论知识。

本教材注重简化理论方面的阐述，通过引入更多的案例将理论与金融市场实践相结合，使得教材内容更贴近高职高专以及非金融专业学生的知识结构。

前言

当今时代，金融已经成为世界经济领域最活跃的要素之一。作为现代经济的核心和现代服务业的重要组成部分，金融在经济生活中扮演着十分重要的角色，也因此受到高职高专教学领域的重视。金融学基础是金融类专业的核心课程，也是财经类非金融专业学生的一门重要基础理论课，各高等院校都非常重视它的教学。

在现有的《金融学基础》的教材中，很多是针对本科院校金融专业的学生编写的，其理论性较强，对学生的理解能力和综合能力有较高要求；而高职院校金融专业和非金融专业的学生更需要适合他们的、贴近经济金融生活的、可读性强的金融学教材。因此，为提高教师的教学质量和学生的学习质量，我们结合多年的教学实践，编写了这本主要面向高职高专金融专业学生的教材。

本教材遵循从基础理论→基础实务→基础运用的规律，分四部分来编写。第一部分为基础理论篇，包括第一至第三章，主要阐述货币、信用、利息以及利率等基本概念。第二部分为金融市场篇，包括第四至第八章，主要阐述各类金融市场的基本概念，货币市场和债券、股票市场，以及其他金融市场的主要内容。第三部分为金融业务篇，包括第九章至第十一章，主要阐述银行和非银行金融机构的主要业务构成、中央银行的调控和通货膨胀。第二、第三部分是本教材的核心。第四部分是国际金融篇，包括第十二章和第十三章，主要阐述外汇、国际收支等国际金融知识。

本教材在编写过程中，注重简化理论方面的阐述，通过引入更多的案例，使理论与实践相结合，使得教材内容更贴近高职高专以及非金融类专业学生的知识结构。在编排方面，本教材尽量做到形式活泼、通俗易懂；在内容上，着重介绍了金融市场的主要构成和金融业务的主要内容，能让读者更全面地了解金融的格局，使金融实务和运用方面的内容更加完善；在资料选取上，选择了较新的金融案例和资料，较直接地反映了金融市场中的客观情况。

在本书的编写过程中，参考了国内外相关教材、专著和资料，在此，谨向所有编著者致谢！本教材的编写得到了上海东海职业技术学院金融系主任陆爱勤教授，上海东海职业技术学院刁德林、邱建国教授的指导和帮助，在此也向他们致谢！由于金融学基础涉及的领域较多，作者的理论和实践经验有限，本书如有疏漏和不足之处，敬请广大读者批评指正。

编　者

目　录

第一篇　基础理论篇

第二篇　金融市场篇

第三篇　金融业务篇

第一篇

基础理论篇

第一章　货币与货币制度

学习目标

- ✧ 理解货币的定义；
- ✧ 了解货币的产生；
- ✧ 掌握货币的本质；
- ✧ 掌握货币的职能；
- ✧ 了解货币的类型；
- ✧ 掌握货币制度的概念及其演变。

引言

萨缪尔森在其名著《经济学》有关货币的章节中，引用了金·哈伯特的一句名言："在一万人中只有一人懂得通货问题，而我们每天都碰到它。"由此看来，货币貌似简单，实际上却极其复杂。

货币的本质问题是最复杂的问题。19 世纪中叶，英国有一位议员格莱顿曾经说过这样一句话，"在研究货币本质中受到欺骗的人，比谈恋爱受欺骗的人还要多"。直到今天，学者们关于货币的本质问题仍然存在争论。

第一节　货币的概念

一、货币的概念

关于货币定义的争论可谓源远流长。早在 19 世纪中叶，英国就有两种关于货币定义的相互独立的观点：一种是"通货派"，另一种是"银行派"。通货派认为，只有金属货币及其代表——银行券才构成一国的货币，而银行券以外的其他各种信用形态都不能算作货币；银行派则认为，不仅金属货币和银行券是货币，而且由于活期存款等信用形态同样发挥着交换媒介的作用，因而也应该属于货币。这是关于货币定义的第一次大争论。

马克思从劳动价值论出发，认为货币是从商品世界中分离出来的、固定地充当一般等价物的特殊商品。部分西方经济学家认为，货币是被社会公众普遍接受的、作为支付商品和劳务的手段。古典经济学家亚当·斯密认为，货币是为了便利交换的目的，他曾说过“货币是流通的大轮，是商业的大工具”。米尔顿·弗里德曼认为，货币是一个共同的、被普遍接受的交换媒介，并认为它建立在普遍接受的传统习惯上，他还说“货币是购买力的暂时栖息所”。弗雷德里克·米什金则将货币定义为：在商品和劳务支付或债务偿还中被普遍接受的任何东西。另外，还有一些西方学者认为，如果一种物品事实上在支付中被广泛接受并普遍用于支付中介，则不论它的法律地位如何，它就是货币。

总之，关于货币的定义多种多样，随着社会经济的不断发展，货币对经济的影响也越来越深化，人们对货币的认识也将会不断发展。

二、货币的产生

货币的产生是和商品交换紧密联系在一起的。货币从最初产生，距今已经有几千年的历史。货币起源于商品，是商品生产和商品交换发展到一定历史阶段的必然产物。在商品交换中，人们必须衡量商品的价值，而一种商品的价值又必须用另一种商品的价值来表现。货币的产生和演变过程就是价值形式的演变过程，从交换产生到货币出现，经历了四个阶段。

（一）简单的、偶然的价值形式

在原始社会后期，随着生产力的发展，偶尔会有剩余产品开始出现。各部落除了满足自身的消费需求外，还把多余的产品拿去交换。但由于当时生产力水平低下，很少有产品剩余，交换的发生非常偶然。在交换的过程中，一种商品的价值偶然地表现在另一种商品上。如：

1只绵羊＝2把石斧

1头牛＝5米布

……

绵羊的价值用石斧表现出来了，石斧成为绵羊的等价物。在这一关系中，等式左边的绵羊起着主动作用，等式右边的石斧处于等价状态，成为表现绵羊的价值材料，起着被动作用。由于价值的表现纯属偶然，所以这个阶段叫简单的或偶然的价值形式。

（二）总和或扩大的价值形式

随着社会生产力的进一步发展和第一次社会大分工的出现，剩余产品开始增多，交换越来越频繁。这时，一种商品不再是偶然地和另外一种商品相交换，而是经常地和许多种商品相交换。如：

1只绵羊 { =2把石斧
=30千克大米
=5米布
……

在扩大的价值形态中，一种商品的价值已经不是偶然地表现在某一种商品上，而是经常地表现在一系列商品上。以上两种价值形式都是物物直接交换，即绵羊和石斧交换，绵羊和大米交换，绵羊和布交换。这种交易实现的条件是交易双方在时空、供求上的双重巧合。当用于交换的商品在质量、数量、品种等方面不符合要求时，交换则不能进行。比如，有羊的人希望换石斧，但有石斧的人不需要羊，需要米，而有米的人既不需要石斧也不需要羊，却需要布，这样，交换就无法进行。这一阶段，一种商品的价值可由许多种商品表现出来，而许多商品都可以成为表现其他商品的等价物，所以叫作扩大的价值形式。

（三）一般的价值形式

物与物的直接交换有个缺陷，就是要满足“双重巧合”的条件，即时空和供求上的巧合，否则交易就很难达成。为了克服这种缺陷，人们开始自发地用自己的商品先换成一种大家都愿意接受的商品，然后再去交换自己所需要的商品。这种商品就从众多的商品中分离出来，表示其他商品的价值，成为一般等价物。如：

2把石斧
30千克大米
5米布
…… } =1只绵羊

一般价值形式是以某种商品为媒介的商品交换形式。一般等价物的出现使物物直接交换转化为以一般等价物为媒介的间接交换。一般等价物是不固定的，如羊、贝壳、布匹等都充当过一般等价物。

（四）货币价值形式

随着商品生产和商品交换的不断发展，人们需要选择一种商品固定地充当一般等价物，这种商品需要满足人们的要求，诸如，价值含量高、价值统一、便于分割、便于携带、便于保存。最后，人们发现贵金属最适合做这种一般等价物。

当一般等价物相对稳定时，货币也就产生了。货币成为表现其他一切商品价值的固定的一般等价物，马克思将其称为货币价值形式。所以，“金银天然不是货币，但货币天然是金银”。

资料卡 货币的起源

关于货币的起源，不同时期、不同地区有不同的说法。在中国，先秦时期十分盛行“先王制币说”，认为货币是先圣们为解决民间交换的困难而创造出来的。如《管子》的“人君铸钱立币，民庶之通施也”。在古代埃及，货币是很神圣的，只有那些经过法老发出并被圣化过的神秘物品才能作为货币。在西方，流行过“创造发明说”，认为货币是人们为了解决直接的物物交换困难而共同选择的；也流行过“保存财富说”，认为货币是为了保存、计量和交换财富而产生的。现代经济学则从交易成本、信息不确定性出发，认为货币是因降低交易成本、完善交易信息、提高交易效率的需要而出现的。

资料来源：张炳达，芮晔平著，《金融理论与实务》，立信会计出版社，第7—8页。

第二节 货币的职能

一、货币的本质

货币是起着一般等价物作用的特殊商品，这是货币的本质特征。通过对商品交换发展的历史分析，可以看到货币是从千万种商品交换中分离出来的，货币起源于商品，同时也是一种商品。货币商品与普通商品既有共性，也有特殊性，只有把两方面统一起来，才能全面、正确地掌握马克思主义货币理论。

（一）货币是商品

货币的前身是商品，它是在交换过程中逐渐演变而成为货币商品的；商品成为货币以后，仍然具有商品的属性——价值和使用价值，如金银。货币具有价值，说明它与普通商品一样，是人类抽象劳动的凝结物。正因为货币本身具有价值，它才能用来表现和衡量其他一切商品的价值，才能和其他一切商品相交换。货币商品具有使用价值，这是指作为货币商品也具有满足人们某种需要的属性。比如，金银可以用来做首饰，满足人们装饰的需要。

（二）货币是特殊商品

货币起着一般等价物的作用，集中表现在两方面：一方面，货币是表现一切商品价值的材料，而普通商品则没有这种作用。自从货币产生以后，商品的价值不是直接地由另一种商品来表现，而是通过商品同货币的交换表现出来。商品能交换到货币，就说明生产商品的私人劳动得到了社会承认，是社会劳动的一部分，从而使商品的价值有了实际表现。另一方面，货币具有一般的使用价值，即具有和其他一切商品交换的能力。有了货币就有一般的使用价值——任何商品的使用价值，货币具有直接交换的能力，是交换的手段。货币作为一般等价物的这两个方面的表现，实质上是同一问题的两个方面。商品交换过程，也就是商品价值被表现和实现的过程。

案例分析　**战俘营里的货币**

第二次世界大战期间，在纳粹的战俘集中营里流通着一种特殊的商品货币：香烟。当时的红十字会设法向战俘营提供了各种人道主义物品，如食物、衣服、香烟等。由于数量有限，这些物品只能根据某种平均主义的原则在战俘之间进行分配，而无法顾及每个战俘的特定偏好。但是人与人之间的偏好显然是有所不同的，有人喜欢巧克力，有人喜欢奶酪，还有人则可能更想得到一包香烟。因此，这种分配显然是缺乏效率的，战俘们有了进行交换的需要。

但是，即便在战俘营这样一个狭小的范围，物物交换也显得非常不方便，因为它要求交易双方恰巧都想要对方的东西，也就是所谓的需求的双重巧合。为了使交换能够更加顺利地进行，需要有一种充当交易媒介的商品，即货币。

思考：在战俘营中，究竟哪一种物品适合做交易媒介呢？为何香烟也可成为货币？

资料来源：周建松主编，《金融学基础》，中国人民大学出版社，2013版，第8页。

二、货币的职能

货币是商品交换发展的结果，是从商品世界中分离出来的稳定地充当一般等价物的一种特殊的商品。我们主要从价值尺度、流通手段、支付手段、储藏手段和世界货币等五个方面来阐述货币的基本职能。

（一）价值尺度

货币在表现商品的价值并衡量商品价值的大小时，发挥着价值尺度的职能。这是货币最基本、最重要的职能。作为价值尺度，货币把一切商品的价值表现为同名的量，使它们在质的方面相同，在量的方面可以比较。

货币作为价值尺度，在衡量表现商品的价值时，要求货币本身具有货币单位。货币单位是衡量商品价值量的单位，是人们对货币执行价值尺度所做的技术规定。如美元、英镑等。

货币在执行价值尺度职能时，具有观念性和相对性的特点。首先，货币执行价值尺度职能，只需要有想象中或观念上的货币就可以了，而不需要现实的货币。如估量一块手表的价值，只要在头脑中有手表值若干货币的观念就可以了，也可以将观念的价格用标签表示出来，并不需要在手表旁边摆上等量价值的货币。其次，货币执行价值尺度职能，只是把商品的价值间接、相对地表现出来。社会必要劳动时间是商品的内在价值尺度，但是它不能自己表现出来，必须借助货币外化出来。

资料卡　货币的价值尺度功能

在物物交换时代，比较商品的价值时经常会出现困难。比如，某一天在市场上，甲用一只羊向乙换了两袋大米，丙用三斤茶叶换了一把斧头。那么，一袋大米可以换几斤茶叶呢？显然，由于缺乏其他交换者把这四种商品联系起来，我们无法对大米和茶叶的价值进行比较。商品的种类越多，价值比较就越复杂。有了货币以后，所有商品的价值都用货币表示，比较起来就方便多了。

货币把所有商品的价值都用统一的计量单位表示出来，不但方便了价值的比较，也方便了价值的衡量和加总。例如，在企业的资产负债表中，企业的资产不仅有现金、各种原材料和产品，还有机器设备、厂房等，因为所有资产的价值都可以以货币表示出来，因此，性质不同、形态迥异的各种资产可以加总到一起。这在物物交换的社会中是无法实现的。

（二）流通手段

货币在商品交换过程中发挥媒介作用时便执行流通手段职能。在这种情况下，商品交换就不再是物物直接交换，而是商品所有者先把商品换成货币，即“卖出”，然后再用货币换取所需要的商品，即“买进”。这样，商品的交换过程就变成买卖两个过程的统一。货币执行流通手段职能，具有以下特点：①必须是现实的货币。因为只有商品生产者出卖商品所得到的货币，才是现实的货币，才能证明他的私人劳动获得社会承认，成为社会劳动的一部分。货币充当商品交换的媒介不能是观点上的，必须是现实的货币。②不需要有足值的货币本体,可以用货币符号来代替。因为商品的流通是从一个商品所有者手里转到另一个商品所有者手里的运动,商品生产者手里的货币只是转瞬即逝的东西,货币持有者所关心的只是它能够最终换回的与其代表的价值量是否等值的商品量,所以,只要有货币的象征存在就够了。

资料卡　**纸币的流通规律**

纸币流通规律,是指流通中纸币总量所代表的价值量决定于货币必要量的规律。它是货币流通规律在纸币流通条件下的特殊表现形式。纸币发行量超过商品流通所需金属货币量所引起的货币贬值、物价上涨的现象,叫作通货膨胀。通货紧缩是指一般物价水平的持续下跌,即物价出现负增长。通货紧缩和通货膨胀都可能给经济发展带来灾难性的后果。

例如,国民党统治时期"法币"的通货膨胀。1937—1949 年,100 元伪法币的购买力变化情况:1937 年可买黄牛 2 头;1938 年可买黄牛 1 头;1939 年可买猪 1 口;1941 年可买面粉 1 袋;1943 年可买鸡 1 只;1945 年可买鸡蛋 2 个;1946 年可买固体肥皂 1/6 块;1947 年可买煤球 1 个;1948 年可买大米 0.002416 两(按每斤 16 两算);1949 年可买大米 0.000000000185 两(即一粒大米的 24.5‱)。

(三) 支付手段

当货币作为价值的独立形态进行单方面转移时,执行支付手段职能。如货币用于清偿债务,以及支付赋税、租金、工资等所执行的职能。

货币执行支付职能有以下特点:①作为流通手段的货币是商品交换的媒介物,而作为支付手段的货币只是补足交换的一个环节。②流通手段只服务于商品流通,而支付手段除了服务于商品流通外,还服务于其他经济行为。③就媒介商品流通而言,二者虽都是一般的购买手段,但流通手段职能是即期购买,支付手段职能是跨期购买。④流通手段是在不存在债权债务关系的条件下发挥作用,而支付手段是在存在债权债务关系的条件下发挥作用。⑤商品赊销的发展,使商品生产者之间形成了一条很长的支付链,一旦某个商品生产者不能按期还债,就会引起连锁反应,严重时会引起大批企业破产。

(四) 储藏手段

储藏手段职能是指货币退出流通而被用来积累和保存财富。货币可以作为储藏手段,帮助其拥有者实现跨期分配资源。以个人为例,在取得收入以后,大多数人不会立即花光，而是会保留一部分以后再花，在这段时间里，持有的货币就是一种储藏手段。又比如，年老以后，绝大多数人都丧失了劳动能力，即使工作挣钱，也不能满足维持生存所需要的消费资料。因此在年轻的时候，人们会有意识地储藏价值，以供年老时使用。储藏货币就是一种常见的方式。

货币并不是唯一的价值储藏形式。在社会经济发展的不同阶段，价值储藏的目的和形式是不同的。最初的价值储藏形式主要是一些具体的实物。随着贵金属货币的出现，铸币、贵金属条块等便成为人们储藏的对象。现代经济条件下，随着信用工具的出现，银行存款、各种有价证券等便成为人们储藏的主要手段。

（五）世界货币

货币在国际市场上发挥一般等价物的作用时，执行世界货币职能。作为世界货币，必须具有内在的价值（如黄金），或币值相对稳定的国际间广泛使用的货币（如美元）。在贵金属流通的条件下，以原始条块形式出现的金银充当世界货币的职能。在现代，许多国家的货币在国际上发挥着支付手段、购买手段和财富转移手段的作用，如美元、英镑、欧元和日元等。

世界货币职能的主要内容有：①作为国际支付手段，用来支付国际收支差额。②作为国际购买手段，用来购买外国商品。③作为社会财富的代表，在各国之间进行转移，如资本转移、对外援助等。

第三节　货币的类型

货币是商品经济发展的必然产物，它根源于商品，并伴随着商品经济的发展而自发产生的。随着科学技术的进步和人们对货币在经济发展中作用的认识深化，货币的形态也经历了一个不断从自发演化到人为掌握的发展过程。货币形态的发展演变大体经历了实物货币、金属货币、纸币、信用货币几个阶段。

一、实物货币

实物货币是人类历史上最古老的货币。在人类经济史上，许多商品曾在不同时期、不同国家扮演过货币的角色，如牲畜、贝壳、布匹、粮食、金属等都充当过货币。我国最早的货币是贝。在日本、东印度群岛及美洲、非洲的一些地方，也有用贝作为货币的历史。在古代欧洲的雅利安民族，在古波斯、印度、意大利等地，都有用牛、羊作为货币的记载。拉丁文的“Pecunia”（意为“金钱”）来源于“Pecus”（意为“牲畜”）；印度现代的货币名称“Rupee”来源于“牲畜”的古文“Rupye”。此外，古代埃塞俄比亚曾用盐作为货币；非洲和印度等地曾用象牙作为货币；而在美洲，曾经充当古老货币的有烟草、可可豆等。

充当实物货币的商品一般具有如下特征：

(1) 它们都是劳动产品，都具有价值和使用价值；

(2) 它们具有特殊的使用价值，即能够和其他商品交换，是社会共同的需求对象；

(3) 它们一般是容易让渡，普遍被人接受的商品或本地稀有的外来商品。

二、金属货币

金属货币是指以金属作为货币材料，充当一般等价物的货币。由于金属具有价值相对稳定，易于分割和便于携带的特点，因而成为人们在长期交换活动中稳定充当一般等价物的商品。最初的金属货币主要是条块形状，并以重量为单位，每次交易都要鉴定成色和称重，然后根据交易的需要对金属进行分割。经过一段时间的发展，国家利用权威把货币铸成一定形状、规定重量和成色的金属货币，于是就产生了金属铸币。在我国，最古老的金属货币是铜铸币。但是，因为金属尤其是贵金属的数量有限，对于大宗交易而言，携带大量金属货币交易还不是很方便，因此，人们继续寻找更加合适的货币。

资料卡　**我国早期的金属货币**

我国古代很早就会冶炼金属。商周时期，青铜器已达到极精美的水平。金属比贝实用、坚固，既便于携带保管，又能够分割熔铸，尤其是小件的金属制品，如铜贝、钢铲、铜刀等，都便于计数。它们具有金属的一切性质，又几乎兼具贝的种种优点，慢慢地，也就跨进了货币的行列。特别是仿海贝形状铸成的铜贝的出现，是货币发展史上一个很大的进步。

早期的金属货币大致上分为两种：一种是铜铸币，它形式多样，使用广泛，工艺水平也较高；另一种是黄金铸成的金饼。

铜铸币是从实物转化而来的，大体上又分为四类：布币、刀币、环币和蚁鼻钱。它们各有各的流行区域，各有各的发展历史。早先的布币与铲非常相似，只要在上首装一根木柄，简直可以当作农具使用。从钱而来的布币，肩平足钝，称为平足布。从镈来的，则肩略高，足略尖，这与镈面带点圆凹有关系，称作尖足布。刀币形状像刀，是由古代一种叫铜削的渔猎工具变化而来的，它端尖背弧、刃凹，下面有穿绳的圆孔。晚期的刀币身轻体小，背直刃钝，头方或圆，上面铸的字也逐渐讲究。刀币有大刀、小刀两种：小刀主要是北方燕国的货币，大刀是东方齐国的货币。它的铸造和发行领域后来向西北扩大，在许多地方同布币一起使用。随着布币和刀币的演进，又出现了环币。它的形状与布币、刀币完全不同，既不像刀，又不像铲，圆滚滚的，中间还有个圆孔，所以也称圆钱。蚁鼻钱外形像贝，但比贝更小，很明显是从仿贝转化而来的。有的面上铸着一个至今还释不出的字，形状似蚂蚁；有的是笔画凹下去，底下两竖的中间部位显得凸出，像人的鼻子。早期金属货币的另一类——金饼，出现在楚国，这也不是偶然的，因为楚国有许多产金区。在中国古代，黄金主要是作装饰、宝藏和支付之用。楚国的金饼是一块块的小方块，上面铸有两个字：一个像“爰”[yuán 元]，有人说就是货币单位，但也有人认为是重量；另一个为地名，如楚国的国都“郢”[yǐng 影，在今湖北江陵一带]，或曾经是国名后来被楚灭掉作地名的“陈”，等等。

三、纸币

随着经济的进一步发展，金属货币同样显现出使用上的不便。在大额交易中需要使用大量的金属货币，其重量和体积都令人烦恼。于是作为金属货币象征符号的纸币便出现了。世界上最早的纸币是宋朝年间于中国四川地区出现的交子。纸币是从货币作为流通手段的职能产生的。货币作为流通手段，只是充当转瞬即逝的媒介。因此，作为流通手段的货币就不必是十足价值的货币。纸币是由国家发行并以法律手段强制流通的价值符号。我国是世界上最早使用纸币的国家。

欧洲近代纸币的产生来源于银行券，因此，西方经济学家认为，英国的金店券就是近代欧洲纸币的前驱。

资料卡 **传说中最早的纸币：汉代白鹿皮金现身**

有报道称，某钱币收藏者收藏了最早的纸币—— 一张白鹿皮，他称之为汉代的“白鹿皮金”。这张罕见的纸币呈暗淡黄色，鹿皮底上似有黄金粉捶拓其上。白鹿皮右边未捶拓黄金粉的空白处写有一行小楷，其中隐隐有“皮金”二字。

都知道最早的纸币是北宋的“交子”，这“白鹿皮金”竟然比“最早的”还要早？汉武帝曾根据御史大夫张汤的建议，发行“白鹿皮币”和“白金三品”。这两种货币虽然使用的时间很短暂，然而在我国货币史上却有着重要意义："白鹿皮币可以说是我国古代纸币的前驱。"（萧清：《中国古代货币史》，人民出版社，第111页）

鹿币，汉代的一种皮币。《史记·孝武本纪》："天子苑有白鹿，以其皮为币，以发瑞应，造白金焉。"司马贞索隐："《食货志》皮币以白鹿皮方尺，得以黄金一斤代之。"

看来，白鹿皮作币是有来历的。

四、信用货币

信用货币是代替金属货币充当支付手段和流通手段的信用证券，它包括本票、汇票、银行券和支票等。在流通金铸币的情况下，货币数量增加，在来源上受金银采掘量的限制，难以适应流通对货币需要量的增加。同时，随着信用制度的扩大，货币作为支付手段的职能也在扩大，这样就出现了各种形式的信用货币。信用货币主要包括以下几种形式：

（1）辅币。多用贱金属制造，一般由政府独占发行，由专门的铸币厂铸造。其主要功能是充当小额或零星交易中的媒介手段。

（2）现钞。多数由一国中央银行发行，其主要功能是承担人们日常生活用品的购买手段。

（3）银行存款。是存款人对银行的债权，对银行来说，这种货币又是债务货币。存款除在银行账户的转移支付外，还要借助支票等支付。目前在全社会的经济交易中，用银行存款作支付手段的比重占绝大部分。随着信用的发展，一些小额交易，如顾客对零售商的支付、职工的工资等，也广泛使用这种类型的货币。

（4）电子货币。由于科技飞速发展和电子计算技术的运用，货币的交易和支付方式进入了一个崭新的阶段。电子货币通常是利用电脑或贮值卡来进行金融交易和支付活动，例如，各种各样的信用卡、贮值卡、电子钱包等。与此同时，还可借助上网的电脑、自动柜员机或用电话操作来对货币存储额进行补充。这种货币运用非常方便，还在不断完善和进一步发展。

资料卡　**什么是电子货币**

电子货币（Electronic Money），是指用一定金额的现金或存款从发行者处兑换并获得代表相同金额的数据，通过使用某些电子化方法将该数据直接转移给支付对象，从而能够清偿债务。它可以在互联网上或通过其他电子通信方式进行支付。这种货币没有物理形态，为持有者的金融信用。随着互联网的高速发展，这种支付办法越来越流行。

电子货币的交易流程图：

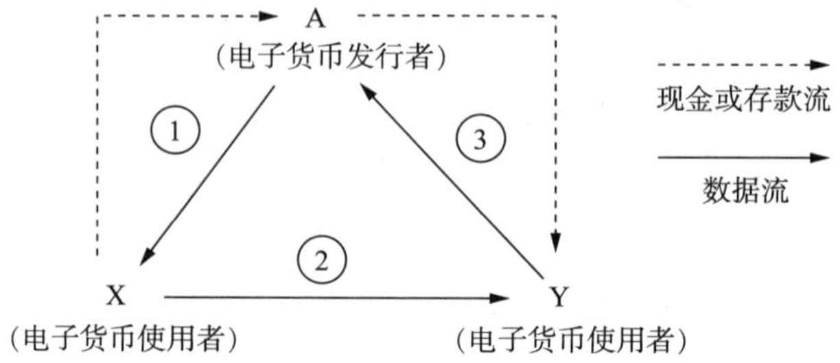

第四节　货币制度及其演变

一、货币制度的概念

货币制度简称“币制”，是一个国家为了保障本国货币流通的正常与稳定，对货币发行和流通的各个要素所做出的系统的法律规定的总和。它是一国经济制度的重要组成部分。目前，世界各国普遍采用的是信用货币制度。现行信用货币制度有以下特点：

(1) 贵金属非货币化；

(2) 流通中的信用货币主要由现金和存款货币构成；

(3) 现实经济中的货币均通过金融活动投入流通；

(4) 中央银行代表国家对信用货币进行统一管理与调控已成为金融和经济正常发展的必要条件。

二、货币制度的构成要素

货币制度是随着资本主义经济制度的建立而逐步形成和建立的，同时，也是随着商品经济的不断发展和社会制度的进步而不断发展和完善的。资本主义国家开始建立的统一的货币制度，一般由三个要素构成。

（一）货币材料

货币材料即统一规定采用某种金属作为货币材料。哪种或哪几种商品一旦被规定为币材，即称该货币制度为该种或该几种商品的本位制。例如，以金币为币材的货币制度称为金本位制。确定货币金属是金属货币流通条件下整个货币制度的基础。在资本主义经济发展过程中，货币金属由贱金属向贵金属过渡，国家在制定货币制度时，往往将货币单位与某种特定的金属保持固定的关系，并将其作为衡量价值的标准。目前，世界各国都实行不兑现的货币制度，法令中都没有任何商品充当币材的规定，使这一在过去货币制度中最重要的一个构成因素消失了。

（二）货币单位

货币单位包含两层含义，即规定货币的名称和其所含的货币金属的重量。如英国的货币单位名称为“英镑”，根据 1816 年的《金本位制度法案》规定，1 英镑含成色 11/12 的黄金 123.27447 格令，即含纯金 113.0016 格令；美国的货币单位为“美元”，根据 1934 年 1 月的法令规定，1 美元含金量为 13.714 格令（合 0.888671 克）。我国在 1914 年的《国币条例》中规定，货币单位为“圆”，每圆含纯银为库平 0.648 两（合 23.977 克）。

（三）货币铸造、发行和流通程序

1. 金属本位币的铸造与流通

在金属货币制度下，金属本位币是按国家规定的货币金属和货币单位铸造成的铸币，是一国的法定通货，也称为主币。国家允许持有货币金属的居民可以自由到铸币厂请求铸造本位币，也可以将金属铸币自由熔化为金属条块，使其退出流通领域。这是金属本位制下的金属货币自由铸造特性。另外，主币还具有无限法偿的能力，是指国家规定金属本位币具有无限的支付能力，用本位币进行支付，无论金额多大，任何人不得拒绝接受。

2. 辅币的发行与流通

辅币是指本位币以下的小额通货，供日常零星交易和找零之用。辅币通常是用铜、镍等贱金属铸造的不足值的铸币，其名义价值高于实际价值。辅币由国家限制铸造。限制铸造可以防止实际价值较低的辅币把实际价值较高的主币排挤出市场。辅币若可以自由铸造，不足值的辅币就会充斥流通界，而足值的主币则会被排除于流通界之外。所以，辅币不能自由铸造，其流通具有有限法偿的能力，即国家规定每次交易支付的最高限额，超过限额的部分，受款人可以拒绝接受。如美国曾规定，10 美分以上的银辅币每次支付的限额为 10 美元。在流通中，辅币可以按一定比例与金属本位币自由兑换。

3. 信用货币的发行与流通

随着经济的发展，金属货币已经不能满足生产和流通的需要，于是便出现了纸币和各种信用货币，如商业票据、银行券等价值符号的流通。在不兑现信用货币制度下，中央银行发行的银行券具有无限法偿的能力，其他如商业票据、支票等不具备这种资格。

资料卡 中国历史上劣币驱逐良币现象

劣币驱逐良币规律，又称“格雷欣法则”，是用英国伊丽莎白一世女王的财政顾问汤姆斯·格雷欣爵士的名字命名的规律。格雷欣最早发现，当两种实际内在价值不同，而面额价值相同的货币同时流通时，实际价值较高的通货成为良币，实际价值较低的通货就成为劣币。在价值规律的自发作用下，良币会退出流通，劣币会充斥市场。

比如，美国 1792 年规定，金和银的比价为 1∶15，若市场比价为 1∶16，则金币就成了良币，银币成了劣币，人们会把金币熔铸成金块，拿到市场上按照市场价换回更多的白银，再把白银铸成银币，按法定价换成金币，然后又把金币熔铸成金块，如此周而复始，人们就可以获得厚利。结果就是，市场上的金币越来越少，银币则充斥市场。

该规律在中国的表现情况有些特别，由于金银的缺乏，在中国历史上的货币体系中，它们从来就没有成为流通货币的主体。中国一直是以铜质货币为基础的，也没有主辅币体制。所以，中国历史上的劣币驱逐良币主要表现在铜质货币的不足值。

我国在历史上曾成功解决过铜币不足值而引起的劣币驱逐良币问题。安史之乱期间，唐王朝财政危机严重，根据第五琦的建议发行虚价大钱，推行铸币膨胀政策，以致大钱购买力跌落，物价上涨，私铸繁兴，劣钱泛滥，足值“开元通宝”被人们收藏、销熔。刘晏于上元元年(760)兼任铸钱使后，不仅改行稳健的货币政策，坚决制止铸币贬损、膨胀，并且还将虚价大钱的法定价值贬低到它的实际价值以下，利用西汉贾谊已经发觉的“奸钱日繁，正钱日亡”的现象，即劣钱驱逐良钱的教训，较快地把虚价大钱驱逐出了流通领域，改变了货币流通的混乱状态。刘晏在货币政策上的这一创举，比英国马克洛伊德 1858 年提出“劣币驱逐良币”定律早了 1100 多年。

资料来源：http://hi.baidu.com/shlch/blog/item/31cec7265606a4118b82 a10d.html.

三、货币制度的演变

货币制度自产生以来，从其存在形态看，经历了银本位制、金银复本位制、金本位制、纸币流通制度四大类型。

（一）银本位制

银本位制是出现最早的货币制度，而且持续的时间也比较长。在银本位制中，白银是本位币的币材，银币具有无限法偿能力，可以自由铸造和熔化，其名义价值与实际价值相等。银本位制分为银两本位制和银币本位制。银两本位制是以白银的重量单位（即“两”）作为价格标准，实行银块流通的货币制度。银币本位制是把白银铸成一定重量、一定成色和一定形状的银铸币，银铸币作为本位货币，实行银币流通的货币制度。

随着资本主义商品经济的不断发展、商品生产规模和商品交易量的不断扩大，银本位制作为一种独立的货币制度存在出现了问题。19 世纪以后，白银产量激增，国际市场上银价极不稳定，供大于求的矛盾日益突出，银价大幅度下跌，金银比价大幅度波动，影响了经济的稳定发展。随着商品经济的快速发展，客观上要求价值更大、体积更小、价值更稳定的黄金作为充当货币金属的材料，许多国家纷纷放弃了银本位制。

（二）金银复本位制

金银复本位制是指以金和银同时作为币材的货币制度。在这种制度下，金银两种铸币都是本位币，均可自由铸造，两种货币可以自由兑换，并且两种货币都是无限法偿货币。金银复本位制盛行于 16—18 世纪资本主义国家发展初期，这一时期，资本主义的商品生产和流通进一步扩大，交易额也不断增加。银币主要用于小额支付，而金币主要用于大宗商品交易的支付。金银复本位制按金、银两种金属的不同关系，又可分为平行本位制、双本位制和跛行本位制三种。

1. 平行本位制

平行本位制，是指金币和银币按它们的实际价值进行流通，即国家对两种货币的兑换比率不加规定，金币和银币是按市场实际比价进行流通的货币制度。由于每一种商品都有金币和银币两种货币的标价，因此，其本身的缺陷便很快暴露出来。在平行本位制下，金币和银币按各自的价值流通，市场上商品就会有两种价格，并且这两种价格会随着金银市场实际价值的波动而波动，容易引起商品价格的混乱。金银实际价值的波动导致金银在世界范围的无序流动。正因为如此,平行本位制就过渡到了双本位制。

2. 双本位制

双本位制,是指国家以法律形式规定金银两种货币的比价,两者按法定的比例流通。双本位制试图克服平行本位制下金币和银币比率频繁变动的缺陷,但相反的是形成了国家官方金银比价与市场自发金银比价平行存在的局面。因此,当金币与银币的实际价值与名义价值相背离时,实际价值高于名义价值的货币(即良币)通常被收藏、熔化而退出流通;实际价值低于名义价值的货币(即劣币)则充斥市场,即所谓的"劣币驱逐良币"。所谓劣币驱逐良币,是指在双本位制下,当两种实际价值不同而面额价值相同的货币同时流通时,实际价值较高的货币成为良币,实际价值较低的货币成为劣币,在价值规律的自发作用下,良币被人们收藏熔化而退出流通领域,而劣币则不断地被人们铸造充斥市场。由于这一现象是由16世纪英国财政大臣托马斯·格雷欣发现并提出的,所以又将这一规律称为"格雷欣法则"。

"格雷欣法则"告诉我们,货币具有强烈的排他性和独占性。一个国家在同一时期只能流通一种货币,很难有两种货币同时并行流通,否则在金属货币流通下,必然会出现"劣币驱逐良币"的现象。

3. 跛行本位制

跛行本位制,是指国家规定金币可自由铸造而银币不允许自由铸造,并且金币与银币可以按固定的比例兑换。跛行本位制实际上是降低了银币的地位,使之成为事实上的辅币形态,因此,从科学的划分标准来讲,跛行本位制实质上已经不是严格意义上的金银复本位制了,可以将其视为由金银复本位制向金本位制过渡的一种货币制度。

(三) 金本位制

金本位制就是以黄金为本位币的货币制度。在金本位制下,每单位的货币价值等同于若干重量的黄金(即货币含金量);当不同国家使用金本位时,国家之间的汇率由它们各自货币的含金量之比——金平价来决定。金本位制于19世纪中期开始盛行。在历史上,曾有过三种形式的金本位制:金币本位制、金块本位制、金汇兑本位制。

1. 金币本位制

这是金本位货币制度的最早形式,亦称为古典的或纯粹的金本位制,盛行于1880—1914年。它的特点是:以一定量的黄金为货币单位铸造金币,作为本位币;金币可以自由铸造,自由熔化,具有无限法偿能力,同时限制其他铸币的铸造和偿付能力；辅币和银行券可以自由兑换金币或等量黄金；以黄金为唯一准备金。

金币本位制消除了复本位制下存在的价格混乱和货币流通不稳的弊病，保证了流通中货币对本位币金属黄金不发生贬值，保证了世界市场的统一和外汇行市的相对稳定，是一种相对稳定的货币制度。

在该制度下，各国政府以法律形式规定货币的含金量，两国货币含金量的对比即为决定汇率基础的铸币平价。黄金可以自由输出或输入国境，并在输出输入过程中形成铸币——物价流动机制，对汇率起到自动调节作用。这种制度下的汇率，因铸币平价的作用和受黄金输送点的限制，波动幅度不大。

1914 年第一次世界大战爆发后，各国纷纷发行不兑现的纸币，禁止黄金自由输出，金本位制随之告终。

2. 金块本位制

金块本位制和金汇兑本位制是在金本位制的稳定性因素受到破坏后出现的两种不健全的金本位制。在这两种制度下，虽然都规定以黄金为货币本位，但只规定货币单位的含金量而不铸造金币，实行银行券流通。

金块本位制是一种以金块办理国际结算的变相金本位制，亦称金条本位制。在该制度下，由国家储存金块，作为储备。流通中，各种货币与黄金的兑换关系受到限制，不再实行自由兑换，但在需要时，可按规定的限制数量以纸币向本国中央银行无限制兑换金块。可见，这种货币制度实际上是一种附有限制条件的金本位制。

3. 金汇兑本位制

金汇兑本位制是一种持有金块本位制或金币本位制国家的货币，准许本国货币无限制地兑换成该国货币的金本位制。在该制度下，国内只流通银行券，银行券不能兑换黄金，只能兑换实行金块或金本位制国家的货币。国际储备除黄金外，还有一定比重的外汇，外汇在国外才可兑换黄金，黄金是最后的支付手段。实行金汇兑本位制的国家，要使其货币与另一实行金块或金币本位制国家的货币保持固定比率，通过无限制地买卖外汇来维持本国货币币值的稳定。金块本位制和金汇兑本位制这两种货币制度在 1973 年基本消失。

4. 纸币流通制度

纸币流通制度是指用纸张作为货币材料来印制本位货币，本位币不与黄金挂钩，流通中的货币为不兑现的纸币的货币制度。纸币一般是由中央银行发行，国家法律赋予无限法偿能力。流通中全部是不兑现的纸币，黄金已经不用于国内流通。由于纸币与黄金毫无联系，货币的发行一般根据国内的经济需要由中央银行控制。信用货币是银行对货币持有人的负债，通过银行放款程序投入到流通领域。如果银行放松银根，信用货币投放过多，就可能出现通货膨胀、物价上涨；如果紧缩银根，就可能出现通货紧缩、物价下跌。可见，信用货币流通量的多少能够影响经济的发展，在这种货币制度下，国家对银行信用的调节和管理尤为重要。因此，国家应对银行信用加以调控，达到其政策目的，保证货币流通量适应经济发展的需要。

四、我国的货币制度

我国的货币制度较为特殊，由于我国目前实行“一国两制”方针，1997 年香港回归、1999 年澳门回归后，继续维持原有的货币金融体制，而我国台湾省则使用新台币，从而形成了“一国 4 币”的特殊货币制度。目前规定 4 种货币分别为不同的法定货币：①人民币是中国内地的法定货币；②港元是香港特别行政区的法定货币；③澳门元是澳门特别行政区的法定货币；④新台币是台湾省的法定货币。4 种货币各限于本地区流通，人民币与港元、澳门元之间按以市场供求为基础决定的汇率进行兑换，澳门元与港元直接挂钩。

资料卡 **我国的 4 种货币**

中国人民银行成立于 1948 年 12 月 1 日，当日发行人民币。至 1951 年，除了台湾、香港、澳门和西藏外，人民币成了全国统一的、独立自主的、稳定的货币。1955 年进行了人民币改革，同年 3 月 1 日发行新的人民币，以1∶10 000的比率无限制、无差别收兑旧人民币，同时建立辅币制度。

目前在中国境内共有人民币、港元、澳门元、新台币 4 个货币区，以下分别介绍这 4 种货币及其流通的基本情况。

人民币

人民币，全称中国人民银行币，是中华人民共和国的法定货币。其正式的简称为 CNY(China Yuan)，标志为￥。

人民币的基本单位为圆(元)。一圆分为 10 角；一角再分为 10 分(1 圆＝10 角＝100 分)。现时发行的纸币(第五套)包括了 100 元、50 元、20 元、10 元、5 元、1 元(以下是第四套，现市面上已经很少流通，但官方尚未宣布停止使用)、2 元、5 角、2 角、1 角(以下是第二套)、5 分、2 分、1 分。不过现在 1 分、2 分和 5 分面额的纸币或硬币市面上已经很少见。硬币分为 1 元、5 角、1 角、5 分、2 分、1 分。

目前人民币已经发行至第五套，其中第一套、第二套(角币及圆币)、第三套(纸币)已经停止使用。

人民币在中国香港和澳门不是法定货币。他们有按基本法自行决定发行的香港元和澳门元。但是现在港澳地区有些商店接收使用人民币交易。台湾境内银行不接收人民币的兑换，一般商家也不接收人民币，而使用新台币来买卖交易。台湾法律亦仅认为人民币是“有价证券”，不具有通货身份。

港元

港元，或称港币，是中华人民共和国香港特别行政区的法定流通货币。按照香港基本法和中英联合声明，香港的自治权包括自行发行货币的权力。其正式的简称为 HKD(HongKong Dollar)，标志为 HK＄。

港元的纸币绝大部分是在香港金融管理局监管下由三家发钞银行发行的。三家发钞行包括汇丰银行、渣打银行和中国银行，另有少部分新款 10 元钞票，由香港金融管理局自行发行。硬币则由金融管理局负责发行。1997 年回归前，香港流通硬币上铸有英皇头像，曾一度成为收藏对象。1993 年起，政府逐渐收回旧硬币，以背面上为香港市花洋紫荆的新硬币代替。但女皇头硬币仍为合法货币，与新硬币同时流通。虽然港元只在香港有法定地位，但在中国大陆和澳门很多地方也接收港元。而且，在澳门的赌场，港元是除澳门元以外唯一接收的货币。

澳门元

澳门币，或称澳门元，是中华人民共和国澳门特别行政区的法定流通货币，常用缩写 MOP＄，其正式的简称为 MOP(Macao Pataca)。澳门的货币政策由澳门金融管理局管理。现在，澳门币的纸币由澳门金融管理局授权大西洋银行与中国银行澳门分行发行，硬币则由澳门金融管理局负责发行。澳门币与港元之间实行联系汇率制度，以 1.03 澳门币兑换 1 港元。由于港元与美元实行联系汇率制度，所以，澳门币也间接与美元挂钩。澳门现时对澳门币与外币的进出境都没有管制，游客可以在澳门的酒店、银行、兑换店等地自由兑换货币。

新台币

新台币的前身为台币，又称为旧台币，于 1945 年 5 月 22 日开始发行。1949 年 6 月 15 日台湾发行新台币，明确规定 40 000 元旧台币兑换 1 元新台币，成为今日台湾的法定货币。另外，曾因金门、马祖等战地的特殊需要，也发行过限定流通这些地区的新台币金门、马祖流通券，目前已经取消。新台币到 2000 年发行的 1 000 圆之前，都是“中央银行”委托台湾银行发行。2000 年后改由“中央银行”发行。

本章小结

1. 货币的定义是一个颇具争议性的问题。马克思和西方学者们提出了许多不同的观点。随着人们认识的深入，对什么是货币也有了进一步的深刻认识。

2. 货币最终成为固定充当一般等价物的商品经历了一个长期的演变过程，从简单的和偶然的价值形式、总和的和扩大的价值形式、一般价值形式，最终到货币价值形式。

3. 货币的形式经历了实物货币、金属货币、纸币以及信用货币的发展历程。

4. 货币的本质特征是起着一般等价物的特殊商品。货币具有价值尺度、流通手段、储藏手段、支付手段和世界货币 5 大职能。货币的价值尺度职能主要用以衡量商品或劳务的价值，而不是实实在在的货币；货币作为流通手段主要是充当一般等价物，用以与其他商品进行交换；货币的储藏手段职能是指货币退出流通而被用来积累和保存财富；货币在清偿债务时充当延期支付的工具，这就是货币的支付手段职能；世界货币的职能，就是货币越出一国流通领域而在世界市场上执行一般等价物的职能。

5. 货币制度是国家以法律形式规定的货币流通结构和组织形式。货币制度有 4 个构成要素。货币制度经历了银本位制、金银复本位制、金本位制和纸币流通制度。

6. 我国的货币具有“一国多币”的特殊性。目前，不同地区各有自己的法定货币：人民币是大陆地区的法定货币，港元是香港地区的法定货币，澳门元是澳门地区的法定货币，新台币是台湾地区的法定货币。

思考题：

1. 简述货币的性质。
2. 货币的产生过程是怎样的？
3. 简述货币的职能。
4. 怎样理解我国的货币制度？
5. 货币制度主要经历了怎样的演变？

操作题：

1. 通过互联网查找各国货币形态，认识形形色色的货币。
2. 登录中国人民银行网站，查看我国的货币制度内容。

第二章　信用与信用工具

学习目标

✧ 掌握信用的概念并从不同角度进行理解；
✧ 理解商业信用及其特点；
✧ 理解银行信用及其特点；
✧ 理解国家信用的形式；
✧ 理解消费信用的类型；
✧ 掌握信用工具的类型及其特征。

引言

——信誉是不可以用金钱估量的，它是生存和发展的法宝。（李嘉诚）
——小胜靠智，大胜靠德。（《世说新语》）
——最有效的资本是我们的信誉，它24小时不停地为我们工作。
——私人的信用是财产，公众的荣誉是保证金。（朱尼厄斯）
——言忠者，行笃敬。（《论语》）
——志不强者，智不达；言不行者，行不果。（墨子）

第一节　信用的概念、产生和发展

一、信用的概念

1979年版《辞海》对信用的解释是：信用是指遵守诺言，实践成约，从而取得别人的信任。研究角度不同，对信用的解释也不同。

日常生活中，“信用”一词通常表示信守诺言，具有信誉的意思。而金融学范畴中所研究的信用，是指以偿还本金和支付利息为条件的暂时让渡商品或货币的借贷行为。

从经济的角度理解“信用”，它实际上是指“借”和“贷”的关系。信用实际上是指“在一段限定的时间内获得一笔钱的预期”。你借得一笔钱、一批货物(赊销),实际上就相当于你得到了对方的一个“有期限的信用额度”,你之所以能够得到对方的这个“有期限的信用额度”,大部分是因为对方对你的信任,有时也可能是因为战略考虑和其他的因素不得已而为之。要准确把握信用的内涵,必须从以下三个方面来理解。

1. 信用是一种特殊的价值运动形式

在信用交易中,商品或货币不是被卖出,而是被贷出,所让渡的是商品或货币在一定时期的使用权,其所有权不发生变更和转移,所以,到期要偿还贷出者同样的商品或货币。

2. 信用是以支付利息为条件的借贷行为

信用交易者的贷出者让渡商品或货币的使用权,目的是获得一定的报酬。在现代商品货币经济中,贷出货币或商品的价格表现为利息,也就是说,其获得的报酬以借入者到期支付一定的利息为条件。

3. 信用是从属于商品货币经济的范畴

信用关系反映了社会经济组织和个人之间的一种让渡商品或货币的经济关系。信用及信用形式是随着商品货币关系的产生而产生和发展的。

信用活动与金融活动是两个既有联系又有区别的范畴。在资本主义社会以前,信用和金融虽然也有密切联系,但其主要方面是各自独立发展的。信用产生于原始社会末期,而金融是在资本主义生产条件下,在信用不断发展下才得以产生和发展的。随着信用货币取代金属货币而成为流通中货币的基本形式,任何独立于信用活动之外的货币制度已不存在,相应的信用活动也都和货币的运动结合。

二、信用的构成要素

信用关系的成立应具备四大要素。

1. 信用主体

信用作为特定的经济交易行为,必须具有行为主体,即构成信用关系的当事人,他们通过直接或间接的方式,在资金或实物融通过程中形成债权债务关系。债权和债务关系是构成信用的第一大要素。

2. 信用标的

信用标的是指信用交易的对象。信用交易对象是指授信方的资产,它既能以货币形式存在,也能以商品形式存在。

3. 信用载体

信用载体是指授受信用双方的权利和义务的关系，表现在一定的对象中，即信用工具，它是载明债权和债务关系的合法凭证。

4. 信用条件

信用条件是指在信用期内，债权和债务双方应相互享有和遵守的权利和义务。因为信用是一种借贷关系，所以，信用条件主要是指信用的期限、利率等。信用是信用标的物的所有权和使用权暂时的分离，这就需要确定一个暂时分离的期限，这是信用行为得以存在的必然条件。而利息既是债权人让渡商品或货币使用权的报酬，又是债务人获得商品或货币使用权的代价。

三、信用的基本职能

现代社会是一个信用社会，现代经济就是信用经济，这已成为当今人们的普遍认识。不论是发达国家，还是发展中国家，在经济活动中都普遍存在着债权债务关系，借债与放债已成为日常经济活动中不可缺少的组成部分。不仅国内经济活动中的企业、个人需要信用，在国际经济联系中，信用同样发挥着重要的作用，各国政府往往既是借债者，又是放债者。

1. 信用能更有效地合理配置社会资源

在市场经济条件下，任何一个经济单位的货币收入都会出现不平衡的状况。信用是解决货币资源在某个时期不平衡的有效方式。资金的需求方可以通过信用获得资金，把未来的收入转为当前使用，促进社会资源的有效使用，使原本不可能的生产成为可能。资金的付出方也可以通过信用获得投资收益，实现财富的增值。用信用方式调节社会资金资源余缺，既可以有效解决资金分配不平衡的状况，又可以提高整个社会资源配置的效益。

2. 信用能更有效地节约流通费用，提高经济效益

信用的产生大大节约了各种流通费用，加速了资金周转速度。一方面，在信用基础上产生了非现金结算，减少了现金的流通量和流通费用；另一方面，由于信用结算手段快速灵活，加速了商品流转，缩短了商品流通的时间，减少了流通占用和流通消耗。信用的存在能够促进资金的快速成交，从而有利于提高社会资金的使用效益。

3. 信用方式是调节经济的有效手段

信用是调节国民经济的重要经济杠杆，能对国民经济的总量和结构进行有效调节。国家通过制定各种信用政策、金融法规，调节社会信贷规模，从而调节

社会货币供给总量,使货币供求保持一致。同时,国家可以利用信用杠杆及利率的变动,调节信用的方向及需求结构,以实现社会产品结构、产业结构和经济结构的调整。

四、信用的产生和发展

(一) 信用的产生

1. 商品货币经济的产生和发展

商品货币经济是价值经济,如果没有商品货币经济的产生和发展,就不可能出现剩余产品和闲置的货币,就没有可供借贷的商品和货币。因此,信用是随着商品货币经济的产生而产生的,随着它的发展而发展。

2. 私有制的出现

信用是在私有制基础上产生的。信用是一种以偿还和支付利息为条件的借贷活动。贷者把自己的东西借给别人使用,并且要求对方按期归还,并支付使用的报酬——利息。这说明,贷者和借者是不同的财产所有者,他们之间不能无偿占有或使用对方的财产,如果没有私有制的出现,没有财产的不同所有权,也就不需要采用这种方式解决彼此之间财产的余缺调剂问题。

3. 商品和货币分布不均

随着商品货币经济的产生和发展以及私有制的出现,作为商品经济的两大要素,商品和货币的矛盾对立也愈益增强。商品货币在所有者之间分布很不均衡,这种矛盾通过借贷进行调节便可以迎刃而解。所以,商品和货币分布不均是信用产生的又一原因。

(二) 信用的发展

信用在其发展过程中依次经历了高利贷信用和借贷资本信用两个发展阶段。

1. 高利贷信用

历史上最古老的信用形式是高利贷信用,它是通过贷方实物或货币获取高额利息的借贷行为。高利贷产生于原始社会末期,由于私有制的出现,原始社会内部出现贫富分化,大量财富被少数家族占有,而大多数不占有生产资料的家族为了维持生活和生产的正常进行,需要临时补充一些商品或货币。在剩余产品有限、可以借贷出去的财产极少的情况下,借入者只有付出高额利息才能获得自己所需的商品或货币,这是高利贷产生的历史根源。

2. 借贷资本信用

借贷资本信用是信用的高级形式。资本主义生产关系确立以后，以资本主义再生产为基础的资本主义信用取代了高利贷信用，取得了垄断地位。所谓借贷资本，就是为了获取剩余价值而暂时贷给职能资本家使用的货币资本，它是生息资本的一种形式。

借贷资本和高利贷资本都是生息资本，除了两者的利息水平有很大的差异外，它们在以下几个方面也有很大区别：①从资本来源看，高利贷资本的主要来源是商人、僧侣、奴隶主、地主等少数富人，而借贷资本主要来源于货币资本家以及闲置货币资本的持有者。②从用途上看，高利贷的借贷者将资本用于非生产用途，而借贷资本的借贷者主要是为了追加资本、扩大生产和经营活动，是用作生产用途。

资料卡 **信用小故事**

老商人妙选接班人——诚实守信，生意长久

明朝时期，有一位开小饭馆的老商人自我感觉一天天老去，想把小饭馆交给儿子们来管理。

他仔细观察三个儿子：大儿子和二儿子机灵，常有一些鬼点子；小儿子性情憨厚老实，只知道读书，很少管家里的事。他想了很久，也不知道该把小饭馆交给谁才好。

66 岁生日那天，他的三个儿子都来给他祝寿。家宴结束后，他把儿子们叫到书房对他们说："我老了，怕是活不了几年了，我这辈子就留下这么一个小饭馆，我想在你们当中选一个合适的人来管理它。我想了好久，想出了一个非常公平的办法。现在我就宣布选财产继承人的方法，你们听好。"

这时，老商人吩咐家里的仆人搬来三个已经装好土的花盆，然后拿出三粒种子放在桌子上，清了清嗓子说："这是我精选的花种，你们在这里任选一颗种在花盆里，半年以后拿来给我看。到时候，谁养的花最令我满意，我就把财产交给谁。但是要记住，只能用我发给你们的种子和这花盆里的土。"

大儿子和二儿子回到家里，便立即把种子种在了花盆里，可是，精心培育了好长时间，就是不见花盆里的种子发芽，于是，就偷偷地去乡下找花匠。他们从花匠那里买了同样的种子，换上了新的土壤。把新种子种到了新的土壤里，没过几天，花就发芽了。

憨厚老实的小儿子每天按时给花盆浇水，可就是不见种子发芽。他一点儿也不着急，仍然按时浇水施肥。

半年以后，三个儿子都端来自己养的花给老父亲看，大儿子和二儿子养的花都枝繁叶茂，还开出了很鲜艳的花朵，只有小儿子的花盆里空空的，什么也没长出来。

老商人看了，什么也没说，就把小饭馆的钥匙和账本交给了小儿子。

其他两个儿子很不服气，生气地问老父亲：“三弟的花盆里什么都没有，您怎么能把饭馆交给他呢？”

老商人说：“做生意一定要诚实，因此我要选一个诚实的人来接班。看来你们的弟弟是最诚实的。”

另外两个儿子不解地问：“为什么？”

老商人缓缓地说：“因为那是三颗炒熟了的种子……”

第二节　信用形式

信用形式就是信用的具体表现形式。信用按照不同的标准可以进行不同分类。以信用的期限为标准，信用可以分为即期信用、短期信用和长期信用；以有无抵押为标准，信用可分为担保信用和无担保信用；以信用的主体为标准，信用可以分为商业信用、银行信用、国家信用和消费信用。在此主要介绍最基本的信用形式：商业信用、银行信用、国家信用、国际信用和消费信用。

一、商业信用

商业信用，是指工商企业间在买卖商品时，以商品形式提供的信用。商业信用的具体形式包括企业间的商品赊销、分期付款、预付货款、委托代销等。其中，与商品赊销相联系的延期付款是商业信用最基本、最典型的活动。

（一）商业信用的特点

1. 商业信用的主体是商品生产者和经营者

由于商业信用是以商品形态提供的信用，所以，债权人和债务人均为商品的生产者和经营者。在资本循环过程中，由于各企业的生产和流通时间不一致等原因，往往会出现一方有货物出售而另一方无货币购买的现象。通过商业信用，债权人提供信用给债务人，同时以货主的资格出售商品给其他企业；债务人接受商业信用，同时也就是向其他企业购买商品。

2. 商业信用是一种直接信用

通过这种信用方式，交易极易达成，无须经过金融机构作为中介，只要赊销方和赊购方达成协议就行，手续极为方便。

3. 商业信用是以商品形态提供的信用

在商业信用中，卖方以商品而不是货币形态向买方提供信用。这种商品不同于普通商品，而是处于产业资本循环过程最后一个阶段的商品资本，它还有待于转化为货币资本。

（二）商业信用的优点和缺点

1. 商业信用的优点

商业信用的优点在于通过厂商之间提供商业信用，卖方将商品赊销给买方实现销售，买方用延期付款和分期付款的方式取得商品，可使整个社会的再生产能正常进行，提高商品流通速度，从而能够促进社会经济发展。

2. 商业信用的缺点

(1) 商业信用具有规模局限性。由于商业信用是厂商之间提供的信用，因而它的规模只能局限于提供信用的厂商所拥有的商品范围。商业信用在量上是有限的。

(2) 商业信用具有方向局限性。商业信用通常是由卖方向买方提供，由原材料生产企业向需要原材料的下游企业提供，而不能逆向进行。企业之间的很多信用需求无法通过商业信用得到满足。

(3) 商业信用具有对象局限性。由于商业信用形成于商品买卖过程中，它只使用于有商品交易关系的企业，并且，一般都是在信用能力较强、往来较多、相互信任的企业之间进行。

二、银行信用

银行信用是指银行以及非银行金融机构以货币形式向社会和个人提供的信用。银行信用主要包括两个方面：①以吸收存款等形式动员各方面的闲散资金；②通过贷款、贴现等形式运用这些资金。

20 世纪以来，银行信用发展了巨大的变化，主要表现为：①越来越多的借贷资本集中在少数大银行手里；②银行规模越来越大，贷款数不断增加，贷款期限不断延长；③银行信用提供的范围也在不断扩大。

银行信用的特点：

1. 银行信用是一种间接信用

在银行信用中，一方面银行或其他金融机构以债务人的身份广泛吸收社会上闲散的货币资金；另一方面，它们又以债权人的身份向以企业为主的货币资金需求者提供货币资金。因此，银行信用是银行及其他金融机构集债权人与债务人于一身的一种间接信用形式。

2. 银行信用具有双重身份

银行信用的债权人是金融机构，债务人是企业、个人和其他机构。同时，银行在筹集资金时又作为债务人承担经济责任。这种特有的双重身份为银行信用发挥作用提供了便利条件。

3. 银行信用具有动员、分配资金的广泛性

由于银行信用所能动员的借贷资金包括整个社会各个部门的闲散资金，包括企业、家庭和政府的储蓄，它可以聚集小额的可贷资金满足大额资金借贷的需要，同时可把短期的借贷资金转换成为长期的借贷资本，以满足对较长时期的货币需求，不再受资金流转方向的约束，从而在规模、范围、期限和资金使用方向上都大大优于商业信用。

4. 银行信用具有创造信用流通工具的功能

整个银行系统可以通过吸收存款，利用存款派生的机制，进行存款派生。这点是其他信用形式所无法比拟的。正是由于这一功能，银行系统可以根据整个国民经济的客观需要，有伸缩性地供应资金。

案例讨论　一则关于货币、信用和经济循环的故事

在美国的路易斯安那州有两位农夫，皮埃与沙颂。一天，皮埃来到沙颂的农场，并赞美沙颂的马道：“这真是一匹漂亮的马，我一定要买下它。”沙颂回答道：“皮埃，我不能卖它，我已经拥有这匹马很多年了，而且我很喜欢它。”“我愿意付出10元钱的代价买下它。”皮埃说道。沙颂说：“好吧，我同意。”于是他们签下一纸合约。大约一个星期之后，沙颂来到皮埃的农场对他说：“皮埃，我一定要拿回我的马，我实在太想念它了。”皮埃说道：“可是我不能这么做，因为我已经花了5元钱买了一辆拖车。”“我愿意付20元钱买下这匹马与拖车。”沙颂说道。皮埃默默地盘算着——15元钱的投资一个星期赚5元钱——年回报率超过1 700%！所以，他说道：“就这么办。”

于是，皮埃与沙颂不断地交易这匹马、拖车与其他的附属配件。最后，他们终于没有足够的现金来交易。他们便去找当地的银行。银行家首先查明他们

的信用状况，以及这匹马的价格演变历史，于是放款给了他们两个人，而马匹的价格在每轮的交易中也不断地上涨。每当完成一次交易，银行家可以回收全部的放款与利息，而皮埃与沙颂的现金流量也呈几何级数的增加。

这种情况持续进行，直到数年以后，皮埃以 1 500 美元的价格买下马匹，然后，有一个东部佬(哈佛大学的商学硕士)听说这匹神奇的马，并做了一些精密的计算，而后来到路易斯安那州，以 2 700 美元的价格向皮埃买下这匹马。

沙颂听到这个消息以后非常生气，他来到皮埃的农场大声责怪道："皮埃！你这个笨蛋！你怎么能以 2 700 美元的价格卖掉马匹呢！我们的生活都靠着这匹马啊！"

讨论：为什么银行家会放款给皮埃和沙颂？

三、国家信用

国家信用又称政府信用，是以政府为主体的借贷行为，包括政府以债务人的身份取得信用和以债权人的身份提供信用两个方面。通常表现为国家或政府发行各类政府债券，由个人、企业、银行以及其他金融机构等认购。

（一）国家信用的形式

1. 公债

公债是国家信用的主要形式。所谓公债，是指政府将债券出售给债权人以获得货币，债权人或债券的持有人则凭债券到期获得本金和利息收入。在西方国家，公债的认购对象主要是银行、保险公司、股份公司以及个人。

2. 国库券

国库券是国家信用的另一种形式。国库券与公债的性质相近，所不同的是公债的期限较长，发行的目的多种多样；而国库券期限较短，发行的目的主要是为了应付短期内急需的预算支出。

3. 银行借款

国家财政向银行的借款也是国家信用的一种形式。

（二）国家信用的作用

1. 调节经济的重要手段

国家信用是实现宏观调控的重要杠杆。国家通过发行债券，引导社会资金的流向，促进国民经济结构更加合理化；国家通过发行债券，用以执行经济政策，包括货币政策和财政政策。

2. 弥补财政赤字、调节财政收支不平衡的重要手段

一旦政府的收支出现不平衡，尤其是出现赤字时，政府通过国家信用，为财政筹集巨资，从而支持国家建设。

3. 促进整个国民经济长期、持续、稳定、协调发展的重要手段

国家信用被利用于重点基础建设，如修筑道路和水利工程、发展科教事业等，更多地侧重于项目的宏观经济效益和社会效益，对经济的可持续发展起到重要的作用。这是银行信用投资功能所无法实现的。

资料卡 **滥用国家信用 必损国家信誉**

2000 年 6 月 13 日，农行湖南衡阳分行衡南县支行在转让衡南县泉溪镇猪鬃加工厂 690.1 万元债权给长城公司的过程中，衡南农行为了一己之私，采取私刻印章的手段伪造金融债权。近日，“中国农业银行被什么击垮了？”一文，如一石激起千层浪，在互联网广为流传。追溯这一事件的根源，在于中国农业银行衡南支行造假欺诈，涉嫌违法犯罪事件。

中国农业银行作为国家的商业银行，生存在国家信誉的环境中。纵观古今，国家信誉凝聚着社会的信任和信心，是维持社会秩序和稳定的根本保障。这就是国家与社会各界共同达成的一种信用。诚然，国家信誉是社会相互信赖的保障，得到世界的普遍认同。人们基于对国家信誉的尊重，在日常社会活动中，国家信誉成了一种依托。国家银行、国家免检产品等都带上了国家信用的标志。

再看中国农业银行衡南支行凭什么能卖出假债权？投资者凭什么敢与农行相关的企业进行商业活动？也正是因为中国农业银行有着国家信用作保证。

当前，金融危机肆虐全球。金融危机即金融风险，也就是道德风险。国际金融专家普遍认为，中国国有商业银行之所以还保持稳定运行，根源在于国家信用，即储户对国有银行国家所有的信任。因此，国家信用是金融体制最后的依托。但是，国家信用是建立在金融稳定的基础之上的，一旦遭遇金融危机，很有可能连同国家信用一起被毁掉。因此维护国家信誉，也就是维护国家的信用与经济安全。

国家信用滥用必将导致信任危机，必然损坏国家信誉！

中国农业银行是一家号称世界 500 强之一的大型国有金融企业，做出肆意造假欺诈的恶行与其身份地位极不相称。农行是国家的金融企业，农行的股改剥离了上万亿元的不良资产和注资，其结果都得由国家埋单、百姓负担。农行

湖南省分行衡南支行造假欺诈事件，充分暴露了国家信用被滥用并埋下危机的隐患。

资料来源：联合早报网 2009.6.3。http://www.zaobao.com/forum/pages1/forum_lx090903.shtml.

四、国际信用

国际信用是各国官方（政府）、非官方（企业、银行）之间相互提供的信用，包括国际金融机构提供的信用，是国际贸易扩大及经济全球化的需要，是国际经济关系的重要组成部分。国际信用实际上是一国已存在的商业信用、银行信用、国家信用等扩展到世界范围所形成的。国际信用的具体形式主要有：出口信贷、国际商业银行贷款、国际金融机构贷款、国际租赁信用等。

1. 出口信贷

出口信贷，是指出口商或出口方银行向进口方银行提供的信用，以解决出口贸易，特别是金额较大、订货期较长的成套设备的货款支付问题。出口信贷包括卖方信贷和买方信贷两种具体形式。

（1）卖方信贷：是指出口方银行对本国出口商提供的信贷。当出口商对外国进口商采取赊销办法销售设备时，规定在一定时期后分期付清货款，买方在订货时，仅按照合同支付部分定金，其余部分在设备交售或设备投产后陆续偿还。卖方所需资金，向本国商业银行贷款解决。

（2）买方信贷：是指出口方银行直接向进口商或进口方银行提供的信贷，买方用以支付卖方的货款。直接向进口商提供贷款一般是由进口方银行担保。

2. 国际商业银行贷款

国际商业银行贷款，是指一些大商业银行向外国政府及其所属部门、私营工商企业或银行提供的中长期贷款。这种贷款通常没有采购限制，也不限定用途。其主要方式有独家银行贷款和银团贷款。银团贷款就是由一家银行牵头，由多家银行参与组成一个贷款团，共同筹集向特定的客户发放贷款。

3. 国际金融机构信用

国际金融机构信用，是指联合国所属的国际金融机构和区域性开发银行对其成员国提供的信贷。主要包括国际货币基金组织、世界银行、国际开发协会、国际金融公司、亚洲开发银行等。这些国际金融机构按各自的宗旨，对成员国提供各种有特定用途的贷款，信贷条件优惠，贷款对象必须是其成员国，并承担一定的义务。

资料卡 江西签订首笔“出口买方信贷”合同

中国银行江西省分行2009年11月14日与德国舒特集团公司签署了贷款总额为1.4916亿美元、为期14年的《出口买方信贷协议》。这是江西省内金融系统提供的第一笔出口买方信贷项目。中国银行江西省分行行长傅正辉说,这也是中国银行系统内的第一笔船舶出口买方信贷项目。

出口买方信贷是出口国为了支持本国机电产品、成套设备、对外工程承包等资本性货物和服务的出口,由出口国银行给予进口商或进口商银行提供的中长期融资便利。舒特集团是一家总部设在德国汉堡的大型航运集团公司,在世界各地有多家全资子公司经营航运业务。舒特集团此次向中国银行江西省分行贷款,主要用于向江西天宇科技有限公司购置7艘1.65万吨和2艘2.5万吨的成品油轮。

江西省商务厅副厅长李文尧表示,此次中国银行和德国舒特集团的合作,将对江西船舶出口行业乃至整个江西出口贸易振兴起到重要作用。近年来,随着江西经济的发展,省内出口贸易进入迅猛发展时期,出口企业对出口买方信贷的需求急剧上升。今后,这一新型业务将为越来越多的进出口商接受和采用。中国出口信用保险公司为这笔出口买方信贷提供了出口信用保险。

资料来源:新华网2009年11月14日。

五、消费信用

(一)消费信用的种类

消费信用是企业、银行和其他金融机构向消费者个人提供的用于生活消费的信用。其主要形式有以下几种。

1. 分期付款消费信用

分期付款的消费信用,是指消费者所欠的购货款按周、按月或按年偿还的消费信用。最常用的分期付款消费信用是购买汽车和住房。分期付款消费信用的契约一般包括三个部分:①第一次支付现款的金额;②契约的期限;③利息费用。对于消费者来说,最关心的是契约的期限,因为这与消费者每次的付款额直接有关;而对于贷款人来说,最关心的是第一次支付的现款额,因为这关系到贷款的安全。

2. 消费贷款信用

消费贷款信用，是指由银行或者其他金融机构直接以货币形式向消费者提供的以消费为目的的贷款。按贷款方式的不同，消费贷款可分为信用贷款和抵押贷款。按照接受信贷对象的不同，消费贷款又可分为对购买消费品的买方发放贷款和对销售企业发放贷款两种方式。

3. 信用卡

信用卡是由发卡机构（银行和信用卡公司）发行的，为资信可靠的客户提供直接消费和取得其他服务的信用凭证。信用卡的推广对持卡人来说，可以转账结算、储蓄存款、提现消费和投资信贷等；对于特约商业单位来说，可以增加营业额；对于发卡机构来说，可以吸收存款或通过垫付客户欠款，扩大利息收入。

资料卡　**信用卡**

信用卡(Credit Card)是一种非现金交易付款的方式，是简单的信贷服务。信用卡一般是长 85.60 毫米、宽 53.98 毫米、厚 1 毫米的塑料卡片（尺寸大小是由 ISO 7810、7816 系列的文件定义），由银行或信用卡公司依照用户的信用度与财力发给持卡人，持卡人持信用卡消费时无须支付现金，待结账日时再行还款。

信用卡于 1915 年起源于美国。

最早发行信用卡的机构并不是银行，而是一些百货商店、饮食业、娱乐业和汽油公司。美国的一些商店、饮食店为招徕顾客，推销商品，扩大营业额，有选择地在一定范围发给顾客一种类似金属徽章的信用筹码，后来演变成为用塑料制成的卡片，作为客户购货消费的凭证，开展了凭信用筹码在本商号或公司或汽油站购货的赊销服务业务，顾客可以在这些发行筹码的商店及其分号赊购商品，约期付款。这就是信用卡的雏形。

一天，美国商人弗兰克·麦克纳马拉在纽约一家饭店招待客人用餐，就餐后他发现钱包忘记带在身边，因而深感难堪，不得不打电话叫妻子带现金来饭店结账。于是，麦克纳马拉产生了创建信用卡公司的想法。1950 年春，麦克纳马拉与他的好友施奈德合作投资 1 万美元，在纽约创立了“大来俱乐部”(Diners Club)，即大来信用卡公司的前身。大来俱乐部为会员们提供一种能够证明身份和支付能力的卡片，会员凭卡片可以记账消费。这种无须银行办理的信用卡的性质仍属于商业信用卡。

1952 年，美国加利福尼亚州的富兰克林国民银行作为金融机构首先发行了银行信用卡。

信用卡 20 世纪才开始在中国流行，近几年来发展十分迅猛。据有关统计数据显示，中国信用卡发行量2003年约为300万张，而到2006年底，达到5 000万张，截至2008年6月30日，中国信用卡发行量已猛增到1.22亿张。2008年12月23日，香港东亚银行在中国大陆推出人民币信用卡，成为第一家在中国大陆独立发行人民币信用卡的外资商业银行。

（二）消费信用的作用

1. 积极作用

(1) 发展消费信用有利于搞活流通和生产的发展。它在一定程度上缓和了消费者购买力水平和生活需求水平的矛盾，有助于提高消费水平；同时可以发挥消费对生产的促进作用，刺激经济不断增长。

(2) 发展消费信用有利于充分提高消费资金的使用效果。通过消费信用，使储蓄与消费信用相结合，当居民的收入与支出在时间上出现不平衡时，可以通过储蓄，集中一部分居民闲置的货币，然后再通过消费信用放贷给需要支出的另一部分居民。

2. 消极作用

(1) 过度的消费信用容易形成虚假消费，导致生产扩张，加剧经济危机。消费信用是对未来购买力的预支，即期购买力的扩张包含虚假成分，如果把这种眼前的市场虚假繁荣当成扩大生产经营的信号，就会导致生产过剩，造成供求的紧张状态，容易引起通货膨胀甚至经济危机。

(2) 过度的消费信用容易使债务人陷于沉重的债务负担之中。不管怎么说，贷款者在今后一段时间内都要偿还贷款的本息。

资料卡 **我国的消费信用现状及发展**

20世纪90年代以来，我国经济快速发展，居民生活水平不断提高，在住房、汽车等领域出现了比较旺盛的需求。同时，随着买方市场的形成，消费需求不足成为制约经济增长的主要因素，政府采取多种措施扩大内需，信用消费作为刺激消费需求的有效手段得到重视和推广，各项旨在鼓励个人信用消费的政策、法律、法规相继出台。

从提供信用消费的机构看，目前国内所有商业银行及信用合作社都已不同程度地开办了消费信用业务，而工、农、中、建四大国有商业银行是消费信用市场的主体，其消费信用余额占全部金融机构提供的消费信用总额的88%。从信用消费的品种看，经过近几年的发展，形成了包括个人住房与住房装修、汽车消费与信用卡消费、大额耐用消费品与教育助学、旅游与医疗贷款、个人综合消费与个人短期信用贷款及循环使用额度贷款等十几个大类、上百个品种的信用消费品种体系。

从当前各金融机构的实践情况看，我国消费信用的发展将在以下几个方面取得显著进展：

1. 重点发展个人住房与汽车信用消费

个人住房贷款在我国当前信用消费发展中占有绝对比重，今后一段时期内，个人住房贷款仍是消费信贷发展的重点。另外，随着汽车普及程度的提高，汽车消费贷款的需求量还将显著增大，这将成为消费信用的一个主要增长点。

2. 大力开展信用卡业务与个人耐用消费品信用消费

美国信用卡业务的比重仅次于住房信贷，我国商业银行应在社会信用体系建立之后，抓住有利时机大力发展信用卡业务，鼓励消费者先消费、后还款，将信用卡办成真正的信用卡。另外，还应大力推广商业销售网点和消费网点进行信用卡支付。据统计，我国的耐用消费品贷款在我国信用消费业务中所占比重小，市场潜力巨大。为此，各商业银行应积极与商家合作，开展多种形式的耐用消费品贷款。

3. 大力发展助学与旅游信用消费

目前，我国助学贷款发放比重仍然较小，各商业银行应采取多种形式大力推广。相对说来，助学贷款本质上是消费者用未来的收入为现在的教育融资，其贷款对象普遍具有较高的素质，如果能合理引导，应该能成为一个很好的信用品种。另外，随着“假日经济”的日益重要，居民在旅游方面的支出也日益增加，各商业银行、相关金融机构及旅游公司应积极响应国家有关政策，在国家法律允许的范围内，大力推广旅游信用消费。

4. 借鉴美国信用消费的先进业务方式

各金融机构应与相关机构积极配合，结合中国实际，大力开拓信用消费新品种，探索这些信用消费品种在我国可行的发放模式和风险控制模式，并积极完善和推行，以尽快完善我国的信用消费体系。如针对不同的消费群体制订不同的贷款品种，对个体工商户和运输业者提供经营性车辆贷款，对有创业意识的城乡家庭可提供小额家庭创业贷款等。同时，针对不同的信用消费品种和贷款对象，可在利率期限和还款方式方面为消费者提供多种选择。

第三节　信用工具

一、信用工具的概念

信用工具通常是指以书面形式发行和流通，借以保证债权人或投资人权利的一种凭证。信用工具的产生和发展克服了口头信用和记账的缺点，使信用活动更加顺畅，更加规范化，而且通过信用工具的流通转让形成了金融市场。在现代经济中，人们融通资金往往要借助信用工具，因此，信用工具又被称为金融工具。金融工具对其买进或者持有者来说就是金融资产。

二、信用工具的特征

信用工具种类繁多，但各种信用工具一般都具有以下四个特点。

(1) 偿还性。是指信用工具的债务人按期还本付息的特征。信用工具一般都载明期限，债务人到期必须偿还信用凭证上记载的债务。但也存在着例外，如股票的偿还期限是无限的。

(2) 流动性。是指信用工具在短时间内转变为现金而在价值上又不受损失的能力，又称变现能力。现金和活期存款是最具有流动性的。政府发行的国库券也具有较强的流动性，而其他信用工具或者不能随时变现，或者在提前变现时要蒙受损失。

(3) 收益性。是指信用工具定期或不定期给持有者带来收益。如股票可获得股息收益，债券能获得债券利息，这是固定收入。另外，还可利用金融市场的行情变化，买卖信用工具，带来价差收入。

(4) 风险性。是指投入的本金和预期收益遭受损失的可能性。风险主要来自两个方面：一是违约风险，指债务人不能按时履行契约、支付利息和偿还本金的风险；二是市场风险，是指市场上信用工具价格下降可能带来的风险。

不同的信用工具在上述四个方面所表现的程度是有差异的，这种差异是信用工具购买者在进行选择时所考虑的主要内容。

三、信用工具的种类

随着信用在现代经济生活中的不断深化和扩展，信用工具种类越来越多，从不同的角度可以进行不同的划分。按照融资方式，可以分为直接信用工具和间接信用工具；按照融资时间，可以划分为短期信用工具和长期信用工具。

直接信用工具，是指非金融机构为筹集资金直接在市场上发行或签署的各种信用凭证，如商业票据、股票、公司债券、公债、国库券、抵押契约、借款合同等。这些信用工具可在金融市场上直接进行借贷或交易。间接信用工具，是指银行和其他金融机构所发行和签署的各种信用凭证，如钞票、存款单、银行票据、银行发出的大额可转让存单、保险公司发出的保险单、通过信托投资公司发出的各种基金等。这些信用工具是由融资单位通过银行和其他金融机构融资而产生的。

（一）商业票据

商业票据是指由金融公司或某些信用较高的企业开出的无担保短期票据。商业票据的可靠程度依赖于发行企业的信用程度，可以背书转让，可以承兑，也可以贴现。商业票据的期限在9个月以下，由于其风险较大，所以利率高于同期银行存款利率。商业票据可以由企业直接发售，也可以由经销商代为发售，但对出票企业信誉审查十分严格。商业票据一般分为汇票、本票和支票。

1. 汇票

汇票(Bill of Exchange)是一个人(出票人)向另一个人签发的，要求付款人立即或定期或在可以确定的将来的时间，对某人或其指定人或持票人支付一定金额的无条件与书面支付命令。汇票分为银行汇票和商业汇票。

银行汇票是由银行签发的，由其在见票时按照实际结算金额无条件付给收款人或者持票人的票据。

商业汇票是商业企业签发的，委托付款人在指定日期无条件支付确定的金额给收款人或者持票人的票据。在银行开立存款账户的法人以及其他组织之间，必须具有真实的交易关系或债权债务关系，才能使用商业汇票。如：出口商以逆汇方式(托收、信用证)结算货款时，需要出具一种书面凭证向进口商索取款项的依据。汇票就是出票人(出口商)向付款人(进口商)开出，要求付款人立即或在一定时期内无条件付款的一种单据。汇票要求具备以下的必要项目：标明其为汇票字样，注明付款人姓名或商号，出票人签字，出票日期和地点，付款地点，付款期限，金额，收款人的名称等(参见图2-1)。

2. 本票

本票(Promissory Notes)是一个人向另一个人签发的，保证即期或定期或在可以确定的将来的时间，对某人或其指定人或持票人支付一定金额的无条件书面承诺。我国《票据法》仅承认银行本票，亦即银行签发的，承诺自己在见票

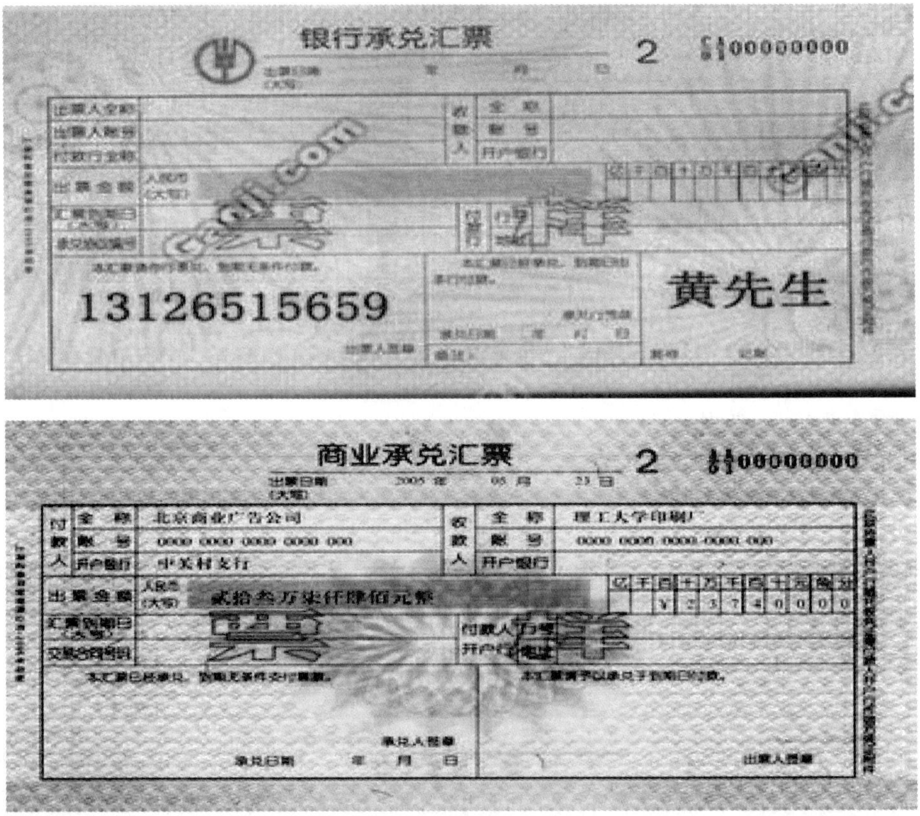

图 2－1　汇票票样

时无条件支付确定的金额给收款人或者持票人的票据。本票的票面要素为：标明其为“本票字样”；无条件支付承诺；出票人签字；出票日期和地点；付款地点；付款期限，如果没有写清的，可以看作见票即付；金额；收款人或其指定人（参见图 2－2）。

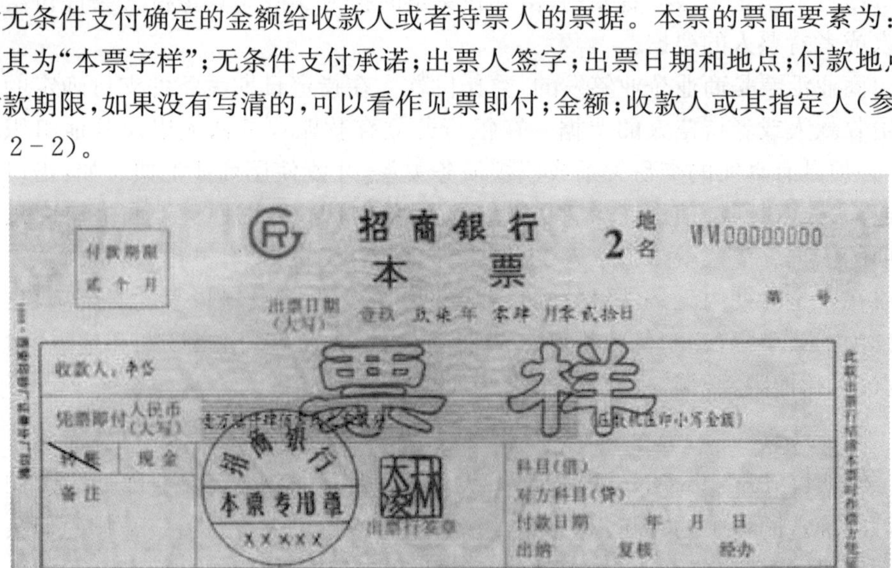

图 2－2　本票票样

（二）支票

支票(Cheque,Check)是以银行为付款人的即期汇票,可以看作汇票的特例。支票出票人签发的支票金额,不得超出其在付款人处的存款金额。如果存款低于支票金额,银行将拒付给持票人。这种支票称为空头支票,出票人要负法律上的责任。

开立支票存款账户和领用支票,必须有可靠的资信,并存入一定的资金。支票可分为现金支票、转账支票、普通支票。支票一经背书即可流通转让,具有通货作用,成为替代货币发挥流通手段和支付手段职能的信用流通工具。运用支票进行货币结算,可以减少现金的流通量,节约货币流通费用。

支票是出票人签发的,委托办理存款业务的银行或其他金融机构,在见票时无条件支付确定的金额给收款人或者持票人的票据。支票分为现金支票、转账支票、普通支票三种。现金支票只能用于支取现金,它可以由存款人签发用于到银行为本单位提取现金,也可以签发给其他单位和个人用来办理结算或者委托银行代为支付现金给收款人;转账支票只能用于转账,它适用于存款人给同一城市范围内的收款单位划转款项,以办理商品交易、劳务供应、清偿债务和其他往来款项结算;普通支票可以用于支取现金,也可以用于转账。但在普通支票左上角划两条平行线的,为划线支票,只能用于转账,不能支取现金(参见图 2－3)。

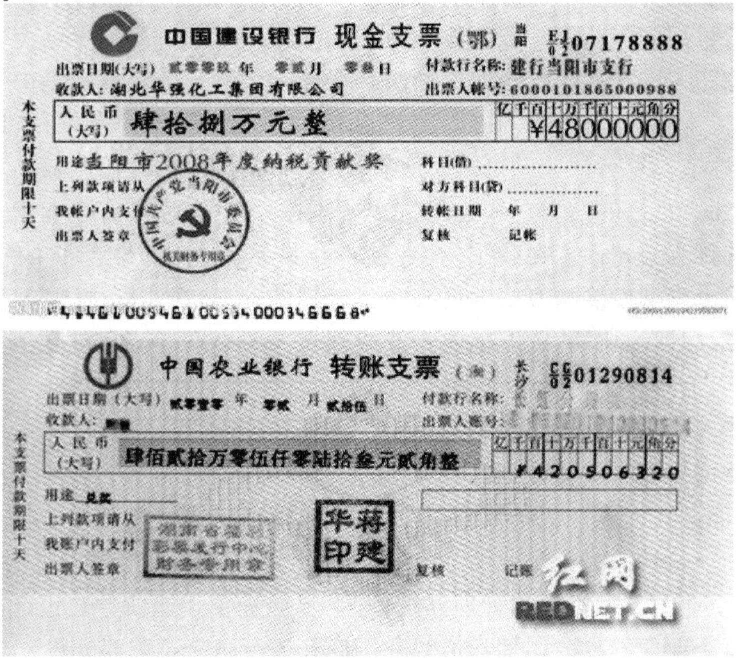

图 2－3　支票票样

（三）债券

债券(Bond)是一种金融契约，是政府、金融机构、工商企业等直接向社会借债筹措资金时，向投资者发行，同时承诺按一定利率支付利息并按约定条件偿还本金的债权债务凭证。债券的本质是债的证明书，具有法律效力。债券购买者或投资者与发行者之间是一种债权债务关系，债券发行人即债务人，投资者(债券购买者)即债权人。

债券是一种有价证券。由于债券的利息通常是事先确定的，所以，债券是固定利息证券(定息证券)的一种。在金融市场发达的国家和地区，债券可以上市流通。在中国，比较典型的政府债券是国库券。按发行主体划分为：①政府债券。政府债券是政府为筹集资金而发行的债券。主要包括国债、地方政府债券等，其中最主要的是国债。国债因其信誉好、利率优、风险小而又被称为“金边债券”。除了政府部门直接发行的债券外，有些国家把政府担保的债券也划归为政府债券体系，称为政府保证债券。这种债券由一些与政府有直接关系的公司或金融机构发行，并由政府提供担保。中国历史上发行的国债主要品种有国库券和国家债券，其中，国库券自 1981 年后基本上每年都发行，主要对企业、个人等；国家债券曾经发行包括国家重点建设债券、国家建设债券、财政债券、特种债券、保值债券、基本建设债券，这些债券大多对银行、非银行金融机构、企业、基金等定向发行，部分也对个人投资者发行。向个人发行的国库券利率基本上根据银行利率制定，一般比银行同期存款利率高 1～2 个百分点。在通货膨胀率较高时，国库券也采用保值办法。②金融债券。金融债券是由银行和非银行金融机构发行的债券。在我国，金融债券主要由国家开发银行、进出口银行等政策性银行发行。金融机构一般有雄厚的资金实力，信用度较高，因此，金融债券往往有良好的信誉。③公司(企业)债券。在国外，没有企业债和公司债的划分，统称为公司债。在我国，企业债券是按照《企业债券管理条例》规定发行与交易、由国家发展与改革委员会监督管理的债券，在实际中，其发债主体为中央政府部门所属机构、国有独资企业或国有控股企业，因此，它在很大程度上体现了政府信用。公司债券管理机构为中国证券监督管理委员会，发债主体为按照《中华人民共和国公司法》设立的公司法人，在实践中，其发行主体为上市公司，其信用保障是发债公司的资产质量、经营状况、盈利水平和持续赢利能力等。公司债券在证券登记结算公司统一登记托管，可申请在证券交易所上市交易，其信用风险一般高于企业债券。2008 年 4 月 15 日起施行的《银行间债券市场非金融企业债务融资工具管理办法》进一步促进了企业债券在银行间债券市场的发行，企业债券和公司债券成为我国商业银行越来越重要的投资对象。

（四）股票

股票(Stock)是股份公司发行的所有权凭证，是股份公司为筹集资金而发行给各个股东作为持股凭证，并借以取得股息和红利的一种有价证券。每股股票都代表股东对企业拥有一个基本单位的所有权。每支股票背后都有一家上市公司。换言之，每家上市公司都会发行股票。

同一类别的每一份股票所代表的公司所有权是相等的。每个股东所拥有的公司所有权份额的大小，取决于其持有的股票数量占公司总股本的比重。股票是股份公司资本的构成部分，可以转让、买卖或作价抵押，是资本市场的主要长期信用工具，但不能要求公司返还其出资。股票是一种有价证券，是股份公司在筹集资本时向出资人发行的股份凭证，代表着其持有者(即股东)对股份公司的所有权。这种所有权为一种综合权利，如参加股东大会、投票表决、参与公司的重大决策、收取股息或分享红利等，但也要共同承担公司运作错误所带来的风险(参见图 2-4)。

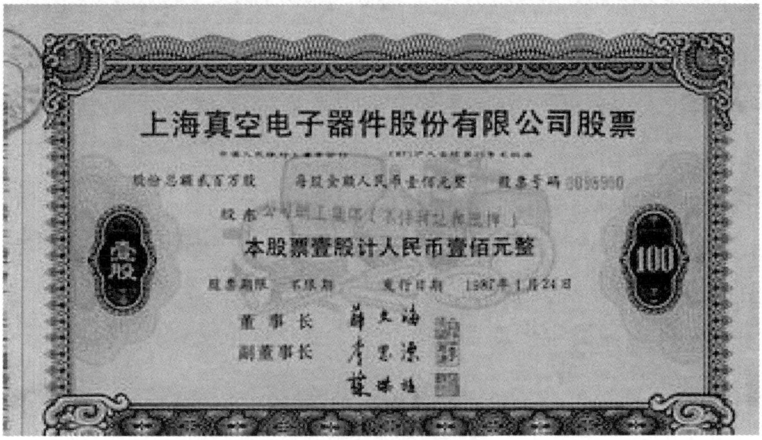

图 2-4　股票票样

本章小结

1. 可以从多种角度对信用进行理解，现代市场经济条件下的信用是指采用借贷货币资金或延期支付方式的商品买卖活动的总称；西方国家从纯经济学角度将信用定义为因价值交换的滞后而产生的赊销活动，是以协议和契约保障的不同时间间隔下的经济交易行为。

2. 商业信用，是指工商企业间在买卖商品时，以商品形式提供的信用。商业信用的具体形式包括企业间的商品赊销、分期付款、预付货款、委托代销等。

3. 银行信用所能动员的借贷资金，包括整个社会各个部门的闲散资金，包括企业、家庭和政府的储蓄。因此，相对于商业信用来讲，银行信用规模不受数量的限制。

4. 国家信用具有经济和行政的双重作用，一方面用以弥补税收收入的不足，另一方面也可以通过政府债券的买卖活动来调节社会经济。

5. 国际信用是各国官方(政府)、非官方(企业、银行)之间相互提供的信用，包括国际金融机构提供的信用，是国际贸易扩大及经济全球化的需要，是国际经济关系的重要组成部分。国际信用的具体形式主要有：出口信贷、国际商业银行贷款、国际金融机构贷款、国际租赁信用等。

6. 消费信用通过解决居民收入和支出在时间上的不平衡，扩大当前消费量，从而搞活流通和生产的发展。但是，过度的消费信用容易形成虚假消费导致生产扩张，加剧经济危机。

7. 信用工具从不同的角度可以进行不同的划分。按照融资方式，可以分为直接信用工具和间接信用工具；按照融资时间，可以划分为短期信用工具和长期信用工具。常见的信用工具有商业票据、支票、债券、股票等。

思考题：

1. 如何理解信用的含义？
2. 比较商业信用与银行信用的异同。
3. 国际信用的种类有哪些？
4. 消费信用的特点有哪些？
5. 信用工具的种类主要有哪些？

操作题：

1. 通过网络，了解各个商业银行信用卡的种类和功能。
2. 通过网络，了解主要的国内和国外商业银行的名称及信用状况。

第三章　利息与利率

学习目标

- ✧ 掌握利息与利率的概念；
- ✧ 掌握单利和复利的计算方法；
- ✧ 掌握利率的种类；
- ✧ 理解利率决定的因素；
- ✧ 理解利率的功能和作用。

引言

利率是经济学中一个重要的金融变量，几乎所有的金融现象、金融资产均与利率有着或多或少的联系。当前，世界各国频繁运用利率杠杆实施宏观调控，利率政策已成为各国中央银行调控货币供求，进而调控经济的主要手段，利率政策在中央银行货币政策中的地位越来越重要。

第一节　利息与利率概述

一、利息与利率的概念

（一）利息的概念

利息是借贷关系中由借入方付给贷出方的报酬。利息是伴随着信用关系的发展而产生的经济范畴，并构成信用的基础。只要存在信用关系，利息就必然存在。

（二）利息的本质

马克思认为，利息不是货币本身产生的结果，也不是在再生产过程之外的借贷活动中产生的，更不是在购买生产要素和销售商品的流通过程中产生的，而是工人在再生产过程中创造的归货币所有者占有的剩余价值的一部分。所以，马克思从根本上回答了利息的来源和本质，从而揭开了利息的神秘面纱。利息的本质可以理解为三部分。

(1) 从利息的来源看，利息是剩余价值的转化形式。利息是工人在再生产过程中创造的剩余价值的一部分，是剩余价值的转化形式，是货币资本家和产业资本家共同瓜分剩余价值的结果。

(2) 从借贷双方的关系看，利息是财富的分配形式。利息是利润的一部分，因此是社会总产品的组成部分，表现为社会一定时期财富的增加。

(3) 从市场供求关系看，利息是借贷资本的价格。在现代经济社会中，多种融资方式使得融资成为市场行为，金融工具成为商品，资金需求者通过出售金融商品而筹措资金；资金供应者通过购买金融商品而投资，资金供求关系转化为金融商品的买卖关系，利息成为金融商品的价格。

(三) 利息率的含义

利息率是指一定时期内获得的利息额与本金的比率，简称为利率。它体现的借贷资本或生息资本的增值程度，是衡量利息量的尺度。利率是租赁资金的价格。资金的供给方把一笔资金转让出去具有一定的机会成本和风险：首先，即使贷款者最终可以收回自己贷出去的总金额，贷款期内错失的机会也无法找回；其次，把资金借给他人，可能因为主观或客观原因产生无法收回本金的风险。因此，要收取一定的利息。利率的计算公式为：

$$利率=利息额预付借贷资本\times 100\%$$

当前，利率一般用年利率表示。年利率、月利率和日利率之间的换算公式如下：

$$年利率=月利率\times 12$$

$$日利率=年利率\div 360$$

二、利息的两种计算方法

(一) 单利(simple rate)法

单利法是指在规定期限内只把借贷的本金作为计算利息依据的一种计息方法。优点：手续简单，计算方便，借入者利息负担较轻，适用于短期贷款。

$$I=P\times r\times n$$

$$S=p\times (1+r\times n)$$

其中，I 表示利息，S 表示本息之和，P 表示本金，r 表示利率，n 表示期限。

（二）复利(compound rate)法

复利法即把上一期的利息加入本金，作为本期计算利息依据的一种计算方法，俗称利滚利。优点：考虑了资金的时间价值，保护了贷出者的利益，适用于长期贷款。

$$I=P\times[(1+r)^n-1]$$
$$S=P\times(1+r)^n$$

其中，I 表示利息，S 表示本息之和，P 表示本金，r 表示利率，n 表示期限。

案例　　单利与复利的计算

A 银行向 B 企业贷放一笔为期 5 年、年利率为 10%的 100 万元贷款，则到期日企业应付利息额与本利和分别为：

按单利计算：$I=100\times10\%\times5=50$ 万元

$S=100\times(1+10\%\times5)=150$ 万元

按复利计算：$I=100\times[(1+10\%)^5-1]=61.051$ 万元

$S=100\times(1+10\%)^5=161.051$ 万元

资料卡　复利的威力

当年爱因斯坦帮助了一个朋友，朋友想回报他，对爱因斯坦说："我帮助您买些股票吧。"爱因斯坦不懂理财，就让朋友买了。过了很多年，朋友就让爱因斯坦看看他的股票，爱因斯坦打开股票账户一看，结果看到了里面的资金已经变成了当时看起来的天文数字。爱因斯坦惊呼："复利是人类最伟大的发明，是宇宙间最强大的力量，是世界第八大奇迹。"复利靠的是时间的累积。可以计算一下：1.003 的 250 次方。1.003 表示每天获利 0.3%，250 表示一年大概 250 个交易日，这个答案约为 2.11，也就是说，即使每天增值 0.3%，一年的复利收益率就是 211%；每天增值 0.5%，一年 250 个交易日将获利 248%；每天增值 1%，60 个交易日就将上涨 82%，100 个交易日就将上涨 170%，150 个交易日就将上涨 3.45 倍……一年 250 个交易日将上涨 11 倍；每周涨 1.5%，一年 50 周将上涨 110%；每月涨 6%，一年 12 个月将上涨 101%。

资料来源：博弈老师：《复利操作的威力》，东方财富网，2011－03－17。

（三）终值与现值

1. 终值(future value)

终值是指一笔资金按照一定的增值率计算到未来某一时点的本金与增值之和。按照复利法计算本利和公式，实际就是终值的一种计算公式，具体表现为：

$$S=P\times(1+r)^n$$

其中，S 为终值，P 为现值，r 为贴现率，n 为期限。

2. 现值(present value)

复利的逆运算，将来的一笔钱按某一利率计算相当于现在的本金额。求现值也称为贴现，现值也叫贴现值(discount value)。

$$P=S/(1+r)^n$$

其中，P 为现值，S 为终值，r 为贴现率，n 为期限。

例如，3 年后需要用一笔 100 000 元的货币，按年利率 6%计算，则现在需要准备的本钱为：$P=100\,000/(1+6\%)^3=83\,961.93$(元)

案例　　**现值应用**

现值概念广泛运用于投资决策和财务管理中。

假设一工厂要扩大生产，投资 100 万元建生产线，可使用 6 年，每年的收益为 20 万元。总收益：120 元，利润：20 万元。假设年利率为 10%，问该企业是否应该去进行这项投资？

解答：第一年末的收益现值：20/(1+10%)=18.18(万元)

第二年末的收益现值：16.53 万元　第三年末的收益现值：15 万元　……第六年末的收益现值：11.29 万元

总收益为 87.08 万元　$NPV=-12.92$ 万元

结论：不仅没有利润，还赔了 12.92 万元，投资不划算。这其中还没有算上通货膨胀率。

启示：降低利率和降低通货膨胀率可以刺激投资，因为未来收益的现值变高了。

（四）利率的种类

1. 年利率、月利率和日利率

年利率(annual interest rate)用%表示；月利率(monthly rate)用‰表示；日

利率(daily rate)(又称拆息——call money interest),用‱表示(按每月 30 天计)。

2. 法定利率(official rate)和市场利率

法定利率是指由政府金融管理部门或者中央银行确定的利率,在一定程度上反映了非市场的强制力量对利率形成的干预,是国家实现宏观经济目标的重要政策手段。市场利率是指在金融市场上资金供求双方自由竞争所形成的利率,是资金供求的指示器。法定利率对市场利率起着导向作用,法定利率的升降通常会使市场利率随之升降。

3. 固定利率(fixed interest rate)与浮动利率(floating rate)

根据利率在整个借贷期间是否调整,把利率分为固定利率和浮动利率。

固定利率是指利率在整个借贷期间按借贷时契约规定的利率执行,不随市场利率的变化而变化。浮动利率是指在借贷契约上规定,在借贷期间利率要根据市场利率的波动作定期调整的利率。

4. 一般利率(general rate)与优惠利率(preferential rate)

根据对不同对象和项目执行不同的利率水平来划分,利率可分为一般利率和优惠利率。一般利率是指金融机构按市场的一般标准发放贷款和吸收存款所执行的利率。优惠利率是指低于市场一般标准的贷款利率和高于市场一般标准的存款利率。用优惠利率对国家重点扶持的贷款项目和贷款对象进行信贷支持,是国家对经济结构和产业结构调整的需要。在国际市场上,人们普遍将低于伦敦同业拆借利率视为优惠利率。

5. 长期利率(long-term interest rate)与短期利率(short-term interest rate)

由于资金借贷期限长短的不同,利率水平也有不同的表现。通常我们把借贷期限在一年以内所采用的利率称为短期利率,把借贷期限在一年以上所采用的利率称为长期利率。通常来说,资金借贷期限越长,资金的时间价值就应该越大,经营者的获利也会越多;同时,市场不确定因素的影响越大,市场经营风险也就越大。所以,贷出者所获得的报酬也应越大,借入者所支付的利息也应越多。

6. 存款利率(deposit rate)与贷款利率(lending rate)

根据商业银行的存贷业务来划分,利率可分为存款利率和贷款利率。存款利率是指商业银行和非商业银行金融机构在吸收客户存款时所采用的利率。贷款利率是指商业银行和非商业银行金融机构在向客户发放贷款时所采用的利率。在正常情况下,贷款利率必须高于同期存款利率,因为对商业银行来说,贷款利率与存款利率之差构成商业银行主要的业务经营收入,我国银行的收益大约有 90%来自存、贷款的利差。

7. 名义利率(nominal interest rate)与实际利率(real interest rate)

名义利率与实际利率是 20 世纪 30 年代由美国经济学家欧文·费雪在研究利率与价格理论时提出的。

名义利率是直接以货币表示的,市场通行使用的票面利率,是我们平常所见的借贷契约及有价证券上载明的利息率都是名义利率。实际利率是名义利率剔除通货膨胀因素以后的真实利率,即在物价不变,从而货币购买力不变条件下的利息率。它是表明投资者实际所得及债务人实际所付的利率。

名义利率与实际利率的换算:

概括的计算公式:$r=I+p$

$$I=r-p$$

更确实的计算公式:$I=(1+r)\div(1+p)-1$

$$r=(1+I)\times(1+p)-1$$

其中,r 表示名义利率,I 表示实际利率,p 表示通货膨胀率。

实际利率对经济起实质性影响,但通常在经济管理中,能操作的只是名义利率。一般而言,正利率与零利率和负利率对经济的调节作用是互逆的,只有正利率才符合价值规律的要求。

资料卡 人民币现行利率表(2014 年 12 月 28 日)

单位:年利率%		
项目	利率水平	调整日期
人民银行对金融机构存款利率		2008.11.27
法定准备金	1.62	
超额准备金	0.72	
人民银行对金融机构贷款利率		2010.12.26
二十天	3.25	
三个月	3.55	
六个月	3.75	
一年	3.85	
再贴现	2.25	
金融机构人民币存款基准利率		2014.11.22
活期存款	0.35	
三个月	2.35	

半年	2.55	
一年	2.75	
二年	3.35	
三年	4.00	
金融机构人民币贷款基准利率		2014.11.22
一年以内(含一年)	5.60	
一至五年(含五年)	6.00	
五年以上	6.15	

资料来源:中国人民银行网站 http://www.pbc.gov.cn/.

第二节　利率的决定因素

利率是调节经济的重要杠杆,是影响经济生活的主要因素。利率的决定受各种因素的影响,但究竟是哪些因素在影响利率,以及如何影响利率,经济学界对此看法不一,主要考虑的因素有以下几种。

一、平均利润率

由于利息是利润的一部分,在一般情况下,利率总要低于平均利润率,平均利润率是利率的上限。如果利率高于平均利润率,则借款者因无利可图而不愿借款;相反,利率也不能低于零,利率太低则贷款者感到无利可图也不愿意贷出。因此,只有利率水平介于零和社会平均利润率之间,借贷双方才能合理地达成交易,才能产生借贷关系。

二、货币资金的供求关系

利率在平均利润率与零之间究竟处于哪个具体水平,这主要是由借贷双方在金融市场上通过相互竞争来决定。这种竞争取决于预期的利润率与现实的货币资金供求状况。在预期利润率提高和当前货币资金供给紧张时,利率便会上升;反之,在预期利润率下降和当前货币资金供给偏多时,利率便会下降。总之,借贷资金的供求状况决定现实利率水平的高低。

三、国家经济政策

国民经济是一个宏观运行的整体，无论是实行市场经济的国家，还是实行计划经济的国家，为协调全社会的整体经济利益，都要通过各种经济政策和经济手段来体现国家意志。利率政策是能比较直接地体现国家意志的重要经济手段，通过利率水平、利率结构的确定和设计，努力实现国家的经济增长政策、产业政策和货币政策。政府通过中央银行推行货币政策，影响利率达到预定水平，从而引导经济稳定发展。当国家在某一时期出现了经济过热、通货膨胀时，便可能通过提高利率水平来加以控制；相反，当国家在某一时期需要刺激经济发展、谋求较高经济增长速度时，便可能通过降低利率水平、增加货币投放来实现。中央银行通过货币政策来调控基准利率水平，影响资金的供求状况和资金流向，从而实现国民经济调控的目的。

四、通货膨胀

通货膨胀所引起的物价上涨、货币贬值，会给资本的贷出者造成损失，不仅造成借贷资本本金贬值，而且会使利息额的实际价值下降从而造成利息贬值。物价上涨时，如果利率保持不变，必然给资本所有者造成本金和利息的损失。特别是如果名义利率低于物价上涨率，其实际利率就是负利率。这样，资金所有者不仅得不到实际收益，甚至连本金也会受到损失。而对资金使用者来说不仅不用支付利息，还能获得收益。因此，在这种情况下，资金供给将减少，需求将增大，最终会导致利率上升。而物价下跌时情况正好相反，资金的供给将增加，需求将减少，最终导致利率下降。

五、存贷款期限和风险

一般情况下，期限长短、风险大小与利率高低有直接关系。在金融市场上，借贷资本期限长、流动性低，不确定性因素增加，风险相应增加，对资金供应者而言，风险大的补偿便是相应提高利率。因此，期限长的存款比短期存款利率高。相反，若借贷资本期限短、流动性高，不确定性因素较小、风险较小，则利率必然稍低一些。

六、国际利率水平

全球经济一体化是当今世界经济发展的一种潮流，世界各国的联系已越来越密切，商品、资金和技术等生产要素广泛地在世界范围运动。在与国际经济的接轨中，国际利率水平对国内利率水平的影响也越来越大，国际利率水平对国内利率的影响是通过资金在国与国之间的流动实现的。由于资本增值的本性和国际商人套利的天性，国际资本会自发地向高利率的国家流动。此时，高利率的国家资金供给增加，在资金需求不变的情况下，利率将开始下降；而利率较低的国家情况正好相反，在资金需求不变的情况下，资金供给减少，利率将开始上升，最终两国利率趋于一致。

资料卡　**西方的利率决定理论**

西方的利率决定理论大致可分为三种类型。

一是古典学派的储蓄投资理论，其代表如庞德维克、费雪以及马歇尔。该理论认为，利率取决于资本的供给和需求，这两种力量均衡决定了利率水平。资本的供给来源于储蓄，储蓄是利率的增函数；资本的需求取决于资本的边际生产率与利率的比较。

二是凯恩斯学派的流动性偏好理论，其主要观点是利率取决于货币供求关系，货币供给是一个外生变量，由中央银行直接控制；货币需求则是一个内生变量，由人们的流动性偏好决定。如果人们的流动性偏好加强，货币需求大于货币供给，利率将上升；反之，当人们的流动性偏好减弱，货币需求小于货币供给，利率将下降；当人们的流动性偏好所决定的货币需求量与货币管理机构所决定的货币供给量相等时，利率便达到了均衡水平。

三是新古典学派的借贷资金理论。该理论认为，利率为借贷资金价格，它取决于金融市场上的资金供求关系。而借贷资金的供求关系既有实物因素又有货币市场的因素，既包括存量又包括流量。

资料来源：沈伟基，宋玮.《金融学概论》，中国人民大学出版社 2004 年版。

第三节　利率的功能与作用

一、利率的功能

利率作为“经济杠杆”，具有五个方面的经济功能，对经济发挥着重要作用。

(1) 中介功能。它联系国家、企业和个人三方面利益，其变动将导致三方利益的调整。它沟通金融市场与实物市场，特别是两个市场上不同利率之间的联动性，使金融市场和实物市场之间相互影响。它连接宏微观经济，利率的变动可以把宏观经济的信息传达到微观经济活动中。

（2）分配功能。利率具有对国民收入进行分配与再分配的功能。利率从总体上确定了剩余价值的分割比例，使收入在贷者和借者之间进行初次分配。利率可以对整个国民收入进行再分配，调整消费和储蓄的比例，从而使盈余部门的资金流向赤字部门。

（3）调节功能。通过协调国家、企业和个人三者的利益，利率既可调节宏观经济活动，又可调节微观经济活动。对宏观经济的调节，主要是调节供给和需求的比例，调节消费和投资的比例关系等；对微观经济的调节，主要是调节企业和个人的经济活动等，使之符合经济发展的需求和国家的政策意图。

（4）动力功能。利率通过全面、持久地影响各经济主体的物质利益，激发他们从事经济活动的动力，从而推动整个社会经济走向繁荣。

（5）控制功能。利率可把那些关系到国民经济全局的重大经济活动控制在平衡、协调、发展所要求的范围之内。例如，通过利率的调整，控制信贷需求，进而影响投资规模、物价等。合理的利率有利于进行有效的宏观控制，从而保证国民经济良性循环。

二、利率的作用

1. 在宏观经济中的作用

（1）促进资本的积累。资本的短缺会导致生产的停滞和经济发展的迟缓。对资金支付利息，可以吸引社会公众手中的零散闲置资金，将之集中起来投入生产，促进经济增长。

（2）调节信用规模。利率是银行体系信用调节的重要工具，在货币扩张中起着重要作用。商业银行通过调节贷款利率和贴现率，可以影响借款人的资金成本，进而影响信贷规模：当银行贷款利率上升时，企业贷款的利息成本增大，于是，企业会尽量减少贷款量；当银行贷款利率下降时，企业贷款的利息成本减少，企业会抓住有利时机增大贷款量。另一方面，商业银行向中央银行申请再贴现时，中央银行对再贴现率的调整会影响基础货币，从而对社会的信用规模产生影响。

（3）抑制通货膨胀。利率的这一作用其实是通过调节信用规模来实现的。当通货膨胀压力增大时，中央银行可以通过提高银行体系的利率来收缩信用规模，从而减少货币供应量，降低通货膨胀的可能性。事实上，利率正是中央银行货币政策的一种重要工具。

（4）调整国民经济结构。利率可以配合产业政策，通过差别利率和优惠利率实现资源的倾斜配置，进而对国家打算扶持和重点发展的行业、企业提供良好的资本和资源支持，而对国家加以限制的行业或企业，则实行较高的利率，增大其获得资金的难度。

(5) 平衡国际收支。当一国从国外获得的收入小于对国外的支出时，该国可以通过提高利率水平的方法来阻止本国资金流向国外，并且吸引外国资金流向本国，从而使得国际收支获得平衡。

2. 在微观经济中的作用

(1) 对企业而言，促进企业加强经济核算，提高经济效益。企业利润取决于应付利息的多少，而利息的多少又与企业占有信贷资金的多少、占用的时间长短以及利率高低有关。

(2) 对个人而言，一方面，能诱发和引导人们的储蓄行为，调节人们的消费倾向和储蓄倾向；另一方面，引导人们选择金融资产。在保证金融商品安全性与流动性的前提下，人们重点考虑的往往是和利率有关的收益率的高低。

资料卡 **我国2014年11月21日降息对经济的影响**

中国人民银行决定自2014年11月22日起下调金融机构人民币贷款和存款基准利率。金融机构一年期贷款基准利率下调0.4个百分点，至5.6%；一年期存款基准利率下调0.25个百分点，至2.75%，2014年银行存款利率，同时结合推进利率市场化改革，将金融机构存款利率浮动区间的上限由存款基准利率的1.1倍调整为1.2倍；其他各档次贷款和存款基准利率相应调整，并对基准利率期限档次作适当兼并。专家如何解读？

李大霄：降息是重大利好，还会进一步降息

英大证券首席经济学家李大霄肯定央行的降息行为，认为是特大利好。李大霄说，央行的非对称降息降低了企业的融资成本，是稳定经济的重大举措。对于央行一次性下调0.4个百分点的贷款利率举措，李大霄认为这只是个开始，接下来还会降息。作为市场的坚定多头，李大霄肯定了降息是股市的重大利好，并且认为利好地产、基建、高铁等板块。

王明德：明年是大降息周期，资金成本下降利好A股

针对央行此举，东兴证券研究所所长王明德表示，面对经济的下行压力，央行降息在意料之中，今年年末和明年将是大降息周期。同时，伴随着资金成本的下降，权益类和固定收益类产品都会有较好的表现，同时对A股来说是实质性利好。

向松祚：降息对经济的刺激效果有限

对此，中国农业银行首席经济学家向松祚表示，降息对经济的刺激效果有限。向松祚表示,存款利率浮动区间上限由基准利率的 1.1 倍扩大至 1.2 倍。若商业银行用足上浮区间,则上浮后的存款利率与调整前水平相当。以 1 年期存款利率为例,调整前为 3%,若上浮 10%,为 3.3%;调整后为 2.75%,若上浮 20%,仍为 3.3%。存款人的存款收益基本不会受影响。向松祚称,在制造业和房地产业普遍产能过剩的大背景下,降息对经济的刺激效果有限。相对而言,昨天国务院宣布的解决融资难、融资贵的十条建议,如果切实实施将更有效力。

滕泰:中国进入降息周期,中国股市将长期走牛

经济学家、万博兄弟资产管理公司董事长滕泰对此表示,"降息是正确且必要的举措"。滕泰认为,中国经济连续十几个季度的下行,物价也出现通缩的趋势,近几年,高融资成本是经济下行的一个重要原因,央行降息可以说"亡羊补牢,犹未为晚";同时他还表示,p2p 贷款模式,将使中国进入降息周期。滕泰指出,降息将降低企业的融资成本,对制造业的回暖有利,而地方债的融资成本也将下降,对基建、房地产行业形成利好;同时也将极大提振消费,促进明年的经济增长。"而资本市场将直接受益于降息,随着融资成本的下降,中国股市将长期走牛"。滕泰说。

鲁政委:降息是坚持理性思考的正确举措

对此,兴业银行首席经济学家鲁政委表示,降息是坚持理性思考的正确举措。鲁政委称,这是坚持理性思考的正确举措,我们一直认为,没有利率锚下移而期待系统性地降低融资成本是很难的。鲁政委指出,本次降息有助于在明年初存量贷款重新定价时系统性下调融资资成本,特别是以贷款基准利率为定价基准的小微、三农,当然还有房地产。"存款上限的提高,在为最终完全解除奠定基础,也是避免吸储困难"。鲁政委说。

资料来源:综合投资网,http://www.zt5.com/dongxiang/22313.html,2014 年 11 月 21 日。

本章小结

1. 利息是借贷关系中由借入方付给贷出方的报酬。利息是伴随着信用关系的发展而产生的经济范畴,并构成信用的基础。只要存在信用关系,利息就必然存在。

2. 利息率是指一定时期内获得的利息额与本金的比率,简称为利率。它体现的借贷资本或生息资本的增值程度,是衡量利息量的尺度。

3. 单利是指在规定期限内只把借贷的本金作为计算利息依据的一种计息方法。复利是把上一期的利息加入本金,作为本期计算利息依据的一种计算方法，俗称利滚利。

4. 终值是指一笔资金按照一定的增值率计算到未来某一时点的本金与增值之和。现值是复利的逆运算，将来的一笔钱按某一利率计算相当于现在的本金额。求现值也称为贴现，现值也叫贴现值。

5. 利率的种类有：年率和月率，法定利率和市场利率，固定利率和浮动利率，一般利率和优惠利率，长期利率和短期利率，存款利率和贷款利率，名义利率和实际利率。

6. 决定利率水平的因素主要有：平均利润率，货币资金的供求关系，国家经济政策，通货膨胀，存贷款期限和风险，国际利率水平。

7. 利率的功能有：中介功能，分配功能，调节功能，动力功能，控制功能。利率的作用体现在宏观经济中的作用和微观经济中的作用。

思考题：

1. 利率的功能和作用是什么？
2. 利率的决定因素有哪些？
3. 利率的种类有哪些？
4. 什么是终值？什么是现值？终值和现值的关系是怎样的？

计算题：

1. 某人持有一张带息票据，面额 2 000 元，票面利率 5%，持票 90 天，问他可以得到多少利息？

2. 某人希望在 5 年后从银行取得本利和 1 000 元，用于支付一笔款项。若在利率为 5%，单利方式计算下，此人现在需要存入银行多少钱？

3. 某人将 1 000 元存入银行，定期 3 年，年利率 10%，3 年期满，按复利计算，问他可以从银行得到多少元？

操作题：

浏览相关网站，了解我国利率调整的时间、内容和影响。

浏览相关银行网站，了解商业银行不同期限存贷款的利率标准。

第二篇

金融市场篇

第四章　金融市场概述

学习目标

✧ 掌握金融市场的概念；
✧ 理解金融市场的构成要素；
✧ 了解金融市场的结构划分；
✧ 理解金融市场的功能；
✧ 掌握金融市场的交易主体。

引言

金融市场是市场经济国家体系中不可或缺的重要内容，发挥着重要而独特的作用，被称为一国经济的"晴雨表"，是现代经济体系的核心。

第一节　金融市场的构成要素

一、金融市场的概念

金融市场是资金供求双方借助金融工具进行各种货币资金交易活动的市场。在现代经济中，商品、劳务的生产与交换都需要货币资金，而货币资金的获得除了通过企业内部自我形成以外，还要依靠企业外部的资金融通，即通过借贷方式借入资金或贷出资金，而资金的借贷需通过各种金融工具的交易来完成。这样就产生了一种市场，在这个市场上，资金就是商品，而资金的借贷就是所谓的商品交换，资金借贷的利率就是一种特殊的商品价格，金融工具就是资金的书面载体，这个市场就是金融市场。

金融市场的含义有广义和狭义之分。广义的金融市场，泛指资金供求双方运用各种金融工具，通过各种形式进行的全部金融性交易活动，包括金融机构与客户之间、各种金融机构之间、资金供求双方所有以货币资金为交易对象的金融活动，如存款、贷款、票据抵押与贴现、信托、租赁、保险、有价证券买卖、黄金外汇交易等。狭义的金融市场，则一般限定在以票据和有价证券为金融工具的交易活动、金融机构间的同业拆借、黄金和外汇的交易活动等范围内。

金融市场的形态有两种：一种是有形市场，即交易者集中在有固定地点和交易设施的场所进行交易的市场，证券交易所就是典型的有形市场。另一种是无形市场，即交易者分散在不同地点（机构）或采用网络电信手段进行交易的市场。随着经济发展、科技进步、交易手段和方式的巨大变化，许多交易活动可以在无形的市场借助科技手段瞬间完成，金融市场并不一定要有固定的工作空间和设施，比如，纳斯达克就是一种典型的场外交易（参见图 4-1）。

- 金融市场
  - 货币市场
    - 承兑贴现市场
    - 拆借市场
    - 短期政府债券市场
  - 资本市场
    - 储蓄市场
    - 证券市场
      - 发行市场（一级市场）
      - 交易市场（二级市场）
    - 长期信贷市场
    - 保险市场
    - 融资租赁市场
  - 外汇市场
  - 黄金市场

图 4-1　金融市场体系示意

二、金融市场的构成要素

金融市场是一个由多种元素构成的有机整体。同任何市场一样，金融市场由四个基本要素构成，即交易主体、交易对象、交易中介和交易价格。

1. 交易主体

金融市场的交易主体就是金融市场的参与者。所谓金融市场的参与者，是指以资金供给者或资金需求者的身份出现的从事投资与融资活动的人，他（她）可以是自然人，也可以是法人。按照其与资金的关系，可以划分为资金的需求者和资金的供给者两大类；按照部门划分，又可划分为企业、政府、金融机构、居民、机构投资者、国外部门和中央银行等。在这种划分方法下，每一个部门作为金融市场的参与者，有可能既是资金的需求者，也是资金的供给者。

金融市场的发展程度，除了受制于社会经济发展水平外，最主要的因素就是这个市场拥有的市场主体的数量。是否拥有大量的和多样化的买主和卖主，或者说是否拥有大量的筹资人和投资人，是决定一个金融市场繁荣程度的关键因素。

2. 交易对象

金融市场的交易对象或交易载体是货币资金，它是一种特殊的商品。作为特殊商品的货币资金在形式上具有多样化的特征，形成多种多样的一系列的金融工具。无论是银行的存贷款，还是证券市场的证券买卖，最终都要实现货币资金的转移，这种转移在多数情况下只是货币资金使用权的转移。金融工具种类繁多，金融市场上主要的金融工具有货币头寸、票据、股票、债券、基金证券、外汇、金融衍生品等。

3. 交易中介

金融市场交易中介是指那些在金融市场的筹资者和金融产品的购买者之间充当交易媒介的机构和个人。金融市场中介可以分为两类：一类是金融市场中介商，如证券承销人、股票经纪人、期货经纪人、外汇经纪人等。这些中介商为众多的投资者提供各项信息、咨询等服务，并代理交易双方直接从事金融市场的交易活动。另一类则是为金融市场的交易提供场地、设施、信息和服务的组织及机构，如证券交易所、期货交易所等。这些中介机构的中介活动为投资者参与金融市场的投资提供了很大的便利，对促进交易量的扩大和交易效率的提高起到了重要的作用。

4. 交易价格

在金融市场上，交易对象的价格就是货币资金的价格。但金融市场的交易价格不同于商品市场的商品交易价格，商品的交易价格反映交易对象的全部价值，如 1 吨大米的交易价格为 2 000 元，一辆汽车的交易价格为 20 万元等。由于金融市场上的交易对象是货币资金，交易所实现的只是货币资金使用权的转移，因此，交易价格反映的是一定时期内转让货币资金使用权的报酬。由于本金不变，货币资金借贷时的交易价格通常表现为利率，例如，以 10%的利率出让 100 货币资金的使用权 1 年，这 10%或 10 元便是这 100 元货币资金使用权的交易价格。在金融市场上，货币资金借贷的交易价格和金融工具买卖的交易价格是两个不同的概念。如 100 元的一年期债券，年利率为 10%，交易价格为 110 元；一张 100 元的股票，交易价格却可能是 180 元。

资料卡　**什么是金融系统**

金融系统是有关资金的流动、集中和分配的一个体系，它是由连接资金盈余者和资金短缺者的一系列金融中介机构和金融市场共同构成的一个有机整体。金融系统可以划分为以美国为代表的市场主导型金融系统和以德国为代表的银行主导型金融系统。

在美国，金融市场起着重要的资源配置作用，金融市场的成熟和多样化使美国的金融市场比较发达。而德国恰恰相反，金融市场的位置相对来说不很重要，银行系统主宰着资金的融通活动。德国只有相对少数的上市公司，大部分企业依靠银行贷款获得外源融资。1993 年，德国的银行资产占国民生产总值的 152%，而股票市场的市值只有国民生产总值的 24%。

其他国家，例如，英国、日本和法国处于这两种金融系统之间。

我国的金融系统与德国相似，尽管近年来金融市场有了很大的发展，但是相对于银行系统来说，仍然有很大的差距。

资料卡 **2014 年中国互联网金融市场：网贷、金融服务最受青睐**

2014 年，中国的互联网和金融企业都在互联网金融领域有较大的动作，不少企业切入该领域的方法之一就是投资互联金融企业，这使得整个互联网金融行业面临着前所未有的规模增长机会。《2014 年中国互联网金融投融资报告》显示，2014 年中国互联网金融投融资市场上发生的投融资案例一共 169 起，获得融资的企业数为 150 家，融资金额约为 23.31 亿美元。在 169 起投融资案例中，有 105 起没有披露具体融资金额，但有 90 起披露了融资规模。获得融资的 150 家企业中，17 家企业获得多轮融资，15 家获得两轮融资，2 家获得三轮融资。

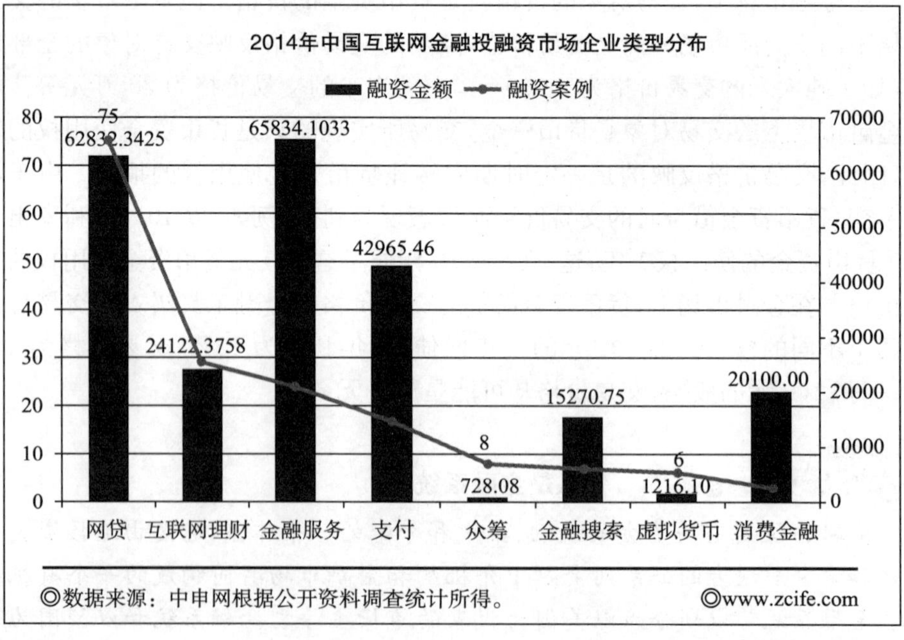

网贷、金融服务最受青睐

2014 年，中国互联网金融领域获得投资最多的企业类型分别为金融服务类、网贷类、支付类，融资金额占融资金额总数比例分别为 28.25%、26.96%、18.43%。其中，恒生电子和快钱被大额收购对金融服务类、支付类企业融资起到大幅拉高作用。

中申网 CEO 叶霆宇表示，2014 年各路资金逐鹿互联网金融，网贷类和金融服务类在融资金额上共领风骚。

资料来源：钛媒体，网易财经，2015－02－02。

第二节　金融市场的类型

金融市场是一个包含许多不同层次和内容的复杂复合体，包括许多相互独立又相互联系的市场。根据不同的标准，从不同的角度，金融市场可以划分为以下几种类别。

一、按期限划分为短期金融市场和长期金融市场

短期金融市场又称货币市场，是指专门融通一年以内短期资金的场所。所谓短期，通常指一年之内。短期资金多在流通领域起货币流通作用，主要解决市场参与者的短期型、临时性资金需求。对于持有短期金融工具的资金供给者来说，这些短期金融工具可以在市场上灵活兑现，可视为货币的替代品或称为“准货币”。因此，短期金融市场又称为货币市场。短期金融市场的主体主要包括政府、企业、家庭和银行等金融机构。短期金融市场的金融工具主要包括货币头寸、存单、票据和短期公债。

长期金融市场又称资本市场，是指专门融通期限在一年以上的中长期资金的市场。通过长期金融工具筹来的资金大多用于企业的创建、更新、固定资产购置等资本性投资，或满足政府兴办公共事业和保持财政收支平衡的需要，其交易期限短则数年，长的可达数十年。通常，长期性金融工具主要是指各类有价证券，即债券和股票。

二、按交割方式分为现货市场、期货市场和期权市场

现货市场是指随交易协议达成后 1～3 天内进行交割的市场。由于现货市

场每笔交易的交易日与交割日离得很近，因此，交易对方不履约的风险较小。

期货市场是指交易协议虽然已经达成，交割却要在某一特定时间进行的市场。在期货市场上，成交和交割在时间上是分离的，短的相差一两个月，长的可以相差一年。期货市场上普遍采用的是保证金交易的方式，即投资者只须支付一定数量的交易保证金，就可以从事在金额上高出保证金若干倍的交易，期货市场的上述特点决定了它与现货市场相比具有较大的投机性和风险性。

期权市场即各种期权交易的市场，是期货交易市场的发展和延伸。金融期权交易是指买卖双方按一定价格达成协议，协议规定允许买方在交付一定数量的期权费用后，即取得在特定的时间内，按协议价格买进或卖出一定数量的股票、债券等有价证券或外汇的权利。期权的购买方可以行使、也可以不行使这种权利，但如果购买期权的一方在协议有效期内不行使该权利，期权合同自动失效。

三、按照金融交易程序的不同，金融市场可划分为发行市场和流通市场

发行市场又被称为一级市场或初级市场，是指金融工具最初发行的市场，是筹资者和初始投资者之间进行金融交易的市场，如债券发行市场和股票发行市场。一级市场是二级市场的前提和基础，证券发行者和债券投资者融通资金的多少，直接决定一级市场的规模。

流通市场又称二级市场或次级市场，是指已经发行的金融工具转让买卖的市场，是投资者之间进行金融交易的市场，如债券流通市场和股票流通市场。二级市场是一级市场存在与发展的重要条件之一，无论从流动性还是从价格的确定上，一级市场都要受到二级市场的影响。

四、按照金融交易场地和空间的不同，金融市场可划分为有形市场和无形市场

有形市场是指具有固定的空间和场地，集中进行有组织交易的市场。证券交易所就是一种典型的有形市场。

无形市场是指没有固定的空间和场地，而是通过电话、传真、计算机网络等现代化通信工具实现交易的市场。随着计算机和通信技术的发展，现代金融市场已越来越无形化，金融工具及资金可以在其中迅速转移。在现实生活中，大部分的金融工具交易都是在无形市场上进行的。

五、按照金融交易地域的不同，金融市场可划分为国内金融市场和国际金融市场

国内金融市场是指在全国范围进行融资活动的市场。在国内金融市场上进行交易的标的物必须以本国货币标价，交易活动要遵守本国的政策和法律法规。

国际金融市场是指金融超出国界，在国际范围进行融资活动的市场。国际金融市场又分为传统的国际金融市场和新型的国际金融市场。传统的国际金融市场又称为“在岸市场”，它以市场所在国货币进行融资活动，其交易活动必须受市场所在国政府政策、法律法规的管辖，如伦敦、纽约、巴黎、法兰克福和东京等国际金融市场。新型的国际金融市场又称为“离岸市场”，它以非市场所在国货币（第三国货币）进行融资活动，其交易活动既不受货币发行国（第三国）政府政策、法律法规的管辖，又不受市场所在国政府政策、法律法规的管辖，如欧洲货币市场、亚洲美元市场、中国香港离岸货币市场等。

资料卡　**什么是金融期货**

金融期货（Financial Futures）就是以各类金融资产以及相关价格指数为标的物的期货。金融期货可以分为股票类、利率类、外汇类三大类产品。其中，股票类期货可以分为基于单个股票的期货（例如，某一上市股票的股票期货）和基于股票指数的期货（例如，沪深 300 指数期货）；利率类期货又可分为中长期债券期货（例如，10 年期美国国债期货）和短期利率期货（例如，3 月期欧洲美元期货）；外汇类期货可分为基于货币本身的期货（例如，欧元期货）和基于货币指数的期货（例如，美元指数期货）。

资料卡　**什么是金融期权**

场内交易的金融期权主要包括股票类期权、利率类期权和外汇类期权。股票类期权与股票类期货分类相似，主要包括股票期权和股指期权。股票期权是在单个股票基础上衍生出来的选择权。股指期权主要分为两种：一种是股指期货衍生出来的期货期权，例如，新加坡交易所交易的日经 225 指数期权，是从新加坡交易所交易的日经 225 指数期货衍生出来的；另一种是从股票指数衍生出来的现货期权，例如，大阪证券交易所日经 225 指数期权，是日经 225 指数衍生出来的。两种股指期权的执行结果是不一样的，前者执行得到的是一张期货合约，而后者则进行现金差价结算。

资料卡 什么是金融互换

金融互换是两个或两个以上的参与者之间，或直接，或通过中介机构签订协议，互相或交叉支付一系列本金，或利息、或本金和利息的交易行为。根据支付内容的不同，金融互换有两种基本形式：利率互换、货币互换。利率互换是只交换利息的金融互换，即协议的当事人之间，就共同的名义本金额，各自依据不同的利率计算指标，计算并交换一组利息流量。货币互换是交换本金、通常也交换利息的金融互换，即协议的当事人之间在既定的期间内交换不同币别的利息流量，并于期间结束时，依据协议约定的汇率，交换计算利息的本金。

第三节　金融市场的功能

金融市场的功能是多方面的，其中最基本的功能是满足社会再生产过程中的投融资需求，促进资本的集中与转换。具体表现为以下几点。

1. 筹资和融资的功能

筹资和融资是金融市场最重要的功能。金融市场是一种多渠道、多层次、多形式、多功能的筹资和融资的场所，它可以通过各种金融工具的交易，为资金的供应者和需求者提供多种选择的机会，满足他们不同的筹资和融资的需要。金融市场不仅可以将分散的、沉淀于消费者手中的消费型货币资金聚集起来，将其转化为生产型的资金，而且可以将各企业暂时闲置的、不能形成投资规模的资金集中起来，形成具有一定规模的巨额资金，将其用来投资，推动社会经济的发展。同时，金融市场上融资形式的灵活性、交易工具的多样性，有利于加速资金周转速度，减少在途占用或闲置，对节约或合理使用资金，用较少的资金为更多的商品生产和流通服务，加速商品的实现，具有积极的意义。

2. 资源配置的功能

金融市场是一种较高层次的资金运动场所，它可以通过价格机制和利率机制来调节资金和各种金融资产的供求，实现资金在各个经济部门的重新组合和优化配置。金融市场通过利率的上下波动，通过市场上优胜劣汰的竞争以及对有价证券价格的影响，能够引导资金流向最需要的地方，流向那些经营管理好、产品畅销、有发展前途的经济单位，从而有利于提高投资效益，实现资金在各地区、各部门、各单位间的合理流动，完成社会资源的优化配置。

3. 灵活地调度和转化资金

金融市场多种形式的金融交易，形成纵横交错的融资活动。融资活动不受行业、部门、地区或国家的限制，便于各经济单位灵活地调度资金，以充分利用不同性质、不同期限、不同额度的资金，同时还能转化资金的性质和期限。比如，通过股票、债券的发行，能将储蓄资金转化为生产资金，将流动的短期资金转化为相对固定的长期资金。

4. 国民经济“信号系统”的功能

金融市场历来被人们称为国民经济的“信号系统”。金融市场不仅是资金融通和金融资产交易的场所，而且是信息交换的场所。上市公司和其他经济实体的业绩和经营状况都可以通过金融市场的借贷和交易活动反映出来。这些信息可以直接或间接地反映出国民经济发展中的动向和问题，便于管理层及时采取相应的对策，保证国民经济持续、稳定、健康地发展。

5. 分散社会经济风险的功能

人们在社会经济活动中，尤其是为了取得某种经济收益而进行的投资活动中，常常会碰到来自各方面的风险，如经济风险、政治风险、自然风险等，这不仅会使投资者遭受经济损失，严重时会造成倾家荡产。对于这些风险，投资者不可能去消灭，而只能进行预防，预防的方法就是分散风险。金融市场为投资者分散风险提供了一个合适的机制。例如，分散投资于数个企业单位，分散投资于数个不同类别的行业，分散投资于不同地区或国家，分散投资于到期日不同的金融证券等，从而保证投资者的利益，这就是投资组合问题。

6. 调节宏观经济的功能

金融市场是国家进行宏观调控的重要工具。中央银行作为国家货币政策的制定者和执行者，主要是通过调整存款准备金率、贴现率和公开市场业务来实现对国民经济的宏观调控，而这些宏观调控手段的实施无一不是在金融市场上进行的。也就是说，国家有关货币金融方面的方针、政策通过中央银行的货币政策工具传导到金融市场，引起货币流通量和流动方向的变动，这种变动又会作用于各产业部门，引起国民经济局部或整体的变动，从而达到宏观调控的目的。

第四节　金融市场交易主体

金融市场的交易主体就是金融市场的参与者，它可以分为资金的供应者、需求者、中介者和管理者。具体来讲，它又可分为家庭、企业、政府、金融机构、机构投资者和海外投资者。

一、家庭

在世界各国，家庭部门都是金融市场上重要的资金供给者，或者说是金融工具的主要认购者或投资者。家庭或出于节俭，或为了预防不测，收入与支出相抵后，总是收入大于支出，因而成为经常的储蓄者。

家庭部门因其收入的多元化和分散特点而在金融市场上成为传统的投资者和资金供给者。家庭部门有时也是资金需求者，最常见的是为了购房和购车，在金融市场上筹集资金，有时也是为了短期的资金需求而在次级市场出售证券。

家庭部门投资的分散性和多样性，使得金融具有了广泛的参与性和聚集长期资金的功能，使得金融市场的作用得以很好地发挥。没有家庭部门的参与，金融市场的作用将会大打折扣。

二、企业

在世界上任何国家和地区，企业都毫无例外地是经济活动的中心，因而也是金融市场运行的基础。企业在生产经营过程中会发生资金余缺，资金短缺的企业要设法筹资，资金盈余的企业要寻求投资机会和对象，于是金融市场成为满足其资金需求及投资的场所。

企业和银行之间总保持着存、贷款关系，也与其他企业或金融机构保持着筹资或投资关系。同时，企业通过在资本市场发行股票和债券成为其筹资的主要渠道。企业以资本市场为其活动的主要领域，与它在货币市场上的活动并不矛盾。一些大的企业尤其是跨国公司，经常在财务中实行现金管理，通过压缩现金库存来进行短期投资。此外，它的季节性、临时性资金要求，一部分也要通过货币市场来满足。如果说企业在资本市场上主要是以资金需求者的身份出现的话，那么在货币市场上，则是以资金需求者和资金供给者的双重身份出现的。

资料卡 **深圳银行开发中小企业金融市场**

“深圳金融业中小企业融资洽谈会”于2006年11月举行。深圳各家银行积极筹备参加洽谈会，纷纷拿出为中小企业量身定制的金融工具、金融服务和金融产品，力图为中小企业成长过程中遇到的融资、理财等问题提供帮助，以期在中小企业金融服务市场中赢得先机，同时从中小企业金融服务市场获得新的商机。

民生银行深圳分行：特色产品受中小企业欢迎。品牌的树立有赖于大批优质产品的研发设计和推陈出新，中小企业金融产品更是关键。9年来，民生银行深圳分行尤其关注中小企业的市场需求，针对中小企业资金运用、结算理财的特点，致力于中小企业金融产品的研发设计，推出了一系列特色鲜明、深受市场欢迎的金融产品，全方位满足企业采购、销售、结算、理财等四大主线的多层面需求。

目前，该行正依托"情系大众、服务民生"的理念，积极开展与信托、租赁、保险、证券、基金等金融机构的合作，整合社会金融资源，全面综合供应中小企业不同的金融服务，满足不同的金融需求，如贸易链融资、票据融资、现金管理以及理财服务等。采购融资类包括厂商一票通、买方付息票据贴现、票据包买、小业主经营贷款、物流融资、本外币一票通等产品；销售融资类包括福费廷、信保押汇、国内保理、国际保理等产品；结算、理财类包括网上开证、银关税费通、贷生利、钱生钱B、企业财务POS、信用卡等产品。

深发展深圳分行：与国开行、信用担保中心合作。继2005年成功推出贸易融资产品之后，深圳发展银行深圳分行进一步加大了在中小企业融资领域的投入。近日，该行成立了中小企业金融部，表明该行针对中小企业融资建立起了完善的业务体系，实现了产品开发、授信审批和业务推广与考核的专业化、系统化管理。

光大银行深圳分行："阳光套餐"呵护中小企业。光大银行"阳光套餐"是以中小企业为目标客户，针对不同行业、不同阶段的中小企业，创新推出一系列金融产品和服务方案。据介绍，"阳光套餐"包含阳光快捷贷、阳光担保易、阳光全能票据、阳光保理计划、阳光理财S计划、阳光行业套餐等。

资料来源：深圳商报，2006－11－30。

三、政府

政府部门是一国金融市场上重要的资金需求者。不管是中央政府还是地方政府，为了提供公共服务，弥补财政赤字，一般都通过金融市场筹措所需资金，并以资金需求者的身份在金融市场上活动。

政府通过在国内外市场上发行国家债券来筹集资金，以弥补赤字或者扩大建设规模。作为资金的供给者，它以自己所拥有的财政性存款和外汇储备汇集到金融市场上，成为金融机构的重要资金来源。

政府在货币市场和资本市场上都是债券的发行主体。在货币市场上，政府是最活跃的主体之一，是一个主要的资金借入者。在一些国家，如美国，国库券发行总额约等于货币市场其他工具的总和。在资本市场上，许多国家的中央政府和地方政府都是最重要的资金需求者，其资金需求量仅次于企业。

在国际金融市场上，各国政府仍然是金融市场重要的活动主体。但是与在国内市场上资金需求者身份不同，在国际金融市场上，有些国家政府是资金的供给者，有些则是资金的需求者。资金供给者多为一些发达国家，而资金需求者多为一些发展中国家。

政府除了是金融市场上重要的资金需求者，还是重要的监管者，因而在金融市场上的身份是双重的。

资料卡 **政府投资逐鹿世界金融市场　中国发出新竞争信号**

2007 年 5 月，中国的外汇投资机构对美国黑石集团的投资，显示了在世界金融体系的中心地带，政府投资者正在加大投资力度，世界资本市场可能发生巨大变化。

中国政府发出新的竞争信号。中国有 1.2 万亿美元的外汇储备，即使它大量购买美国国债，它的外汇储备仍然以每天 10 亿美元以上的速度增长。中国在全球金融市场投下了一个巨大的影子。5 月 21 日，中国政府宣布将用它的外汇储备向纽约的黑石集团(Blackstone)投资 30 亿美元。黑石集团是一家私人股权投资公司，很快要发行股票。中国政府的这个投资决定显示，它已做好了进入公开流动的市场的准备。

中国并不是唯一一个进入难以预测的私人股权市场的国家。在全世界，一个拥有大量外国资产的“政府俱乐部”正在形成，其中有一些资产是“石油美元”。这些国家在国际金融市场的影响越来越大。中国对黑石集团的投资，可能促进其他国家进一步掀起投资热潮。

投资黑石集团只是中国政府今年安排的 3 000 亿美元投资计划的一部分。像中国一样，有十多个国家都建立了通常所说的“主权财富基金”(sovereign-wealth funds)。它们从外汇储备、出售自然资源收入等方面筹措基金的款项。中国政府的目的主要是使外汇储备多样化，其他的“主权财富基金”既拥有国家资产，也拥有国际资产。

资料来源：新浪财经，2007—5—28。

四、金融机构

金融机构是金融市场的主导力量，它既是资金的供应者，也是资金的需求者。金融机构有在间接融资领域活动的金融机构和在直接融资领域活动的金融机构之分。前者既是资金余缺双方进行金融交易的中介人，又是资金的供给者与需求者，这类金融机构包括创造存款货币的商业银行、创造货币能力较低或无创造货币能力的银行及其他一些非银行中介机构。后者仅为资金余缺双方搭桥牵线的金融机构，如证券公司、商人银行等。这里所说的金融机构仅指前者，主要包括商业银行、专业银行和非银行金融机构。

金融机构是金融市场上最重要的中介机构，它不仅是储蓄转化为投资的媒介和导向者，还是金融市场上资金的需求者。金融机构筹集资金的最终目的，是为了向市场供应资金，但有时也有以自营为特征的投资活动，这些都需要在金融市场上直接发行证券，以资金需求者的面目出现在市场上。金融机构也是金融市场上资金的供给者，它们到金融市场上购买有价证券，尤其是购买国家债券来调节自身的资产结构。在发达的金融市场，对金融市场的调节一般也是通过金融机构传递的。货币政策就是开始作用于银行货币头寸，然后影响实际经济部门，进而通过有价证券的买卖、中央银行接受商业银行等金融机构的再贴现，来控制货币供应量，最终实现货币政策的目的。

五、机构投资者

机构投资者是指在金融市场从事交易的机构，多为一些非银行金融机构。一般来说，主要包括保险公司、投资基金公司、信托投资公司以及养老基金等，这些机构是金融市场的重要投资者，也是保持金融市场繁荣的重要因子。

机构投资者活动范围主要是资本市场，在资本市场上买卖公司和政府债券，同时也买卖公司股票。它们最初是从私人手里购买证券，尤其是公司债券和股票，经过长期的积累，年复一年地取得证券。现在，机构投资者在金融市场上已占有相当重要的地位。

六、海外投资者

在当今经济全球化、金融国际化的浪潮中，海外投资者逐步成为国内市场的重要参与者。随着金融市场对外开放的程度不断加大，越来越多的海外投资者来国内投资和筹资，从事存贷款活动和其他投资活动。当在岸、离岸金融市场和资本市场进一步开放之后，会有更多的海外投资者参与到国内金融市场的投资活动中来。

资料卡 QFII 介绍

QFII(Qualified Foreign Institutional Investors)是合格的境外机构投资者的简称，QFII 机制是指外国专业投资机构到境内投资的资格认定制度。

作为一种过渡性制度安排，QFII 制度是在资本项目尚未完全开放的国家和地区，实现有序、稳妥开放证券市场的特殊通道。包括韩国、中国台湾、印度和巴西等市场的经验表明，在货币未自由兑换时，QFII 不失为一种通过资本市场稳健引进外资的方式。在该制度下，QFII 将被允许把一定额度的外汇资金汇入并兑换为当地货币，通过严格监督管理的专门账户投资当地证券市场，包括股息及买卖价差等在内的各种资本所得经审核后可转换为外汇汇出，实际上就是对外资有限度地开放本国的证券市场。

QFII 是一国在货币没有实现完全可自由兑换、资本项目尚未开放的情况下，有限度地引进外资、开放资本市场的一项过渡性的制度。这种制度要求外国投资者若要进入一国证券市场，必须符合一定的条件，得到该国有关部门的审批通过后汇入一定额度的外汇资金，并转换为当地货币，通过严格监管的专门账户投资当地证券市场。

什么样的境外机构投资者才是合格的？这需要满足很多条件，核心是不能短期炒作，应具有中长期投资的性质。中国台湾、韩国等地的经验表明，引入 QFII 机制后，热衷投资绩优股、重视上市公司分红、关注企业的长远发展的理性投资理念开始盛行，投机行为有所减少，这在一定程度上降低了市场的巨幅波动。因此，通过引进 QFII 机制，吸引境外合格的机构投资者参与进来，将有利于进一步壮大机构投资者队伍；还可以借鉴国外成熟的投资理念，促进资源的有效配置；同时促进上市公司提升公司治理水平，加速向现代企业制度靠拢。

本章小结

1. 金融市场是资金供求双方借助金融工具进行各种货币资金交易活动的市场。在现代经济中，商品、劳务的生产与交换都需要货币资金，而货币资金的获得除了通过企业内部自我形成以外，还要依靠企业外部的资金融通，即通过借贷方式借入资金或贷出资金，而资金的借贷需通过各种金融工具的交易来完成。

2. 金融市场是一个由多种元素构成的有机整体。同任何市场一样，金融市场由四个基本要素构成，即交易主体、交易对象、交易中介和交易价格。

3. 金融市场是一个包含许多不同层次和内容的复杂复合体，包括许多既相互独立又相互联系的市场，根据不同的标准，从不同的角度，金融市场可以划分为几种类别。按期限划分为短期金融市场和长期金融市场，按交割方式分为现货市场、期货市场和期权市场等。

4. 金融市场的功能是多方面的，其中最基本的功能是满足社会再生产过程中的投融资需求，促进资本的集中与转换。具体表现为以下几点：筹资和融资的功能，资源配置的功能，灵活地调度和转化资金，国民经济“信号系统”的功能，分散社会经济风险的功能，调节宏观经济的功能。

5. 金融市场的交易主体就是金融市场的参与者。它可以分为资金的供应者、需求者、中介者和管理者。具体来讲，它又可分为家庭、企业、政府、金融机构、机构投资者和海外投资者。

思考题：

1. 什么是金融市场？
2. 金融市场有哪些类型？
3. 金融市场的功能有哪些？
4. 金融市场的参与主体有哪些？

操作题：

1. 通过网络，了解银行间债券市场、期货市场、证券市场的基本情况。
2. 通过网络，了解金融市场机构投资者的参与情况。

第五章　货币市场

学习目标

✧ 掌握货币市场的特点；
✧ 理解同业拆借市场的概念与结构；
✧ 理解商业票据市场的概念与结构；
✧ 理解银行承兑汇票市场的概念与结构；
✧ 理解大额可转让定期存单的概念。

引言

货币市场是金融市场的重要组成部分，其发展水平对于金融体制改革、商业银行经营方式的转变和中央银行货币政策操作都具有重要意义。从 1996 年起，中国才开始逐步建立了银行间同业拆借市场、回购市场，银行间债券市场和票据市场，组成了较完整的货币市场体系，为公开市场操作等间接调控创造了操作平台，提高了货币政策间接调控的效率。

第一节　货币市场的功能和特点

货币市场是指融资期限在一年以内的短期资金市场。货币市场的交易对象是短期金融工具，主要包括货币头寸、商业票据、银行承兑汇票、大额可转让定期存单、短期国债等。就其结构而言，货币市场包括同业拆借市场、票据贴现市场、短期政府债券市场、证券回购市场等。

货币市场产生和发展的初始动力是为了保持资金的流动性，它借助各种短期资金融通工具，将资金需求者和资金供应者联系起来，既满足了资金需求者的短期资金需要，又为资金有余者的暂时闲置资金提供了获取盈利的机会。但这只是货币市场的表面功用，将货币市场置于金融市场以至市场经济的大环境中可以发现，货币市场的功能远不止这些。货币市场既从微观上为银行、企业提供灵活的管理手段，使它们在对资金的安全性、流动性、盈利性相统一的管理上更方便灵活，又为中央银行实施货币政策以调控宏观经济提供手段，为保证金融市场的发展发挥巨大作用。

一、货币市场的功能

1. 短期资金融通功能

市场经济条件下的各种经济行为主体客观上有资金盈余方和资金不足方之分，从期间上可分为一年期以上的长期性资金余缺和一年期以内的短期性资金余缺两大类，相对于资本市场(Capital Market)为中长期资金的供需提供服务，货币市场(Money Market)则为季节性、临时性资金的融通提供了可行之径。相对于长期投资性资金需求来说，短期性、临时性资金需求是微观经济行为主体最基本的、也是最经常的资金需求，因为短期的临时性、季节性资金不足是由于日常经济行为的频繁性所造成的，是必然的、经常的，这种资金缺口如果不能得到弥补，就连社会的简单再生产也不能维系，或者只能使商品经济处于初级水平。短期资金融通功能是货币市场的一个基本功能。

2. 管理功能

货币市场的管理功能主要是指通过其业务活动的开展，促使微观经济行为主体加强自身管理，提高经营水平和盈利能力。

(1) 同业拆借市场、证券回购市场等有利于商业银行业务经营水平的提高和利润最大化目标的实现。同业拆借和证券回购是商业银行在货币市场上融通短期资金的主渠道。充分发达的同业拆借市场和证券回购市场可以适时有度地调节商业银行准备金的盈余和亏缺，使商业银行无须为了应付提取或兑现而保有大量的超额准备金，从而将各种可以用于高收益的资产得以充分运用，可谓“一举两得”。为此，商业银行要运用科学的方法进行资金的流动性管理，这使商业银行资产负债管理跃上一个新的台阶。

(2) 票据市场有利于以盈利为目的的企业加强经营管理，提高自身信用水平 。票据市场从票据行为上可以分为票据发行市场、票据承兑市场、票据贴现市场，从签发主体上可以分为普通企业票据和银行票据。只有信誉优良、经营业绩良好的主体才有资格签发票据，并在发行、承兑、贴现各环节得到社会的认可和接受。不同信用等级的主体所签发和承兑的票据在权利义务关系上有明显的区别，如利率的高低、票据流动能力的强弱、抵押或质押的金额的大小，等等。所以，试图从票据市场上获得短期资金来源的企业必须是信誉优良的企业，而只有管理科学、效益优良的企业才符合这样的条件。

3. 政策传导功能

货币市场具有传导货币政策的功能。市场经济国家的中央银行实施货币政策主要是通过再贴现政策、法定存款准备金政策、公开市场业务等来影响市场利率和调节货币供应量以实现宏观经济调控目标的，在这个过程中，货币市场发挥了基础性作用。

(1) 同业拆借市场是传导中央银行货币政策的重要渠道。中央银行通过同业拆借市场传导货币政策，借助对同业拆放利率和商业银行超额准备金的影响。首先，同业拆放利率是市场利率体系中对中央银行的货币政策反应最为敏感和直接的利率之一，成为中央银行货币政策变化的“信号灯”。这是因为，在发达的金融市场，同业拆借活动涉及范围广、交易量大、交易频繁，同业拆放利率成为确定其他市场利率的基础利率。国际上已形成在同业拆放利率的基础上加减协议幅度来确定利率的方法，尤其是伦敦同业拆借利率更成为国际上通用的基础利率。中央银行通过货币政策工具的操作，首先传导影响同业拆放利率，继而影响整个市场利率体系，从而达到调节货币供应量和调节宏观经济的目的。其次，就超额准备金而言，发达的同业拆借市场会促使商业银行的超额准备金维持在一个稳定的水平，这显然给中央银行控制货币供应量创造了一个良好的条件。

(2) 票据市场为中央银行提供了宏观调控的载体和渠道。传统的观念认为，票据市场仅限于清算，甚至短期资金融通功能也经常被忽略。实际上除了上述两个基本功能外，票据市场还为中央银行执行货币政策提供了重要载体。首先，再贴现政策必须在票据市场实施。一般情况下，中央银行提高再贴现率，会起到收缩票据市场的作用，反之则扩展票据市场。同时，中央银行通过票据市场信息的反馈，适时调整再贴现率，通过货币政策中介目标的变动，达到货币政策最终目标的实现。另外，随着票据市场的不断完善和发展，票据市场的稳定性不断增强，会形成一种处于均衡状态下随市场规律自由变动的、供求双方均能接受的市场价格，反映在资金价格上就是市场利率，它无疑是中央银行利率政策的重要参考。其次，多种多样的票据是中央银行进行公开市场业务操作的工具之一，中央银行通过买进或卖出票据投放或回笼货币，可以灵活地调节货币供应量，以实现货币政策的最终目标。

(3) 国库券等短期债券是中央银行进行公开市场业务操作的主要工具。公开市场业务与存款准备金政策和再贴现政策相比，有明显优势，它使中央银行处于主动地位，其规模根据宏观经济的需要可大可小，交易方法和步骤可以随意安排，不会对货币供给产生很大的冲击，同时，其操作的隐蔽性不会改变人们的心理预期，因此易于达到理想的效果。但是，开展公开市场业务操作需要中央银行具有相当规模、种类齐全的多种有价证券。其中，国债尤其是短期国债是主要品种。因为国债信用优良、流动性强，适应了公开市场业务操作的需要，同时，公开市场业务操作影响的主要是短期内货币供应量的变化。所以，对短期债券和票据要求较多。因此，具有普遍接受性的各种期限的国库券成为中央银行进行公开市场业务操作的主要工具。

4. 促进资本市场尤其是证券市场发展的功能

货币市场和资本市场作为金融市场的核心组成部分，前者是后者规范运作和发展的物质基础。首先，发达的货币市场为资本市场提供了稳定、充裕的资金来源。从资金供给角度看，资金盈余方提供的资金层次是由短期到长期、由临时性到投资性的，因此，货币市场在资金供给者和资本市场之间搭建了一个“资金池”，资本市场的参加者必不可少的短期资金可以从货币市场得到满足，而从资本市场退出的资金也能在货币市场找到出路。因此，货币市场和资本市场就如一对“孪生兄弟”，不可偏废于任何一方。其次，货币市场的良性发展减少了由于资金供求变化对社会造成的冲击。从长期市场退下来的资金有了出路，短期游资对市场的冲击力大减，投机活动受到了最大可能的抑制。因此，只有货币市场发展健全了，金融市场的资金才能得到合理的配置。从世界上大多数发达国家金融市场的发展历程中可以总结出“先货币市场，后资本市场”是金融市场发展的基本规律。

二、货币市场的特点

1. 交易主体以机构投资者为主

货币市场因其短期流动性较强，因此，市场参与者主要是各类机构投资者，如商业银行、政府、保险公司、社保基金，个人投资者交易的份额很小。

2. 融资工具具有较强的流动性

货币市场上的融资工具具有很强的流动性。由于在货币市场上交易的金融资产期限较短，转手容易，变现能力强，收益较稳定，因此市场的参与者较多，每笔交易的金额也较大，少则几十万元，多则几千万元甚至上亿元，资金的周转量也是相当可观的。

3. 市场价格波动较小

由于货币市场的交易都是即期交易，市场的参与者从事交易活动的目的主要是进行短期融资，不存在期货市场那样的投机活动，一般情况下不会出现金融资产价格大幅涨跌的现象，因此市场的交易价格波动不大，交易额也比较平稳。

4. 投资收益有保障

由于通过货币市场融通的资金绝大部分都是用于短期资金周转，偿还期很短，加上短期金融工具（国库券、银行承兑汇票）等的发行人信誉一般较高，因此，投资者的收益比较有保障，投资风险较小。

资料卡 **2009 年度全国银行间市场交易量 10 强名单**

根据交易系统对全国银行间市场参与者信用拆借、债券质押式回购、债券买断式回购、现券买卖、债券借贷、债券远期、利率互换和远期利率协议交易八项交易量的年度统计，“2009 年度全国银行间市场交易量 10 强”的机构公布如下：

2009 年度全国银行间市场交易量 10 强

机构名称
招商银行
中国银行
中国工商银行股份有限公司
中国建设银行股份有限公司
交通银行
国家开发银行
中国光大银行
中国农业银行
上海农村商业银行股份有限公司
上海银行

资料来源：中国货币网。

第二节 同业拆借市场

一、同业拆借市场的定义

同业拆借市场是指各类金融机构之间进行短期资金拆借活动所形成的市场。换句话说,同业拆借市场是金融机构之间的资金调剂市场。同业拆借市场主要是满足金融机构之间在日常经营活动中经常发生头寸盈缺调剂的需要。同业拆借市场的参与者是各类金融机构。

同业拆借市场的拆借期限一般以1～2天最为常见,最短期的为隔夜拆借,这些时间很短的拆借,又被称作是头寸拆借,因为其拆借资金主要用于弥补借入者头寸资金的不足。其他还有拆借期限比较长的,如7天、14天、28天等,也有1个月、2个月、3个月的,最长的可达1年,但通常不会超过1年。时间较长的拆借又被称作同业借贷,拆借的资金主要用于借入者的日常经营,以获得更多收益,如银行的短期放贷。

资料卡 **我国同业拆借市场的发展**

1984—1995年底:初始阶段

我国的同业拆借始于1984年。1984年前,我国实行的是高度集中统一的信贷资金管理体制,银行间的资金余缺只能通过行政手段纵向调剂,不能自由地横向融通。1984年10月,二级银行体制已经形成新的金融组织格局,信贷资金管理体制也实行了重大改革,允许各专业银行互相拆借资金。1988年9月,由于社会总供求关系严重失调,国家实行了严厉的“双紧”政策,治理整顿宏观措施,同业拆借市场的融资规模大幅度下降。到1992年,宏观经济和金融形势趋于好转,同业拆借市场的交易活动也随之活跃起来。1993年7月,针对拆借市场违章拆借行为频生,国家开始对拆借市场进行清理,市场交易额再度萎缩。1995年,为了巩固整顿同业拆借市场的成果,中国人民银行进一步强化了对同业拆借市场的管理,为进一步规范和发展同业拆借市场奠定了基础。

1996年1月—1998年:规范阶段

为了改变同业拆借市场的分割状态,更好地规范拆借行为,建立全国统一的同业拆借市场,1996年1月3日,全国统一的银行间同业拆借市场正式建立。这个市场由两级网络组成:一级网通过中国外汇交易中心的通信网络和计算机系统进行交易,由各类商业银行和各省、自治区、直辖市人民银行牵头的融资中心参加；二级网由融资中心牵头，经商业银行总行授权的分支机构和非银行金融机构共同参与交易。

1998 年至今：发展阶段

1998 年 6 月，中国人民银行正式决定逐步撤销融资中心，致使银行间同业拆借市场出现交易量大幅度下降的情况。针对这一情况，人民银行主要从网络建设、扩大电子交易系统、扩大交易主体三方面进行了改进和完善。

2002 年 6 月 1 日起，中国外汇交易中心为金融机构办理外币拆借中介业务，统一、规范的国内外币同业拆借市场正式启动。2006 年底，进入全国银行间同业拆借中心的金融机构总共 703 家，拆借市场迎来了历史性的突破。与 10 年前相比，2006 年底，机构规模已经增加 12.8 倍；1998 年全国拆借总量不足 2 000亿元，2006 年已经突破 2 万亿元，而 2007 年总量达到 6 万亿元。

2006 年 9 月，央行计划每日发布“上海间同业拆借利率”，为新的金融产品提供基准利率。这成为中国监管部门努力建设以市场为导向的信贷体系的最新举措，为中国尚处萌芽状态的货币市场呈现清晰的借贷成本。

资料来源：顾翠华、孙丽丽：《简述我国银行间同业拆借市场》，现代商贸工业. 2013 年 8 月。

二、同业拆借市场的构成

同业拆借市场主要有两种类型：银行同业拆借市场和短期拆借市场。

1. 银行同业拆借市场

银行同业拆借市场，是指银行同业之间短期资金的拆借市场。各银行在日常经营活动中会经常发生头寸不足或盈余的情况，银行同业间为了相互支持对方业务的正常开展，并使多余资金产生短期收益，就会自然产生银行同业间的资金拆借交易。这种交易活动一般没有固定的场所，主要通过电信手段成交，期限有 1 日、2 日、5 日不等，一般不超过 1 个月。期限最短的甚至只有半日，如日本的“半日拆”，从上午票据交换清算后到当日营业终了为限。拆借的利息叫“拆息”，其利率由交易双方自定，通常低于中央银行的再贴现率而高于银行的资金成本。拆息变动的频繁程度，灵活地反映了资金供求状况。同业拆借每笔交易的数额较大，以适应银行经营活动的需要。日拆一般无抵押品，单凭银行间的信誉。期限较长的拆借常以信用度较高的金融工具为抵押品。

2. 短期拆借市场

短期拆借市场，又叫“通知放款”，主要是商业银行与非银行金融机构（如证券公司)之间的一种短期资金拆借形式。其特点是利率多变,拆借期限不固定,随时可以拆出,随时偿还。交易所经纪人多用这种方式向银行借款。具体做法是银行与客户间订立短期拆借协定,规定拆借幅度和担保方式,在幅度内随用随借,担保品多是股票、债券等有价证券。借款人在接到银行还款通知的次日即须偿还,如到期不能归还,银行有权出售其担保品。

三、同业拆借的特点

1. 融通资金的期限比较短

同业拆借市场的资金拆借最初多为隔夜拆借(一日)或几日的资金临时调剂,目的是解决临时性的资金头寸不足问题或对多余头寸进行融通。然而发展到今天,同业拆借市场已经成为各金融机构弥补短期资金不足和进行短期资金运用的场所。目前,同业拆借的期限一般为1~7天,也可以是1个月、3个月、6个月,最长期限为1年。同业拆借市场也从临时性的资金调剂市场变成了参与者以银行业为主的短期的融资市场。

2. 交易金额较大

同业拆借市场的交易金额较大,一般少则上百万元,多则几千万元;而且多数情况下不需要担保或抵押,完全是一种信用交易,交易双方都以自己的信用作为担保,严格按协议的规定执行。这主要是因为同业拆借市场的参与者都是银行或其他金融机构,信誉较高,自律性较强,并且金融监管部门对同业拆借市场的监管也较为严格。

3. 拆借利率由交易双方议定

同业拆借市场的利率一般采用随行就市、由交易双方议定的方法,可由双方协商、讨价还价,最后议价成交。拆入方或拆出方可以同时向几家询价,选择其中最优惠的价格成交。通常同业拆借利率低于中央银行同期的贴现利率而高于同期的银行存款利率。同业拆借市场的利率是一种市场化程度较高的利率,能够比较真实地反映市场资金供求状况及变化。

4. 交易手段比较先进

同业拆借市场发展到今天,其交易手段越来越先进,交易手续比较简便,成交较为快捷。同业拆借市场以无形市场为主,其交易主要通过电话、电报、传真等方式进行。交易双方达成协议后,就可以通过各自在中央银行开立的存款账户进行划账清算。随着计算机、网络和通信技术的迅速发展,目前同业拆借市场的融资活动已经可以通过网上交易的方式来完成。

资料卡 什么是 LIBOR

LIBOR 即 London InterBank Offered Rate 的缩写，译成中文名为“伦敦银行同业拆借利率”。它是英国乃至世界上最著名的同业拆借利率，同时也是制订国际贷款或发行债券的利率基准。

LIBOR 是英国银行家协会(British Banker's Association)根据其选定的几家参考银行，于规定的时间(一般是伦敦时间上午 11:00)在伦敦市场报出的银行同业拆借利率，进行取样并平均计算成为指标利率，该指标利率在每个营业日都会对外公布。目前，全球使用量最大的是 3 个月和 6 个月的 LIBOR。中国的银行对外的筹资成本即是在 LIBOR 利率的基础上加一定百分点。

另外，从 LIBOR 变化出来的，还有新加坡同业拆借利率(SIBOR)、纽约同业拆借利率(NIBOR)、香港同业拆借利率(HIBOR)等。

四、同业拆借市场的作用

同业拆借市场的重要作用在于，它使金融机构在不用保持大量超额准备金的前提下，满足存款支付及汇兑、清算的需要。在现代金融制度体系中，金融机构为了实现较高利润和收益，必然要扩大资产规模，但同时会面临准备金减少、可用资金不足的问题，甚至出现暂时性支付困难。但准备金过多、可用资金闲置过多又使金融机构利润减少，收益降低。金融机构需要在不影响支付的前提下，尽可能地降低准备金水平，以扩大能获取高收益的资产规模，使利润最大化。同业拆借市场使准备金多余的金融机构可以及时拆出资金，保证获得较高收益，准备金不足的金融机构可以及时借入资金保证支付，有利于金融机构实现其经营目标。

同业拆借市场还是中央银行实施货币政策、进行金融宏观调控的重要场所。同业拆借市场的交易价格即同业拆借市场利率，是资金市场上短期资金供求状况的反映。中央银行根据其利率水平，了解市场资金的松紧状况，运用货币政策工具进行金融宏观调控，调节银根松紧和货币供应量，实现货币政策目标。

第三节 票据市场

一、票据市场的概念

票据是具有法定形式，表明债权债务关系的一种有价凭证，是一种商业证券。商业票据有两种:本票(期票)和汇票。票据市场也是货币市场的重要组成部分,是以各种票据作为交易媒介进行资金融通的市场。商业票据是一些资金雄厚、财政健全、信誉卓著的著名公司发行的,到期按票面金额向持票人付现的一种无抵押担保承诺凭证。商业票据市场是指在商品交易和资金往来过程中产生的以汇票、本票和支票的发行、担保、承兑、贴现、转贴现、再贴现实现短期资金融通的市场。美国的商业票据属于本票性质,英国的商业票据则属汇票性质。商业票据市场就是对这些信誉卓著的大公司所发行的商业票据进行交易的市场。

按票据发行主体划分,可分为银行票据市场、商业票据市场;按资金属性划分,可分为商业票据市场和融资票据市场;按交易方式划分,可分为票据发行市场、票据承兑市场和票据贴现市场。这里主要介绍票据承兑市场和票据贴现市场。

二、票据承兑市场

目前在票据市场流通的票据主要可以分为商业票据和银行承兑汇票两类。

1. 商业票据

商业票据又称公司票据,是商业活动中最古老的一种信用方式。商业票据一般是由信誉程度较高的大公司为筹措短期资金而发行的短期债务凭证,主要有商业本票和商业汇票两种类型。商业本票又称为期票,是债务人向债权人发出的、要求债务人向指定的收款人或持票人支付一定金额款项的支付命令。商业汇票按付款日的不同,又分为即期汇票和远期汇票,远期汇票必须经过承兑才具有法律效力。承兑是指在票据到期前,由付款人在票据上做出承认付款的文字记载及签名的一种手续。

商业票据的期限一般为 30～60 天,最长不超过 270 天。利率水平一般略高于国库券的利率。商业票据经过背书可以流通转让,即指票据的收款人或持票人在转让票据时,在票据背面签名的行为。经过背书的票据可以充当流通手段和支付手段,用来购买商品或偿还债务。

2. 银行承兑汇票

银行承兑汇票,是在国内商品交易和国际贸易中广泛使用的一种重要的结算工具。它是指银行应进口商(或债务人)的请求,由进口商(或债务人)开出的、由银行在汇票上签字盖章,承诺在汇票到期日付款的远期汇票。银行承兑汇票实质上是商业票据的一种,并非银行票据,但由于银行承兑汇票是用银行信用代替了原有的商业信用,这样就使其在安全性和流动性方面都大大高于一般的商业票据，因此成为票据市场上一种优良的信用工具。

银行承兑汇票的期限一般为30～180天，以90天的最为常见。银行承兑汇票可以在票据市场上买卖和转让。银行承兑汇票的持有人多数情况下不会将汇票持有至到期日才收回欠款，而是在票据市场上将其转让或向承兑银行办理票据贴现，以此来融通短期资金，加速资金的周转。

由于银行承兑汇票一般都以真实的商品买卖作为基础，又有付款人和银行对付款的双重保证，因此具有很高的安全性，在某些情况下可以代替货币来使用。目前，银行承兑汇票不仅成为货币市场上一种非常重要的金融工具，而且在商品交易市场上也是一种很受欢迎的、重要的支付手段。

三、票据贴现市场

票据贴现市场是通过对未到期的票据进行贴现，为客户提供短期融资的市场。所谓贴现，是指票据的持有人在需要资金时，将未到期的票据经过背书后转让给银行，银行（或贴现行）按贴现利率从票面金额中扣除贴现日至到期日的利息后，将余款支付给持票人的一种融资方式。贴现是融通短期资金的一种重要方式，其实质是一种以票据为抵押的短期贷款。贴现市场的参与者有工商企业、个人、商业银行、贴现公司（或贴现行）、中央银行等，贴现的票据主要有政府国库券、短期债券、银行承兑汇票和商业承兑汇票。贴现利率一般高于银行贷款利率。票据贴现的计算公式为

票据贴现付款额＝票据面额×（1－年贴现率×未到期天数/365）

贴现市场的存在和发展对于汇票持有人、商业银行以及中央银行都有重要作用。对于汇票持有人来说，通过汇票贴现，为其提前兑取现款提供了方便，满足了临时资金的需要；对于商业银行来说，贴现市场既是运用资金的有利场所，又是获取资金的有效渠道；对于中央银行来说，贴现市场为其实现宏观调控创造了条件，中央银行通过提高或降低再贴现率，以达到影响商业银行信贷规模、紧缩信用或扩张信用，实现对信用总量调控的目的。贴现、转贴现、再贴现的关系如图5-1所示。

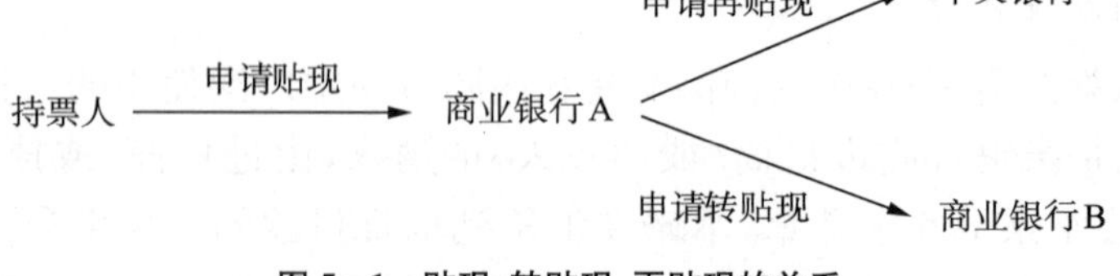

图5-1 贴现、转贴现、再贴现的关系

资料卡　**我国的票据市场发展状况**

国外票据市场的发展模式主要有三种：以美国为代表的放任经营模式、以英国为代表的引导专营模式和以日本为代表的强管制模式。它们都有发达的市场经济水平、健全的市场经济体制、成熟的资本市场和货币市场体系以及完善的规章制度等，这为票据市场健康有序发展、支持货币政策尤其是票据的再贴现政策充分发挥效应提供了重要条件。目前，发达国家的票据市场呈现以下特点：票据多样化、融资性票据与交易性票据并存、再贴现操作方式趋同、再贴现利率多层次、中介机构多元化等。

我国票据市场起步较晚，在 20 世纪初开始快速增长，2001—2008 年，商业汇票年累计承兑量由 1.2 万亿元增加到 7.1 万亿元，年均增长 29%；贴现量由 1.4 万亿元增加到 13.5 万亿元，年均增长 41%；期末商业汇票未到期余额由 0.5 万亿元增加到 3.2 万亿元，贴现余额由 0.3 万亿元增加到 1.9 万亿元。2008 年，票据融资高达 13.4 万亿元；2009 年初，票据融资更是大幅增长，仅 1 月和 2 月，票据融资增加 1.11 万亿元。票据融资快速发展，有效扩大了金融机构对中小企业的信贷支持，票据融资已成为中小企业重要的短期融资方式。票据市场参与主体多元化，基础设施不断完善，业务创新明显加快。

第四节　大额可转让定期存单市场

一、大额可转让定期存单的定义

大额可转让定期存单，简称 CDs，是在银行定期存款的凭据上注明存款金额、期限、利率，到期持有人提取本金和利息的一种债务凭证。它是商业银行用来吸收大额定期存款的一种新型的金融工具。由于这种存单是不记名的，可在二级市场上自由转让，因此称为大额可转让定期存单。其发行的是有固定面额并可转让流通的存款凭证。

资料卡　**大额可转让定期存单的产生**

第一张大额可转让定期存单是由美国花旗银行于 1961 年创造的，其目的是为了稳定存款、扩大资金来源。由于当时市场利率上涨，活期存款无利或利率极低，而定期储蓄存款亦受联邦条例制约，利率上限受限制，存款纷纷从银行流出，转入收益高的金融工具。大额可转让定期存单利率较高，又可在二级市场转让，对于吸收存款大有好处，于是，这种新的金融工具诞生了。大额可转让定期存款存单除对银行起稳定存款的作用、变银行存款被动等待顾客上门为主动发行存单以吸收资金、更主动地进行负债管理和资产管理外，存单购买者还可以根据资金状况买进或卖出，调节自己的资金组合。

大额可转让定期存单最早产生于美国。美国的Q条例规定，商业银行对活期存款不能支付利息，定期存款不能突破一定限额。20世纪60年代，美国市场利率上涨，高于Q条例规定的上限，资金从商业银行流入金融市场。为了吸引客户，商业银行推出大额可转让定期存单，购买存单的客户随时可以将存单在市场上变现出售。这样，客户实际上以短期存款取得了按长期存款利率计算的利息收入。大额可转让定期存单提高了商业银行的竞争力，而且也提高了存款的稳定程序，对于发行存单的银行来说，存单到期之前，不会发生提前提取存款的问题。

大额可转让定期存单市场的主要参与者是货币市场基金、商业银行、政府和其他非金融机构投资者，市场收益率高于国库券。

二、大额可转让定期存单的特点

在我国，大额可转让定期存单是银行发行的一种固定面额、固定期限、可转让的大额存款凭证。其主要特点有以下几个方面。

1. 固定面额

大额可转让定期存单有固定面额，是指存单的面额有法律的限定，不得任意变更。一般的存折或存单都可以根据具体的情况来确定存款金额，且随支取情况的变化，存单面额可以发生改变。但是，我国的《大额可转让定期存单管理办法》规定，大额存单对个人发行部分，其面额不得低于500元；对单位发行部分，其面额不得低于5万元。这主要是因为发行大额存单的目的是为了吸取市场上的大额短期流动资金。

2. 固定期限

固定期限是指大额存单有法定的期限档次，不得自行变更，而且同一般定期存款不一样，不得提前支取。对一般存单来说，存款人可以根据具体需要来决定存款期限的长短，但是，大额存单的期限大多为一年或更短些。一般大额存单的期限为1个月、3个月、6个月、9个月和12个月。大额存单不得提前支取，不分段计息，而是到期后一次还本付息，不计付逾期利息。

3. 可转让性

大额可转让定期存单最大的特点是可转让性。可转让的意思是，存单的购买者可于存单到期日之前在货币市场上把它们售出以回收资金，或者可以用来作为债务抵销工具，或者进行质押来获得流动资金，在到期日银行将对任何一个持有该存单的人付款。

三、大额可转让定期存单与一般存单的差别

(1) 不记名。大额可转让定单不记名，可自由转让，持有者需用现款即可在市场上转让出售。

(2) 金额固定，面额大。美国的 CDs 最低起价为 10 万美元。存单的期限通常不少于 2 周，大多为 3～6 个月，一般不超过 1 年。CDs 的利率略高于同等期限的定期存款利率，与当时的货币市场利率基本一致。

(3) 允许买卖、转让，使它集中了活期存款和定期存款的优点。对于银行来说，它是定期存款，未到期不能提前支取，故可作为相对稳定的资金用于期限较长的放款；对于存款人来说，既有较高的利息收入(国外活期存款一般没有利息)，又能在需要时转让出售，迅速变现，是一种理想的金融工具。

四、我国的大额可转让定单

我国商业银行于 1986 年才开始发行大额可转让定期存单。中国人民银行 1996 年颁布的《大额可转让定期存单管理办法》规定，我国商业银行对城乡居民个人发行的大额可转让定期存单，面额为 1 万元、2 万元、5 万元；对企业、事业单位发行的大额可转让定期存单，面额为 50 万元、100 万元、500 万元。大额可转让定期存单的期限为 3 个月、6 个月、12 个月(1 年)，利率由中国人民银行制定。我国的大额定期存单市场发展起步较晚，规模较小，发育不成熟。目前，大额定期存单的交易主要限于一级市场，二级市场的交易极其清淡。为了进一步完善银行的负债结构，为银行吸引更多、更稳定的信贷资金，有必要加速培育我国的大额定期存单市场。这也是我国金融业特别是银行业业务发展的需要(参见图 5－2)。

图 5－2　大额可转让定期存单样张

本章小结

1. 货币市场是指融资期限在一年以内的短期资金市场。货币市场的交易对象是短期金融工具，主要包括货币头寸、商业票据、银行承兑汇票、大额可转让定期存单等。就其结构而言，货币市场包括同业拆借市场、票据贴现市场等。

2. 同业拆借市场的重要作用在于，它使金融机构在不用保持大量超额准备金的前提下，满足存款支付及汇兑、清算的需要。同业拆借市场还是中央银行实施货币政策，进行金融宏观调控的重要场所。

3. 票据是具有法定形式，表明债权债务关系的一种有价凭证，是一种商业证券。商业票据有两种：本票（期票）和汇票。票据市场也是货币市场的重要组成部分，是以各种票据作为交易媒介进行资金融通的市场。商业票据是一些资金雄厚、财政健全、信誉卓著的著名公司发行的，到期按票面金额向持票人付现的一种无抵押担保承诺凭证。

按票据发行主体划分，可分为银行票据市场、商业票据市场；按资金属性划分，可分为商业票据市场和融资票据市场；按交易方式划分，可分为票据发行市场、票据承兑市场和票据贴现市场。这里主要介绍票据承兑市场和票据贴现市场。

4. 大额可转让定期存单是在原有银行定期存款的基础上所作的金融创新，同传统的定期存款相比，它的特点表现在：①固定面额。大额可转让定期存单有固定面额，是指存单的面额有法律的限定，不得任意变更。②固定期限。固定期限是指大额存单有法定的期限档次，不得自行变更，而且同一般定期存款不一样，不得提前支取。③可转让性。大额可转让定期存单最大的特点是可转让性。可转让的意思是，存单的购买者可于存单到期日之前在货币市场上把它们售出以回收资金，或者可以用来作为债务抵销工具，或者进行质押来获得流动资金，在到期日银行将对任何一个持有该存单的人付款。

思考题：

1. 货币市场的特点有哪些？
2. 简述同业拆借市场的概念及其分类构成。
3. 商业票据的发行市场有哪些要素构成？
4. 大额可转让定期存单有哪些特点？

操作题：

通过中国货币网，浏览和查找货币市场、票据市场、债券市场的交易情况，并做简单分析。

第六章　债券市场

学习目标

✧ 掌握债券的性质和种类；
✧ 理解债券的票面要素；
✧ 了解债券发行市场的构成、发行方式和程序；
✧ 掌握债券的票面利率与发行价格；
✧ 了解债券交易市场的类型；
✧ 掌握债券交易的方式；
✧ 理解债券的市场价格及其影响因素；
✧ 理解债券的收益率。

引言

债券市场是发行和买卖债券的场所，是金融市场的一个重要组成部分。债券市场是一国金融体系中不可或缺的部分。一个统一、成熟的债券市场可以为全社会的投资者和筹资者提供低风险的投融资工具；债券的收益率曲线是社会经济中一切金融商品收益水平的基准，因此，债券市场也是传导中央银行货币政策的重要载体。统一、成熟的债券市场构成了一个国家金融市场的基础。

第一节　债券的性质和种类

一、债券的定义和特征

（一）债券的定义

债券是发行人依照法定程序发行，并约定在一定期限还本付息的有价证券。债券包含四个方面的含义：①发行人是借入资金的经济主体；②投资者是出借资金的经济主体；③发行人需要在一定时期付息还本；④债券反映了发行者和投资者之间的债权、债务关系，而且是这一关系的法律凭证。债券有以下基本性质。

1. 债券属于有价证券

首先，债券反映和代表一定的价值。债券本身有一定的面值，通常它是债券投资者投入资金的量化表现；另外，持有债券可按期取得利息，利息也是债券投资者收益的价值表现。其次，债券与其代表的权利联系在一起，拥有债券也就拥有了债券所代表的权利，转让债券也就将债券代表的权利一并转移。

2. 债券是一种虚拟资本

资本债券尽管有面值，代表了一定的财产价值，但它也只是一种虚拟资本，而非真实资本。因为债券的本质是证明债权债务关系的证书，在债权债务关系建立时所投入的资金已被债务人占用，债券是实际运用的真实资本的证书。债券的流动并不意味着它所代表的实际资本也同样流动，债券独立于实际资本之外。

3. 债券是债权的表现

债券代表债券投资者的权利，这种权利不是直接支配财产权，也不以资产所有权表现，而是一种债权。拥有债券的人是债权人，债权人不同于财产所有人。以公司为例，在某种意义上，财产所有人可以视作公司的内部构成分子，而债权人是与公司相对立的。债权人除了按期取得本息外，对债务人不能做其他干预。

（二）债券的票面要素

债券作为证明债权债务关系的凭证，一般是以有一定格式的票面形式来表现。通常，债券票面上有四个基本要素。

1. 债券的票面价值

在债券的票面价值中，首先要规定票面价值的币种，即以何种货币作为债券价值的计量标准。确定币种主要考虑债券的发行对象。一般来说，在国内发行的债券通常以本国货币作为面值的计量单位；在国际金融市场筹资，则通常以债券发行地所在国家的货币或以国际通用货币为计量标准。此外，确定币种还应考虑债券发行者本身对币种的需要。币种确定后，还要规定债券的票面金额。票面金额大小不同，可以适应不同的投资对象，同时也会产生不同的发行成本。票面金额定得较小，有利于小额投资者购买，持有者分布面广，但债券本身的印刷及发行工作量大，费用可能较高；票面金额定得较大，有利于少数大额投资者认购，且印刷费用等也会相应减少，但却使小额投资者无法参与。因此，债券票面金额的确定也要根据债券的发行对象、市场资金供给情况及债券发行费用等因素综合考虑。

2. 债券的偿还期限

债券的偿还期限，是指债券从发行之日起至偿清本息之日止的时间。各种债券有着不同的偿还期限，短则几个月，长则几十年，习惯上有短期债券、中期债券和长期债券之分。发行人在确定债券期限时，要考虑多种因素的影响，主要有：

第一，资金使用方向。债务人借入资金可能是为了弥补自己临时性资金周转之短缺，也可能是为了满足对长期资金的需求。在前者情况下可以发行一些短期债券，在后者情况下可以相应地发行中长期债务。这样安排的好处是既能保证发行人的资金需要，又不因占用资金时间过长而增加利息负担。

第二，市场利率变化。债券偿还期限的确定应根据对市场利率的预期，相应选择有助于减少发行者筹资成本的期限。一般来说，当未来市场利率趋于下降时，应选择发行期限较短的债券，这样可以避免市场利率下跌后仍支付较高的利息；而当未来市场利率趋于上升时，应选择发行期限较长的债券，这样能在市场利率趋高的情况下保持较低的利息负担。

第三，债券变现能力。这一因素与债券流通市场发育程度有关，流通市场发达，债券容易变现，长期债券的销路就可能好一些；如果流通市场不发达，投资者买了长期债券而又急需资金时不易变现，长期债券的销售就可能不如短期债券。

3. 债券的票面利率

债券的票面利率，是债券年利息与债券票面价值的比率，通常年利率用百分数表示。因此，利率成为债券票面要素中不可缺少的内容。在实际经济生活中，债券利率有多种形式，如单利、复利和贴现利率等。债券利率亦受很多因素影响，主要有：

第一，借贷资金市场利率水平。市场利率普遍较高时，债券的票面利率也相应较高，否则，投资者会选择其他金融资产投资而舍弃债券；反之，市场利率较低时，债券的票面利率也相应较低。

第二，筹资者的资信。如果债券发行人的资信状况好、债券信用等级高、投资者的风险小，债券票面利率可以定得低一些；如果债券发行人的资信状况差、债券信用等级低、投资者的风险大，债券票面利率就需要定得高一些。此时，利率差异反映了信用风险的大小，高利率是对高风险的补偿。

第三，债券期限长短。一般来说，期限较长的债券，流动性差，风险相对较大，票面利率应该定得高一些；而期限较短的债券，流动性强，风险相对较小，票面利率就可以定得低一些。不过，债券票面利率与期限的关系是较复杂的关系，它们还受其他因素的影响，所以，有时也能见到短期债券票面利率高而长期债券票面利率低的现象。

4. 债券发行者名称

这一要素指明了该债券的债务主体，也为债权人到期追索本金和利息提供了依据。

上面四个要素虽然是债券票面的基本要素，但它们也并非一定在债券上印制出来。在许多情况下，债券发行者是以公布条例或公告形式向社会公开宣布某债券的期限与利率，只要发行人具备良好的信誉，投资者也会认可接受。此外，债券票面上有时还包含一些其他要素，如还本付息方式等。

二、债券市场的功能

发达的债券市场是一个成熟的金融市场的重要组成部分，债券市场有以下几个重要的功能。

1. 融资功能

作为金融市场的一个重要组成部分，债券市场具有调剂闲散资金以及为企业、政府等资金不足者筹集资金的功能。与股票市场一样，债券市场为资金需求者提供了一个直接融资的渠道。

2. 资金流动导向功能

效益好的企业发行的债券通常较受投资者的欢迎，因而发行利率低、筹资成本低；相反，效益差的企业所发行的债券风险相对较大，受投资者欢迎的程度较低，筹资成本较大。因此，债券市场可使得资金向效益好的企业流动，从而有利于资源的优化配置。

3. 宏观调控功能

作为一种间接宏观调控的重要手段，公开市场业务是中央银行通过在证券市场上买卖国债或发行央行票据、调节货币的供应量。在经济过热，需要减少货币供应量时，中央银行卖出债券或发行央行票据收回基础货币，从而控制经济的过热运行；当经济萧条，需要增加货币供应量时，中央银行便买入债券，增加基础货币的供应。

4. 防范金融风险

一个较为完备的债券市场可以有效地降低一国金融系统的风险。金融债的发行可以极大地补充银行的附属资本，并且在股东之外还增加了债权人的约束，有利于银行的稳健经营。在债券融资的背景下，公司一旦出现不履行债务的情况，会迅速导致公司在投资者群体中的名誉损失，并且通过债市信息披露，使广大社会公众知悉公司的信誉，使这种惩罚自动扩散到整个社会。

三、债券的分类

(一) 按发行主体分类

根据发行主体的不同，债券可以分为政府债券、金融债券、公司债券和国际债券。

1. 政府债券

政府债券的发行主体是政府。政府债券是指政府部门为了筹措资金，向投资者出具的承诺在一定时期支付利息和到期偿还本金的债务凭证。

政府债券是有价证券的一种形式，具备有价证券的一般特征。发行政府债券的目的主要是解决政府的临时性资金短缺问题、财政赤字问题和增加金融工具品种与数量以满足国家进行宏观经济调控的需要等。按发行主体不同，可分为中央政府债券和地方政府债券；按发行期限不同，可分为短期政府债券（国库券）和长期政府债券（公债）。

2. 金融债券

金融债券的发行主体是银行或非银行的金融机构。金融机构一般有雄厚的资金实力，信用度较高，因此，金融债券往往也有良好的信誉。银行和非银行金融机构是社会信用的中介，它们的资金来源主要靠吸收公众存款，它们发行债券的目的主要有两个：一是筹资用于某种特殊用途，二是改变其本身的资产负债结构。对于金融机构来说，吸收存款和发行债券都是它的资金来源，构成了它的负债。但存款的主动性在储户，金融机构只能通过提供服务条件来吸引存款，不能完全控制存款。发行债券则是金融机构的主动负债，金融机构有更大的主动权和灵活性。金融债券的期限以中期较为多见。

3. 公司债券

公司债券是指公司依照法定程序发行的、承诺在未来的特定日期偿还本金并按事先规定的利率支付利息的一种有价证券，又称为企业债券。公司债券体现了发债公司与债券投资者之间的债权债务关系，广义的公司债券包括工商企业债券和金融债券。

下面简要介绍几种主要的公司债券。

(1) 抵押公司债券，是指发行债券的公司以动产或不动产为抵押品而发行的债券。由于公司以动产或不动产为抵押品，一旦公司发生了不能偿还本息的情况时，债权人有权依法处理抵押品，所得款项用于偿付债券持有者的本息。如果抵押品处理后仍不足以清偿债券的本息，债权人对债券发行公司的剩余财产仍然享有要求偿付的权利。

(2) 信用公司债券，是指发行债券的公司不以任何资产为担保或抵押，全凭公司的信用发行的债券。信用公司债券只有少数经营状况良好、信誉显著的大公司才能成功发行。信用公司债券的持有者为公司的一般债权人，一旦公司倒闭清算，只有在清偿一切有抵押的负债后，才对公司债券的持有者偿付本息。为了保护信用公司债券投资者的利益，一般要附有某些限制性条款，如公司债券不得随意增加，债券未清偿之前要限制股东分红派息事宜等。

(3) 保证公司债券，是指公司发行的由第三者作为承担还本付息担保人的债券。保证公司债券是担保债券的一种形式。担保人一般是债券发行人以外的第三人，如政府、银行和债务人的母公司等。

(4) 可转换公司债券，是指发行人依照法定程序发行，在一定期限内按约定的条件转换成公司股票的债券。可转换公司债券享有转换特权，即在转换之前它以债权的形式存在，在转换之后就由债权转换为股权了。

可转换债券具有以下特性：

①债权性。可转换债券有明确规定的利率和期限。投资者可以选择持有债券到期并收取本金和利息。

②股权性。可转换债券在转换成股票之前是纯粹的债券，在转换成股票之后，原债券持有人就由债权人转变为公司的股东并享有相应的权利。

③可转换性。可转换性是可转换债券的重要标志，债券持有者有权按约定的条件将可转换债券转换为股票。转换权是可转换债券投资者所享有的其他债券所没有的选择权。可转换债券持有人既可以在转换期内将其转换为股票，也可以作为债券持有至期满时收回本金和利息，或者在流通市场变现。

(5) 附新股认购权公司债券，是指公司发行的赋予持有人购买该公司新发行股票权利的债券。附新股认购权公司债券的购买者享有按约定的条件(股票发行价格、认购比例、认购期间等)购买该公司新发行股票的优先权。投资者可以行使、也可以放弃这种权利。

4. 国际债券

国际债券是一国借款人在国际金融市场上发行的长期债务凭证。国际债券的发行主体是各国政府、政府所属机构、银行或其他金融机构、工商企业和一些国际组织等。

国际债券主要分为外国债券和欧洲债券两种类型。

(1) 外国债券，是指一国借款人在本国以外的某一国家发行的以该国货币为面值的债券。外国债券的主要特点是债券面值与发行市场同属一个国家。发行外国债券要得到发行市场所在国家同意并受该国金融监管当局监管。

(2) 欧洲债券，是指一国借款人在本国境外某个国家发行的以第三国货币为面值的债券。欧洲债券通常同时在几个国家的金融市场上发行，它的特点是债券发行人、债券面值货币和债券发行市场分别属于不同的国家。例如，英国某一公司在瑞士国际金融市场上发行的以美元、日元、欧元等货币为面值的债券都为欧洲债券。欧洲债券具有发行自由，无须得到有关国家、政府的批准，发行量大，手续简单，发行费用低，债券持有者所获得的利息不必缴纳所得税等优越性。

(二) 按计息与付息方式分类

承诺支付利息是债券发行者筹借资金的条件之一，但计算利息的方式可以不同。根据计算方式上的差异，有单利债券、附息债券、贴现债券、零息债券和累进利率债券等。在计算利息时，一般以年为单位。

(1) 单利债券，是指在计算利息时，不论期限长短，仅按本金计息，所生利息不再加入本金计算下期利息的债券。

(2) 附息债券，又称息票债券，是按照债券票面载明的利率及支付方式定期分次付息的债券。

(3) 贴现债券，是指在票面上不规定利率，发行时按某一折扣率，以低于票面金额的价格发行，到期仍按面额偿还本金的债券。贴现债券是属于折价方式发行的债券，其发行价格与票面金额(即偿还价格)的差额，构成了实际的利息。

(4) 零息债券，是指在存续期内不支付利息，投资者以低于面值的价格购买，购买价格是票面值的现值，投资者的收益是债券面值与购买价格的差额。零息债券的期限一般大于1年，因此，实际上是一种复利方式债券。

(5) 累进利率债券，是指以利率逐年累进方法计息的债券。与单利债券或附息债券在偿付期内利率固定不变不同，累进利率债券的利率随着时间的推移而递增，后期利率比前期利率高，呈累进状态。这种债券的期限往往是浮动的，但有最短持有期和最长期持有期的规定。

(三) 按利率是否固定分类

根据债券票面利率固定与否的特点，债券可分为固定利率债券和浮动利率债券。

1. 固定利率债券

固定利率债券，就是在偿还期内利率固定的债券。在该偿还期内，无论市场利率如何变化，债券持有人只能按债券票面载明的利率获取债息。这种债券有可能为债券持有人带来风险。当偿还期内的市场利率上升且超过债券票面利率时，债券持有人就要承担收益率相对降低的风险。当然，在偿还期内，如果利率下降且低于债券票面利率，债券持有人也就获得了由于利率下降所带来的额外收益。

2. 浮动利率债券

浮动利率债券，是指利率可以变动的债券。这种债券的利率与基准利率挂钩，一般高于基准利率一定的百分点。当市场利率上升时，债券的利率也相应上浮；反之，当市场利率下降时，债券的利率就相应下调。这样，浮动利率债券就可以避开因市场利率波动而产生的风险。

（四）按债券形态分类

债券有不同的形式，根据债券券面形态可以分为实物债券、凭证式债券和记账式债券。

1. 实物债券

实物债券是一种具有标准格式实物券面的债券。在标准格式的债券券面上，一般印有债券面额、债券利率、债券期限、债券发行人全称、还本付息方式等各种债券票面要素。

2. 凭证式债券

凭证式债券的形式是债权人认购债券的一种收款凭证，而不是债券发行人制订的标准格式的债券。我国近年通过银行系统发行的凭证式国债，券面上不印制票面金额，而是根据认购者的认购额填写实际的缴款金额，是一种国家储蓄债券，可记名、挂失，以“凭证式国债收款凭证”记录债权，不能上市流通，从购买之日起计息。

3. 记账式债券

记账式债券是没有实物形态的票券，只在电脑账户中作记录。在我国，上海证券交易所和深圳证券交易所已为证券投资者建立了电脑证券账户，因此，可以利用证券交易所的交易系统来发行债券。我国近年来通过沪、深交易所的交易系统发行和交易的记账式国债就是这方面的实例。

资料卡　**主要国际债券简介**

1. 美国债券

美国债券又称扬基债券，它是指美国以外的债券发行人在美国国内发行的一种债券。美国债券的发行，主要是美国以外的政府、金融机构、工商企业和国际组织等。“扬基”一词的英文为“Yankee”，意为“美国佬”。

2. 日本债券

日本债券又称武士债券，它是指日本国以外的债券发行人在日本国内发行的日元债券。武士债券均为无担保发行，典型期限为 3～10 年，一般可在东京证券交易所上市交易。

3. 龙债券

龙债券一般是到期一次还本，每年付息一次的长期固定利率债券，或者是以美元计价，以伦敦银行同业拆放利率为基准，每一季或每半年重新定一次的浮动利率债券。龙债券市场是指在除日本以外的亚洲地区发行的一种非亚洲国家货币标价的公开债券市场。龙债券的发行人来自亚洲、欧洲、北美洲和南美洲，投资者则主要来自亚洲的国家和地区。

4. 欧洲债券

在欧元流通前，欧洲债券市场占主要地位的是欧洲美元债券、欧洲日元债券和欧洲德国马克债券，其中，欧洲美元债券所占比重最大。随着欧元的广泛流通使用，欧洲欧元债券数量将呈现逐渐上升趋势。欧洲债券市场有着严格的管理制度和活动规则，是一个批发性市场。只有资信很高的政府机构、大型跨国公司和跨国银行才能发行欧洲债券筹集资金。发行人在进入欧洲债券市场时，首先要到资本市场委员会或证券市场管理委员会申请登记，提供相应的证明文件，经审查确认后，才能取得债券发行权。在欧洲债券市场，伦敦发行的欧洲债券数量最大。

第二节　债券的发行

一、债券发行的概念

债券发行是发行人以借贷资金为目的，依照法律规定的程序向投资人要约发行代表一定债权和兑付条件的债券的法律行为。债券发行是证券发行的重要形式之一，是以债券形式筹措资金的行为过程，通过这一过程，发行者以最终债务人的身份将债券转移到它的最初投资者手中。

债券发行市场是指发行人以发行债券方式募集资金的市场，又称为一级市场或初级市场。债券发行市场是金融市场的一个重要组成部分，是债券交易市场的基础。债券发行市场在现代经济生活中发挥着独特的作用。一方面，通过利用债券发行市场，政府部门、金融机构和一些工商企业能够筹集到长期的、稳定性的资金；另一方面，债券发行市场为筹资者和投资者提供了资金融通的场所，有利于实现资金赢利性和流动性的统一。

二、债券发行市场的构成

1. 发行者

债券的发行者是指以发行债券形式筹措资金的企业、政府或金融机构。企业为了弥补资金的不足，可以通过发行企业债券来筹集资金；政府为了解决临时性资金需要、弥补财政赤字、扩大政府开支刺激经济增长等，可以通过发行政府债券的形式来筹集资金；金融机构为了补充资本金，可以通过发行金融债券的形式筹集资金。

2. 投资者

投资者是指债券的购买者，主要包括个人、工商企业、机构投资者、政府和中央银行。

个人是债券发行市场主要的资金供应者，个人购买债券主要是为了调整自己的金融资产结构，追求消费的最佳效果和收入的最大化。一般来说，企业是资金的需求者，但有时在生产经营中也会形成一部分暂时闲置的货币资金，这时可以把这部分没有特定用途的货币资金的一部分投资于债券市场，当有了新的用途时再卖出债券以获得现款。

机构投资者是指集聚社会闲散资金投资于各类证券，以降低投资风险和提高投资收益的专门机构，包括商业银行、投资银行、储蓄机构、信托投资公司、保险公司、养老基金会、共同基金公司、持股公司等。机构投资者的优势在于它一般拥有经验丰富、精通投资业务的专门人才，有这些专家进行理财，一般可以避免投资风险，弥补个人不能承担较大风险的缺陷。

政府的财政出现盈余时，也会把盈余的一部分资金投资于各种企业债券和金融债券，或政府为了支持某些行业的发展而购买这些行业的债券。

中央银行参与债券市场的目的与个人、企业、机构投资者的目的有着本质的区别。它购买债券不是因为出现了临时剩余资金，也不是为了获得利息收入，而是为了调节社会资金的供求量，以发挥公开市场操作的作用。

3. 中介机构

中介机构不直接进行证券投资，而是为债券发行者和投资者牵线搭桥，帮助发行者把债券卖给投资者。债券发行的中介机构包括承销公司、受托人、财务代理人和担保人等。

承销公司的职能是接受债券发行人的委托,办理债券的承购和分销业务。承销的方式有推销承销、助销承销和包销承销。

受托人主要是按照同发行人签订的合同,负责印制债券的本券、办理各种有关募集债券的手续、保护投资者的权利和办理债券偿还事宜等。

财务代理人主要是接受发行者的委托,负责向债券投资者支付本金和利息。

担保人主要是企业为了增强债券信用,吸引投资者购买,在发行债券时需要一个第三者出面担保,以保证债券按时还本付息。担保人通常是银行、非银行金融机构以及政府等。

4. 管理者

管理者主要是指针对从事债券的募集、发行、买卖等经营行为进行监督管理的机构,包括政府监管机构、行业监管机构等。在我国,对债券发行行使管理监督权的是中国人民银行。

三、债券发行的条件

债券的投资价值是由面值、利率、偿还期限和发行价格这四方面决定的,这四个要素也称为债券的发行条件。

面值、利率和偿还期限是债券发行的基本要素,这三个要素决定债券的基本投资价值。由于市场利率水平经常变动,为使发行条件的决定具有一定的弹性,故保留发行价格这一要素,可以根据发行时的市场利率水平进行微调,通过市场决定债券的发行价格。若以发行价格为面值时,称作平价发行;发行价格在面值以下的,称作折价发行;发行价格在面值以上的,称作溢价发行。

1. 面值

面值指债券的票面价值。它载明债券的面值的单位、数额和币种。面值有三个含义:

(1) 对于付息债券,表明债券偿还本金时的数额的依据;

(2) 对于贴现国债,表明到期偿还额;

(3) 对于二手债券,面值是计算收益率的主要依据。

2. 利率

利率是年利息额对票面金额的比率。大多数债券都是固定利率债券。固定利率债券在整个债券期限内不变。因此,利率的确定应该根据市场情况及发展趋势全面考虑。

票面利率也称名义利率，是年利息和票面金额的比率。债券的票面利率主要包括以下三个内容：

（1）利率水平。利率水平主要受银行同期存款利率水平、其他债券的利率水平、债券期限长短、发行人信用级别等因素的影响。发行者应综合各种因素，确定合理的票面利率，既保证债券的顺利发行，又减轻利息负担。

（2）计息方法。主要有以下三种：

①单利计息，即仅按本金逐期计算，债券未偿还前所产生的利息不加入本金重复计算。其计算公式如下：

$$利息=本金\times利息率\times期限$$

$$本息合计=本金\times(1+利息率\times期限)$$

②复利计息，即将债券未到期之前所产生的利息加入本金，逐期滚算。计算公式如下：

$$本息合计=本金\times(1+利息率)^n$$

其中，n 表示期限。

③贴现计息，投资者按债券票面额和约定的应收利息的差价买进债券，债券到期偿还时按票面额收回本息。计算公式如下：

$$贴现利息=票面额-发行价格$$

$$贴现利率=\frac{票面额-发行价格}{票面额\times期限}\times100\%$$

3. 偿还期限

从发行到兑付的期间称为偿还期限。债券期限分为长期、中期和短期三种情况。通常短期为 1 年以内，中期为 1～5 年，长期为 5 年以上。有的国家还有超长期国债，超长期国债是指 10 年以上的国债。

4. 发行价格

债券的发行价格是债券价值的表现形式。发行价格有以下几种情况：

（1）票面价发行，以票面价格发行债券；

（2）折价发行，以低于票面额的价格发行债券；

（3）溢价发行，以高于票面额的价格发行债券；

（4）贴现发行，从票面金额中扣除贴现额后发行。

四、债券的发行方式

债券的发行是指债券从发行者手中转移到购买者手中的过程。

（一）按照债券的发行对象，债券的发行可分为私募发行和公募发行两种方式

私募发行是指面向少数特定的投资者发行债券，一般以少数关系密切的单位和个人为发行对象，不对所有的投资者公开出售。具体发行对象有两类：一类是机构投资者，如大的金融机构或是与发行者有密切业务往来的企业等；另一类是个人投资者，如发行单位自己的职工，或是使用发行单位产品的用户等。私募发行一般多采取直接销售的方式，不经过证券发行中介机构，不必向证券管理机关办理发行注册手续，可以节省承销费用和注册费用，手续比较简便。但是私募债券不能公开上市，流动性差，利率比公募债券高，发行数额一般不大。

公募发行是指公开向广泛不特定的投资者发行债券。公募债券发行者必须向证券管理机关办理发行注册手续。由于发行数额一般较大，通常要委托证券公司等中介机构承销。公募债券信用度高，可以上市转让，因而发行利率一般比私募债券利率低。公募债券采取间接销售的具体方式又可分为三种：①代销。发行者和承销者签订协议，由承销者代为向社会销售债券。承销者按规定的发行条件尽力推销，如果在约定期限内未能按照原定发行数额全部销售出去，债券剩余部分可退还给发行者，承销者不承担发行风险。采用代销方式发行债券，手续费一般较低。②余额包销。承销者按照规定的发行数额和发行条件，代为向社会推销债券，在约定期限内推销债券如果有剩余，须由承销者负责认购。采用这种方式销售债券，承销者承担部分发行风险，能够保证发行者筹资计划的实现，但承销费用高于代销费用。③全额包销。首先由承销者按照约定条件将债券全部承购下来，并且立即向发行者支付全部债券价款，然后再由承销者向投资者分次推销。采用全额包销方式销售债券，承销者承担了全部发行风险，可以保证发行者及时筹集到所需要的资金，因而包销费用也较余额包销费用高。

西方国家以公募方式发行国家债券一般采取招标投标的办法进行。投标又分竞争性投标和非竞争性投标，竞争性投标是先由投资者（大多是投资银行和大证券商）主动投标，然后由政府按照投资者自报的价格和利率，或是从高价开始，或是从低利开始，依次确定中标者名单和配额，直到完成预定发行额为止。非竞争性投标，是政府预先规定债券的发行利率和价格，由投资者申请购买数量，政府按照投资者认购的时间顺序，确定他们各自的认购数额，直到完成预定发行额为止。

（二）按照债券的实际发行价格和票面价格的异同，债券的发行可分平价发行、溢价发行和折价发行

（1）平价发行，指债券的发行价格和票面额相等，因而发行收入的数额和将来还本数额也相等。前提是债券发行利率和市场利率相同，这在西方国家比较少见。

（2）溢价发行，指债券的发行价格高于票面额，以后偿还本金时仍按票面额偿还。只有在债券票面利率高于市场利率的条件下才能采用这种方式发行。

（3）折价发行，指债券发行价格低于债券票面额，而偿还时却要按票面额偿还本金。折价发行是因为规定的票面利率低于市场利率。

五、债券的发行程序

（一）公司债券发行程序

（1）制订发行计划和发行章程。公司在发行债券之前，首要工作是制订发行计划和发行章程，即对本次债券发行的目的、可行性和实施内容进行统筹规划和具体部署。

（2）董事会决议。公司债发行计划和发行章程须经公司董事会决议通过才算有效，而且也须由三分之二以上董事出席，并获得超过半数出席董事的赞成通过，才能付诸实施。

（3）评定信用等级。债券的信用评级，指的是证券评级机构根据对债券发行人的基本经营状况分析，从本利支付可靠度和信用度两个方面对发行者的债券评定等级。债券信用等级是投资者衡量债券投资风险的重要指标，也是债券管理机构对债券进行管理的重要依据。

（4）提出发行申请。各国发行债券都须经国家证券主管机关审查核准，未经批准不得擅自发行。为此，公司董事会就债券发行事宜做出决议后需向证券管理机关提出发行申请。申请审核的事项主要有：公司名称，公司债的总额和面额，公司债的利率、发行价格、偿还方式和偿还期限，用资和还款计划，以前所募集公司债的偿还情况，公司现有资产减去全部负债和无形资产后的余额，最近三年的营业报告书、资产负债表和其他财务报表，公司营业执照以及其他文件。

（5）签订委托代理协议。公开间接发行债券时，发行公司需与承销人就本次债券的发行承销问题举行谈判，就本次债券的发行总额、发行方式、承销方式、发行价格、发行时间等有关事宜进行磋商，并规定承销者所承担的责任和义

务、承销者的报酬和承销者缴款的日期，以上内容通过签订协议的方式确定下来。

（6）签订信托合同。在发行抵押公司债券时，发行公司必须与受托公司签订信托合同。在信托合同中主要规定受托人的权利和义务，根据信托合同，受托公司取得抵押资产的留置权。

（7）发布发行公告。在上述发行准备工作已完成后，发行公司应以公告形式公布发行内容，主要包括公司经营管理简况、公司财务状况、发行计划、发行债券的目的、债券总金额、发行条件、还本付息方式、募集时间等。

（8）认购人应募交割。在募集期间，应募人填写认购申请书，在规定的时间内认购人缴纳债券价款，发行公司交割认购人的债券，进行钱券两清的了结。

（9）发行总结。债券募集期结束后，由发行公司进行债券发行总结，将本次债券发行的成败及其原因进行汇总分析，并在一定时间内向政府主管机关呈报。

（二）政府债券发行程序

与公司债券相比，政府债券的主要特征是发行量大、信誉高、发行次数多，常采用公募招标的方式。各国在政府债券发行程序方面的规定都有所区别，以美国国库券为例，其程序大致如下：

（1）认购者索取投标单；

（2）联邦储备银行接受投标单；

（3）决定中标者及中标价格；

（4）由财政部宣布投标结果；

（5）财政部正式发行国库券。

六、影响债券发行价格的因素

1. 债券票面金额

债券票面金额是发行价格的决定因素。因为债券到期要偿还本金的，本金的偿还是按票面的金额进行的，而发行价格是投资人投入的本金额，所以，从理论上讲，债券的发行价格应与票面的金额一致。但在实际操作中，债券的发行价格与票面金额也经常出现偏离，但这种偏离总是以票面金额为中心，且偏离的幅度不大。

2. 债券票面利率

债券的发行价格与票面金额的关系有三种情况：平价发行、折价发行和溢价发行。平价发行情况下，发行价格与票面金额一致；折价发行和溢价发行情况下，发行价格分别低于和高于票面金额。

3. 债券有效期限

对投资者来讲，投资对象的收益与风险是否均衡是一定要权衡的问题。一般来讲，债券的有效期限越长，其不可测的市场风险越大，这种风险一般用较高的票面利率来弥补，有时也用较低的债券发行价格来弥补。

4. 债券的信用级别

债券的信用级别是机构通过对债券发行公司的综合考察所评定的质量级别，它表明债券按期还本付息的保证程度的大小。信用级别低，则风险较高，如果不在较高的利率上弥补或弥补不足，发行价格就必须降低；反之，如果信用级别很高，风险极小，其售价也可能比较高。

5. 新发债的发行量

债券发行的市场价格也同样受供求关系的影响。在某一段时期内，如果各种债券的发行数量很小，不能满足投资者购买新发债券的需求，其发行价格就可以高一些；反之，如果各种债券的发行数量相当大，超过投资者的需求，为保证筹集到资金，发债人就可能会降低发行价格以吸引投资者。

第三节　债券交易

一、债券交易市场的概念

债券交易市场是指既发债券买卖、转让、流通的场所，又称流通市场或二级市场。与债券发行市场的本质区别在于，债券交易市场上买卖流通的债券，只代表现有债券债权的转移，债券所有权和资金的易位与原发行者无关，并不创造新的实际资产或金融资产，也不代表社会总资本存量的增加。

债券交易市场的功能在于：①促进短期闲散资金转化成长期建设资金；②通过市场竞价，维持债券的合理价格；③通过债市行情变动，调节资金供求，引导资金流向，保证社会资金的最佳使用；④为国家宏观经济政策的制定提供依据。

二、债券交易市场的类型

债券交易市场主要有四种类型，即证券交易所交易、场外交易市场、第三市场和第四市场。

1. 证券交易所交易

证券交易所是具有严格管理规则、高度专业化和有组织地进行证券交易的场所。在债券流通市场中，证券交易所交易占有核心地位。证券交易所能够为债券交易提供固定场所、人员和设施，并对债券交易进行严格的管理。证券交易所交易具有集中性、公平性、公开性、组织性等特征。只有经过主管部门批准的债券才能进入证券交易所进行交易，又称为上市。各证券交易所对债券的上市交易都规定了一定的标准。一般情况下，国债不经审核部门审核就可直接上市；金融债券和公司债券必须达到一定条件，并经过证券交易所批准后才能上市。对于已上市的债券，若不能达到上市条件，证券交易所有权停止其上市交易。

债券在证券交易所交易是采用公开竞价方式进行的。公开竞价对于债券买卖双方来说是一种双向竞价，即存在买方之间的竞争、卖方之间的竞争和买卖双方之间的竞争。双向竞价过程中，买方申报价格不断提高，卖方申报价格不断压低，直至买卖双方申报价格达成一致，即宣告成交。

在证券交易所进行债券交易要按"价格优先"和"时间优先"原则进行，即以较高价格的买入申报优先于以较低价格的买入申报成交；以较低价格的卖出申报优先于以较高价格的卖出申报成交。在同等申报价格条件下，按委托指令发出时间的先后顺序成交。

2. 场外交易市场

场外交易市场，又称店头交易或柜台交易，是指在证券交易之外进行的债券交易。由于债券在证券交易所挂牌上市交易必须要达到相应的条件，要经过严格的审核程序，而有些债券根本无法达到交易所的有关规定。为了提高这类债券的流动性，就形成了债券场外交易市场。在西方国家的债券市场上，大部分公司债券是通过场外交易市场进行的。

场外交易市场交易方式灵活，交易网点多、覆盖面广，交易成本低，能够满足不同类型、不同层次投资者的需求。与证券交易所交易相比，债券的场外交易主要有以下几个方面的特点：

(1) 场外交易市场的交易对象是未上市的债券；

(2) 场外交易市场是一个分散的市场，交易场地不固定，交易者可以通过面谈、电话、电传和计算机网络等方式进行交易；

(3) 通过协商方式达成成交价格。

3. 第三市场

第三市场指在柜台市场上从事已在交易所挂牌上市的证券交易。严格地讲，第三市场既是场外交易市场的一部分，又是交易所市场的一部分，即"已上市证券的场外交易市场”。

4. 第四市场

第四市场指各种机构投资者和很富有的个人投资者完全绕开通常的证券商，相互间直接进行的债券交易。目前，第四市场只在美国有所发展。

三、债券交易的方式

债券交易方式主要有现货交易、期货交易、期权交易和回购协议交易等。

1. 现货交易

现货交易是指在达成成交协议后立即交割或在较短的期限内交割的交易方式。所谓交割是指买卖双方一手交钱、一手交券，钱券两清的行为，又称为交收。

在债券的实际交易过程中，由于种种原因，现货交易中的交割又分为当日交割、次日交割、例行日交割和特约日交割等。当日交割，是指债券买卖双方在债券交易达成后，于成交当日进行债券和价款的收付，完成交收的行为。次日交割，是指债券买卖双方在债券交易达成后，于下一个营业日进行债券和价款的收付，完成交收的行为。例行日交割，是指债券买卖双方在债券交易达成之后，按证券交易所的规定，在成交日后的某一个营业日进行交收的行为。特约日交割，是指债券交易双方在达成交易后，由双方根据具体情况商定，在成交之日起 15 天以内的某一特定契约日进行交收的行为。

2. 期货交易

期货交易是指债券交易双方在成交后按照合约规定的条件，在未来某一确定日期进行交割的方式。期货交易是以期货合约为交易对象的一种交易方式。债券期货合约是由期货交易所设计，经国家监督机构审批上市，规定交易双方在将来某一确定的时间和地点交收一定数量债券的标准化合约。

期货交易主要有以下几个方面的特点：

(1) 期货合约是标准化的。期货合约标准化是指除价格外，期货合约其他条款都是事先由期货交易所规定好的、标准化的。

(2) 集中化交易。期货交易只能在期货交易所进行。

(3) 具有对冲交易机制。所谓对冲，是指卖出或买进已买进或卖出的合约。即在债券期货交易中，大多数交易者并不是通过合约到期时进行实物交收来履行合约，而是通过与前期交易方向相反的交易来结清履约责任。

(4) 杠杆效应。债券期货交易实行部分保证金制，即交易者在进行债券交易时，只需要缴纳相当于交易合约价值 3%左右的保证金。期货交易具有以少量保证金就可以进行较大价值期货合约交易的特点，一般被形象地称为杠杆效应。

（5）实施每日交易结算制度。期货交易在每个交易日结束后，都要对交易者当天的盈亏进行结算，确定其盈亏状况。如果某一交易者某一交易日亏损严重，交易所将要求其于下一日开盘前追加保证金或采取强行平仓措施。

资料卡 **我国国债期货“3.27”事件**

1992年底，我国12个品种的国债标准期货合约被隆重推出，于1993年上市交易。随后，北京商品交易所和武汉证券交易中心等十几家交易所也相继推出了国债期货。国债期货如雨后春笋，一下遍布主要的期货交易中心。

当时，国债期货走向火爆的因素主要有两个：一是1994年初，一些券商钻实际利率比国债利率高的空子，违规超计划卖出非实物国债，以套用社会资金牟利。当国务院宣布查处这类券商时，他们为了补足计划外卖出的这部分非实物券，纷纷买入流散在社会上的实物券，使国债现货市场人为制造出供小于求的局面。二是为了配合新国债发行，财政部根据当时物价水平较高的客观情况，对1992年三年期和五年期利率比较低的券种实行保值补贴。一时间，国库券炙手可热。

当时，国债期货开户保证金只要1万元，每手保证金只要500元，浮盈还可以再开新仓；一些散户满仓带透支，一路死多头，由几万元翻到几十万元，再由几十万元翻到几百万元，那狂热绝不亚于一场豪赌，赌成了就是“王”，赌输了那就另当别论了。

随着国债期货虚盘毫无节制地扩大，市场在进入1994年下半年以后，已逐渐沦为超级主力机构堆砌巨资互相抗衡以图投机暴利的赌场。1995年初，市场盛传“财政部将对‘3.27’国债加息”的消息。从2月初起，当时赫赫有名的上海万国证券公司和辽宁国发股份有限公司因对保值贴补率和贴息的错误预估，联手对“3.27”品种在148元左右的交易部位大量抛空，企图操纵市场。2月23日，辽国发及其操纵的几家公司通过无锡国泰期货经纪公司大笔抛空无效，又提前得知“贴息”的确切消息后，率先空翻多。这一行为再加上原本就做多的各种机构的推波助澜，导致期价自148.50元飙升，最高至151.98元。

后知后觉的万国证券当即处于全面被套牢状态，且由于持仓过大，一旦平仓会引发价格更加飞涨，其亏损将达几十亿元，足以使整个公司烟消云灭。为扭转局面，其主要负责人授意恶意透支，超限量砸盘，造成收市前8分钟，700万手（需保证金14亿元）巨单将价格暴挫至147.50元。不少多头也于瞬间由“巨额浮盈”转眼变成“亏损爆仓”，市场一片混乱。

“3.27”事件从此震惊中外。当晚，上海证交所即发布公告，以某会员蓄意违规为由，决定尾市8分钟所有成交无效。紧接着，证监会和财政部就发布《国债期货交易管理暂行办法》，其后又出台了《关于加强国债期货交易风险控制的紧急通知》《关于落实国债期货交易保证金规定的紧急通知》《关于要求各国债期货交易场所进一步加强风险管理的通知》等一系列通知。

然而，这一系列通知虽然都具有震慑力和权威性，但并不能在短期内改变上海证交所的风险控制机制，而且因为对万国违规的查处进展缓慢，令个别投机商暗藏侥幸之心，所以违规操作层出不穷。终于，在1995年5月，当“3.27”国库券借保值贴补率的上升连封停板，当“辽国发”及其联手机构仍然违规打压时，管理层忍无可忍了。5月18日，证监会《关于暂停国债期货交易试点的紧急通知》的发布，宣布暂停国债期货交易试点。金融期货从此被勒令关张。

资料来源：百度百科，2014年3月。

3. 期权交易

期权又称选择权，指在未来某一特定时间或时期内买进或卖出一定数量的相关资产的权利。为了获得这一权利，期权合约的买方必须向卖方支付一定数量的费用，即期权费。债券期权交易是以债券期权合约为对象进行交易的一种方式，期权交易的买方在期权的有效期限内可以行使期权，也可以放弃期权，因此，承担的风险是有限的，而获利潜力可能是巨大的。

4. 回购协议交易

回购协议交易，是指以债券回购协议为交易对象进行的交易。回购协议是指债券卖方在出售债券进行融资的同时，与债券买方签订的承诺在约定的时间，按约定价格重新买回该债券的一种交易合同。

这种有附加条件的债券交易实质上是一种以债券为抵押品的资金融通行为。从卖方角度来看，回购交易是卖出现货、买进期货的交易行为。从买方角度来看，回购交易是买进现货、卖出期货的交易行为，这种交易又称为逆回购交易。回购协议的期限有长有短，最短的为1天，又称为隔夜回购交易，最长的可达1年。回购协议的利率由协议双方根据回购期限、货币市场行情以及回购债券的信用级别等因素来议定，与债券票面利率无直接关系。债券回购交易的主体为中央银行、商业银行、企业、非银行金融机构和地方政府部门等。

资料卡　金边债券

17世纪，英国政府在议会的支持下，开始发行以国家税收为还本付息保证的政府债券，由于这种债券四周镶有金边，故而也被称为“金边债券”。当然，这种债券之所以被称作“金边债券”，还因为其信誉度很高，老百姓基本上不用担心收不回本息。后来,金边债券泛指由中央政府发行的债券,即国债。在美国,经穆迪公司、标准普尔公司等权威资信评级机构评定为“AAA”级的最高等级债券,也被称为“金边债券”。

1997年,我国受亚洲金融危机和国内产品供大于求的影响,内需不足,经济增长放缓。我国政府适时发行了一部分建设公债,有力地拉动了经济增长。在国家面临战争等紧急状态时,通过发行公债等筹措战争经费也是非常重要的手段。例如,美国在南北战争期间发行了大量的战争债券,直接促进了纽约华尔街的繁荣。

资料来源:李爱莲,《每天学点金融学》,中国物资出版社2012年版。

资料卡 信用评级的划分及等级定义

信用评级起始于美国,其中最著名的是穆迪、标准普尔和惠誉提供的信用评级。

标准普尔的长期评级主要分为投资级和投机级两大类。投资级的评级具有信誉高和资产价值高的特点,投机级的评级则信用程度较低,违约风险逐级加大。投资级包括AAA、AA、A和BBB,投机级则分为BB、B、CCC、CC、C和D。信用级别由高到低排列,AAA级具有最高信用等级;D级最低,视为对条款的违约。

从AA至CCC级,每个级别都可通过添加“+”或“-”来显示信用高低程度。例如:在AA序列中,信用级别由高到低依次为AA+、AA、AA-。

此外,标准普尔还对信用评级给予展望,显示该机构对于未来(通常是6个月至两年)信用评级走势的评价。决定评级展望的主要因素包括经济基本面的变化,展望包括“正面”(评级可能被上调)、“负面”(评级可能被下调)、“稳定”(评级不变)、“观望”(评级可能被下调或上调)和“无意义”。

资料来源:周建松,《金融学基础》,中国人民大学出版社2013年版。

四、债券的市场价格

债券交易的理论价格由现值理论得出,债券的投资收益来自每期的利息收入和到期时的债券面值。因此,债券的价格在理论上等于用当前的市场利率将未来的债息收入和债券面值折算成现在的价值。

债券的市场价格是指债券在市场中某一时点上的债券价值。债券的市场价格是随着市场利率的波动而波动的。一般来说,债券的市场价格同市场利率成反比例关系，即当市场利率上升时，债券的市场价格会下降；当市场利率下降时，债券的市场价格会上升。

1. 到期一次还本付息的债券价格

$$P=\frac{V(1+r)}{(1+i)^n}$$

其中，P 为债券理论价格，也是债券的现值；V 为债券面值；r 为债券票面利率；i 为市场利率；n 为债券持有年限。

2. 分次支付利息的债券价格

（1）单利计息的债券价格：

$$P=\frac{V(1+nr)}{1+ni}$$

（2）复利计息的债券价格：

$$P=\frac{V(1+r)^n}{(1+i)^n}$$

因此，债券的理论价格主要取决于债券面额、债券票面利率、市场利率及债券持有年限等因素。

债券的市场价格则在包括上述因素的诸多因素的影响和作用下，使某一具体债券的实际收益率不断趋近市场收益率（即市场利率）的过程中形成，并围绕着债券理论价格这一中心上下波动。

五、影响债券价格的因素

债券理论价格决定债券市场价格，而市场价格又经常背离理论价格而波动。除了市场利率和市场供求关系这两个最基本的因素外，债券市场价格的波动还受到以下因素的影响。

1. 社会经济发展状况

经济发展的不同阶段会影响到社会资金的供求变化，从而引起债券价格的变化。一般而言，在经济景气阶段，企业会增加投资，通过出售持有的国债、金融债券、其他公司债券，或者发行新的企业债券来获得资金，从而减少对债券的需求，债券供给相对增加，引起债券价格下降；反之，在经济衰退阶段，企业和金融机构都出现资金过剩，它们会将闲置资金投资于债券，并且减少自身债券的发行，从而引起债券需求相对增加，供给减少，债券价格上升。

2. 宏观经济政策

宏观经济政策的松紧程度会对金融市场产生巨大影响，从而影响债券价格的变化。如一国实行宽松的货币政策时，整个社会资金供应偏松，利率下降，债券价格会上升；反之，债券价格则下降。

3. 财政收支状况

财政收支状况也对债券价格有重大影响。财政资金宽松时，会增加银行存款和对金融债券、企业债券的持有，以提高资金效益，这样会增加债券需求并推动债券价格的上升；反之，财政资金紧张或有赤字时，会减少银行存款并发行巨额政府债券以弥补赤字，此时会带动债券供应增加和社会资金紧张，从而促使债券价格下跌。

4. 其他因素

诸如国与国之间的利差和汇率的影响等，也会对开放型金融市场中的债券价格变化产生影响。

六、债券的收益率

债券的收益率是指债券的投资收益与投资额的比率。通常用年率表示。决定债券收益率的因素主要有票面利率、期限、面值和购买价格。

$$\text{债券购买者的收益率}=\frac{(\text{到期本利和}-\text{买入价格})\div\text{剩余年限}}{\text{买入价格}}\times 100\%$$

$$\text{债券出售者的收益率}=\frac{(\text{卖出价格}-\text{发行价格})\div\text{持有年限}}{\text{发行价格}}\times 100\%$$

$$\text{债券持有期间的收益率}=\frac{(\text{卖出价格}-\text{买入价格})\div\text{持有年限}}{\text{买入价格}}\times 100\%$$

[例 6-1] 某人以 124 元的单价于 2006 年 2 月 20 日购买了一张面值 100 元、利率 8%的 2001 年 12 月 20 日发行的 5 年期国库券，如果保存到 2006 年 12 月 20 日，则：

$$\text{购买者收益率}=\frac{(140-124)\div(10\div 12)}{124}\times 100\%=15.48\%$$

$$\text{出售者收益率}=\frac{(124-100)\div(50\div 12)}{100}\times 100\%=5.76\%$$

[例 6-2] 某人 2003 年 10 月 11 日以 115 元购买了面值 100 元的 2002 年发行的 5 年期国库券，并持有到 2006 年 10 月 11 日以 138 元卖出，则：

$$\text{持有期间收益率}=\frac{(138-115)\div 3}{115}\times 100\%=6.67\%$$

本章小结

1. 债券是发行人依照法定程序发行，并约定在一定期限还本付息的有价证券。债券包含四个方面的含义：①发行人是借入资金的经济主体；②投资者是出借资金的经济主体；③发行人需要在一定时期付息还本；④债券反映了发行者与债权、债务的关系，而且是这一关系的法律凭证。

2. 债券市场的功能主要有：①融资功能。债券市场具有调剂闲散资金以及为企业、政府等资金不足者筹集资金的功能。②资金流动导向功能。效益好的企业发行的债券通常较受投资者的欢迎，因而发行利率低、筹资成本低；相反，效益差的企业所发行的债券风险相对较大，受投资者欢迎的程度较低，筹资成本较大。③宏观调控功能。作为一种间接宏观调控的重要手段，公开市场业务是中央银行通过在证券市场买卖国债或发行央行票据，调节货币的供应量。④防范金融风险。一个较为完备的债券市场可以有效地降低一国金融系统的风险。金融债的发行可以极大地补充银行的附属资本，并且在股东之外还增加了债权人的约束，有利于银行的稳健经营。

3. 债券发行是发行人以借贷资金为目的，依照法律规定的程序向投资人要约发行代表一定债权和兑付条件的债券的法律行为。债券发行是证券发行的重要形式之一，是以债券形式筹措资金的行为过程，通过这一过程，发行者以最终债务人的身份将债券转移到它的最初投资者手中。

债券发行市场是指发行人以发行债券的方式募集资金的市场，又称为一级市场或初级市场。债券发行市场由发行者、投资者、中介机构和管理者四个方面构成。

4. 发行价格是新发行的债券从发行人手中到投资者手中的初始价格。由于从票面利率的确定到债券实际发行之间存在一定的时间间隔，在这期间，市场利率可能会发生变化，因此可能会导致债券的发行价格与其票面金额不一致的情况。具体地说，债券发行价格根据市场利率的不同水平可分为以下三种：①平价发行。平价发行又称等价发行，此时，债券票面利率与市场收益率正好一致。②溢价发行。此时，市场收益率低于债券票面利率，债券以高于面额价格发行，使债券发行人筹资成本减少，投资者实际收益水平下降。③折价发行。此时，市场收益率高于债券票面利率，债券以低于券面金额价格发行，使投资者的实际收益水平不低于市场收益率。

5. 债券的发行是指债券从发行者手中转移到购买者手中的过程。债券的发行方式有公募发行和私募发行两种。公募发行即以不特定的多数人为募集对象公开发行债券。所谓的“不特定”，就是不明确地限定哪些人是债券的发行对象，而是任何投资者都可购买。一般来说，发行量大、信用水平高的发行主体，如政府、著名大公司等大多采用公募发行方式。私募发行是指只向特定的少数投资者发行债券。所谓的“特定”，是指与债券发行者有某种特殊关系的对象，如发行单位的职工、业务关系密切的企业和公司等。

6. 债券流通市场，又称二级市场，是指对已发行的债券进行买卖和转让的市场。债券一经认购，即确立了一定期限的债权债务关系。当债券持有人需要资金时，可以到二级市场出售或抵押其债券，以取得现金。债券流通市场主要有两种类型，即证券交易所交易和柜台交易。

7. 债券交易方式主要有现货交易、期货交易、期权交易和回购协议交易等。现货交易是指在达成成交协议后立即交割，或在较短的期限内交割的交易方式。期货交易是指债券交易双方在成交后按照合约规定的条件在未来某一确定远期进行交割的方式。期权又称选择权，指在未来某一特定时间或时期内买进或卖出一定数量的相关资产的权利。回购协议交易是指以债券回购协议为交易对象进行的交易。

思考题：

1. 债券市场有哪些重要的功能？
2. 什么是可转换债券？
3. 简述债券发行的方式。
4. 影响债券价格的因素有哪些？
5. 什么是债券的证券交易所交易？
6. 债券的市场价格和理论价格的区别有哪些？

操作题：

浏览相关网页，查找公司债、国债、地方债的种类和内容。

第七章　股票市场

学习目标

✧ 掌握股票的性质和种类；
✧ 了解股票发行的条件；
✧ 了解股票的发行与方式；
✧ 掌握股票发行价格的确定；
✧ 掌握股票交易的方式；
✧ 理解股票的市场价格及其影响因素；
✧ 理解股票市盈率的概念；
✧ 了解股票价格指数的编制和种类；
✧ 掌握股票收益率的计算。

引言

股票至今已有400余年的历史。世界上最早的股份有限公司诞生于1602年在荷兰成立的东印度公司。伴随着股份公司的诞生和发展，以股票形式集资入股的方式也得到发展，并且产生了买卖交易转让股票的需求，带动了股票市场的出现和形成，并促进了股票市场的完善和发展。

1611年，东印度公司的股东们在阿姆斯特丹股票交易所进行股票交易。阿姆斯特丹股票交易所成了世界上第一个股票市场。目前，股份有限公司已经成为最基本的企业组织形式之一；股票已经成为大企业筹资的重要渠道和方式，亦是投资者投资的基本选择方式；股票市场与债券市场成为证券市场的重要基本内容。

第一节　股票的性质和种类

一、股票的定义

股票是一种有价证券，是股份有限公司为筹集资金而发行给股东作为持股凭证并借以取得股息和红利的凭证。

(1) 股票是一种出资证明，当一个自然人或法人向股份有限公司参股投资时，便可获得股票作为出资的凭证；

(2) 股票的持有者凭借股票来证明自己的股东身份，参加股份有限公司的股东大会，对股份有限公司的经营发表意见；

(3) 股票持有者凭借股票参加股份有限公司的利润分配，也就是通常所说的分红，以此获得一定的经济利益。

股票作为一种所有权凭证，有一定的格式。从股票的发展历史看，最初的股票票面格式既不统一，也不规范，由各发行公司自行决定。随着股份制度的发展和完善，许多国家对股票票面格式做了规定，提出票面应载明的事项和具体要求。我国《公司法》规定，股票采用纸面形式或国务院证券管理部门规定的其他形式。股票应载明的事项主要有：公司名称、公司登记成立的日期、股票种类、票面金额及代表的股份数、股票的编号。股票由董事长签名，公司盖章。发起人的股票，应当标明“发起人股票”字样。

由于电子技术的发展与应用，我国深沪股市股票的发行和交易都借助电子计算机及电子通信系统进行，上市股票的日常交易已实现了无纸化，所以，现在的股票仅仅是由电子计算机系统管理的一组组二进制数字而已。但从法律上来说，上市交易的股票都必须具备上述内容。我国发行的每股股票的面额均为一元人民币，股票的发行总额为上市的股份有限公司的总股本数。

资料卡 我国股票市场的发展

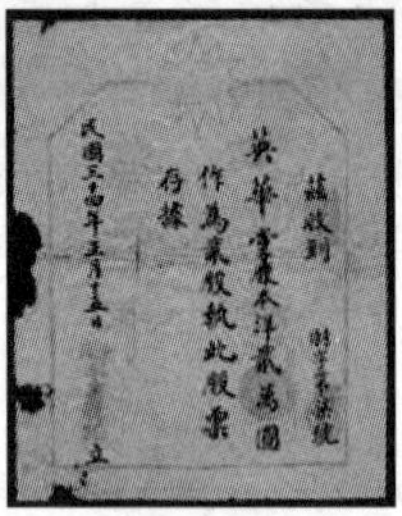

民国时期的股票

20 世纪 80 年代，中国的部分国有企业开始以股票形式筹资，并公开向社会发行，新中国的第一支股票——飞乐音响悄然诞生。1990 年 12 月 19 日，上海证券交易所的一声开市锣响，唤醒了沉睡已久的中国资本市场。

上交所开业之初，仅有 8 支上市股票，人称“老八股”。1991 年，深圳证券交易所正式开业，上市股票也仅有 6 支。屈指可数的 14 支股票，在火热的投资热情推动下，价格一路高涨。此时的证券市场，交易所、证券商和过户公司三足鼎立，没有相互的制约和监管，股市黑幕渐渐浮现。

中国证券市场合法地位的确立，让随后的沪深股市走出了一轮气势磅礴的牛市行情，股市涨幅超过 2 倍，股票供不应求。为增加供给，1992 年 8 月，深圳市宣布发行 5 亿股公众股，发售 500 万张抽签表，每张抽签表可以购 1 000 股股票。消息发布后，数百万之多的投资者涌向了深圳，抢购新股认购表。

2007 年被称作全民投资意识觉醒的一年，两市的开户数突破 1 亿，沪深股票市场的总市值一度突破 8 万亿元大关，成为全球第一大股市。2009 年，在全球仍未摆脱经济危机困扰的时候，中国经济一枝独秀，再加上中国政府出台的规模庞大的刺激计划以及央行释放出的充裕的货币，A 股一度从 1664 点回到 3651 点的高位，涨幅居全球资本市场之首。

十九年间，中国的上市公司从 1990 年的 13 家发展到 1638 家，增长了 120 倍；股票投资者开户数约 1.35 亿户，是 1992 年的 63 倍；股市市值从 1990 年的 103 亿元发展到现在的 18.7 万亿元，扩张了 1800 倍。中国股市从无到有，逐渐彰显它强大的力量。2009 年 10 月，我国 A 股持仓账户数突破 5 000 万，创出有统计以来的历史新高。业内人士认为，A 股持仓账户历史上首度突破 5 000 万，标志着我国资本市场参与群体规模达到一个新高度，同时也反映出市场投资总体氛围进一步成熟。

二、股票市场的概念

股票市场是资本市场，是最活跃、最重要的市场，其发达与否直接关系到一个国家金融市场的发达程度。股票市场是股票发行与流通市场的统称，是各市场参与主体以股票为交易对象而进行的发行、流通、买卖转让的金融市场。完整的股票市场由股票发行市场和股票流通市场构成。股票发行市场是整个股票市场的起点和股票交易的基础，股票流通市场是股票发行市场存在和发展的条件。股票发行市场的规模决定了股票流通市场的规模，并在一定程度上影响股票流通市场上股票交易的价格。而只有股票流通市场的存在，才能够吸引大量的投资者进入股票市场，这样，又推动了股票发行市场的发展。因此，股票发行市场与股票流通市场相互依存、互为补充，共同构成完整的金融市场。

三、股票的性质

1. 股票是有价证券

有价证券是财产价值和财产权利的统一表现形式。持有有价证券，一方面表示拥有一定价值量的财产，另一方面也表明有价证券持有人可以行使该证券所代表的权利。

2. 股票是要式证券

股票应记载一定的事项，其内容应全面真实，这些事项往往通过法律形式加以规定。在我国，股票应具备《公司法》规定的有关内容，如果缺少规定的要件，股票就无法律效力。而且，股票的制作和发行，须经证券主管机关的审核和批准，任何个人或者团体，不得擅自印制发行股票。

3. 股票是证权证券

证券可以分设权证券和证权证券。设权证券是指证券所代表的权利本来不存在，而是随着证券的制作而产生，即权利的发生是以证券的制作和存在为条件的。证权证券是指证券是权利的一种物化的外在形式，它是权利的载体，权利是已经存在的。

4. 股票是资本证券

股份公司发行股票是一种吸引认购者投资以筹措公司自有资本的手段。对于认购股票的人来说，购买股票就是一种投资行为。因此，股票是投入股份公司资本份额的证券化，属于资本证券。

5. 股票是综合权利证券

股票不属于物权证券，也不属于债权证券，而是一种综合权利证券。物权证券是指证券持有者对公司的财产有直接支配处理权的证券。债权证券是指证券持有者为公司债权人的证券。股票持有者作为股份公司的股东，享有独立的股东权利。

四、股票的特征

股票具有以下四个方面的特征：

1. 收益性

收益性是股票最基本的特征，它是指持有股票可以为持有人带来收益的特征。持有股票的目的在于获取收益。股票的收益来源可分成两类：一是来自股份公司。认购股票后，持有者即对发行公司享有经济权益，这种经济权益的实现形式是从公司领取股息和分享公司的红利。二是来自股票流通。股票持有者可以持股票到市场上进行交易，当股票的市场价格高于买入价格时，卖出股票就可以赚取差价收益，这种差价收益称为资本利得。

2. 风险性

风险性是指持有股票可能产生经济利益损失的特征。股票风险的内涵是预期收益的不确定性。股票可能给股票持有者带来收益，但这种收益是不确定的，股东能否获得预期的股息红利收益，完全取决于公司的盈利情况，利大多分，利小少分，无利不分；公司发生亏损时，股东要承担有限责任；公司破产时，可能血本无归。

3. 流动性

流动性是指股票可以依法自由地进行交易的特性。股票持有人虽然不能直接从股份公司退股，但可以在股票交易市场上很方便地卖出股票来变现，在收回投资（可能大于或小于原出资额）的同时，将股票所代表的股东身份及其各种权益让渡给受让者。所以，股票是流动性很高的证券。

4. 永久性

永久性是指股票所载有权利的有效性是始终不变的，因为它是一种无期限的法律凭证。股票的有效期与股份公司的存续期间相联系，两者是并存的关系，这种关系实质上反映了股东与股份公司之间比较稳定的经济关系。股票代表着股东的永久性投资，当然，股票持有者可以出售股票而转让其股东身份，而对于股份公司来说，由于股东不能要求公司退股，所以，通过发行股票筹集到的资金，在公司存续期间是一笔稳定的自有资本。

五、股票的种类

股票种类很多，可谓五花八门、形形色色。这些股票名称不同，形式和权益各异。股票的分类方法因此也是多种多样的。常见的股票类型如下。

（一）普通股和优先股

1. 普通股

普通股是随着企业利润变动而变动的一种股份，是股份有限公司资本构成中最普通、最基本的股份，是股份企业资金的基础部分。

普通股的基本特点是其投资收益（股息和分红）不是在购买时约定，而是事后根据股票发行公司的经营业绩来确定。公司的经营业绩好,普通股的收益就高;反之,若经营业绩差,普通股的收益就低。普通股是风险最大的一种股份,但又是股票中最基本、最常见的一种。在我国上交所与深交所上市的股票都是普通股。

2. 优先股

优先股是相对于普通股而言的,是股份有限公司发行的在分配红利和剩余财产时比普通股具有优先权的股份。优先股也是一种没有期限的有权凭证,优先股股东一般不能在中途向公司要求退股(少数可赎回的优先股例外)。优先股通常预先确定股息收益率。由于优先股股息率事先固定,所以,优先股的股息一般不会根据公司经营情况而增减,而且一般也不能参与公司的分红,但优先股可以先于普通股获得股息,对公司来说,由于股息固定,它不影响公司的利润分配。但是,优先股股东一般没有选举权和被选举权,对股份有限公司的重大经营无投票权。

公司股东大会需要讨论与优先股有关的索偿权,即优先股的索偿权先于普通股,而次于债权人。优先股的优先权主要表现在两个方面:①股息领取优先权。股份有限公司分派股息的顺序是优先股在前,普通股在后。股份有限公司不论其盈利多少,只要股东大会决定分派股息,优先股就可按照事先确定的股息率领取股息,即使股息减少或没有股息,优先股亦应照常分派股息。②剩余资产分配优先权。股份有限公司在解散、破产清算时,优先股具有公司剩余资产的分配优先权,不过,优先股的优先分配权在债权人之后,而在普通股之前。只有还清公司债权人债务之后,有剩余资产时,优先股才具有剩余资产的分配权。只有在优先股索偿之后,普通股才参与分配。

优先股的种类很多,为了适应一些专门想获取某些优先好处的投资者的需要,优先股有各种各样的分类方式。主要分类有以下几种:

(1) 累积优先股和非累积优先股。累积优先股是指在某个营业年度内,如果公司所获的盈利不足以分派规定的股利,日后,优先股的股东对以前为偿付的股息,有权要求如数补给。对于非累积的优先股,虽然对于公司当年所获得的利润有优先于普通股获得分派股息的权利,但如果该年公司所获得的盈利不足以按规定的股利分配时,非累积优先股的股东不能要求公司在以后年度中予以补发。一般来讲,对投资者来说,累积优先股比非累积优先股具有更大的优越性。

(2) 参与优先股与非参与优先股。当企业利润增大,除享受既定比率的利息外,还可以跟普通股共同参与利润分配的优先股,称为“参与优先股”。除了既定股息外,不再参与利润分配的优先股,称为“非参与优先股”。一般来讲,参与优先股较非参与优先股对投资者更为有利。

(3) 可转换优先股与不可转换优先股。可转换优先股，是指允许优先股持有人在特定条件下把优先股转换成为一定数额的普通股，否则，就是不可转换优先股。可转换优先股是近年来日益流行的一种优先股。

(4) 可收回优先股与不可收回优先股。可收回优先股是指允许发行该类股票的公司，按原来的价格再加上若干补偿金，将已发行的优先股收回。当该公司认为能够以较低股利的股票来代替已发生的优先股时，就往往行使这种权利。反之，就是不可收回的优先股。

优先股的收回方式有三种：①溢价方式。公司在赎回优先股时，虽是按事先规定的价格进行，但由于这往往给投资者带来不便，因而发行公司常在优先股面值上再加一笔“溢价”。②公司在发行优先股时，从所获得的资金中提出一部分款项创立“偿债基金”，专用于定期赎回已发出的一部分优先股。③转换方式，即优先股可按规定转换成普通股。虽然可转换的优先股本身构成优先股的一个种类，但在国外投资界，也常把它看成是一种实际上的收回优先股的方式，只是这种收回的主动权在投资者而不在公司手里，对投资者来说，在普通股的市价上升时，这样做是十分有利的。

资料卡　**可转换优先股**

可转换优先股是指发行后，在一定条件下允许持有者将它转换成其他种类股票的优先股票。在大多数情况下，股份公司的转换股票是由优先股票转换成普通股票，或者由某种优先股票转换成另一种优先股票。

可转换优先股的转换要求：

股份公司发行可转换优先股票，一般应在公司章程中明确规定如下的具体转换要求：

(1) 转换权限。通常规定只有股东才有转换的请求权。

(2) 转换条件。即股东在什么情况下方可行使转换请求权。

(3) 转换期限。即行使转换请求权的起始和终止时间。

(4) 转换内容。就是该股票允许转换成哪种股票。

(5) 转换手续。即行使转换时要履行哪些规定的程序。

可转换优先股的发行意义：

发行可转换优先股票，对于股份公司和投资者来说，都有一定的意义。

(1) 股份公司在其股票发行遇到困难时，可以给予优先股票认购者以转换请求权，以此来吸引更多的人购买。同时，可转换优先股票的股息率往往略低于其他种类的优先股票，也有利于减轻公司负担。

(2) 投资者投资可转换优先股票，实际上多了一个选择余地和改变资产种类的机会。比如，投资者认购该种股票后，在公司盈利较少时，可以不行使转换请求权，而继续持有优先股票以保证获取固定股息；而当公司盈利较高时，可行使转换请求权，转换成普通股票以分享丰厚的盈利。

(二) 记名股和无记名股

股票按是否记载股东姓名，可以分为记名股票和不记名股票。

1. 记名股票

所谓记名股票，是指在股票票面和股份公司的股东名册上记载股东姓名的股票。很多国家的公司法都对记名股票的有关事项做出了具体规定。一般来说，如果股票是归某人单独所有，则应记载持有人的姓名；如果股票是以国家授权投资的机构或者法人所持有，则应记载国家授权投资的机构或者法人的名称；如果股票持有者因故改换姓名或者名称，就应到公司办理变更姓名或者名称的手续。

投资者认购记名股票，不仅要在股票票面上记载其姓名，还必须把姓名和住址记入发行该股票的股份有限公司的股东名册。

2. 无记名股票

无记名股票是指股票票面不记载股东姓名的股票。此类股票与记名股票相比较，在股东权益内容上没有差别，只是股票记载方式不同。

(三) 有票面额股与无票面额股

有票面额股股票与无票面额股股票的分类，是以股票是否用票面金额加以表示为根据的。有票面额股股票是指在股票票面上记载一定金额(即票面价值)的股票。此类股票的票面金额计算方法是资本总额除以股份数。一般地，有票面额股股票的股息是用其票面金额的百分比来表示的。

第二节 股票发行市场

股票发行市场也称为一级市场，它是指股票发行人向投资者通过出售股票而筹集资金的市场，是新股发行的场所。

一、股票发行的条件

股票的发行是指股份有限公司出售股票以筹集资本的过程。我国《公司法》明确规定，只有股份有限公司才能发行股票，而有限责任公司是不能发行股票的。股份有限公司发行股票必须符合一定的条件，还要经过一定的程序。同时，在股票发行工作开始前，还要确定股票的发行价格，选择一定的发行方式。

股票发行人必须是具有股票发行资格的股份有限公司，股份有限公司发行股票，必须符合一定的条件。我国《股票发行与交易管理暂行条例》对新设立股份有限公司公开发行股票，原有企业改组设立股份有限公司公开发行股票、增资发行股票，及定向募集公司公开发行股票的条件分别做出了具体的规定。

1. 设立发行股票的条件

设立发行或称首次发行，是指发起人通过发行公司股票来募集经营资本，成立股份有限公司的行为。

根据《股票发行与交易管理暂行条例》的规定，设立发行股票应符合下列条件：

(1) 股份有限公司的生产经营符合国家的产业政策。这是为了保证国家对社会资金投向的基本流向做宏观调控而提出的要求，对涉及国家安全、国防尖端技术等行业，不得设立股份有限公司发行股票，其他大部分生产经营行业设立股份有限公司，发行股票，均应符合国家产业政策。

(2) 发行的普通股限于一种，同股同权。设立股份有限公司申请发行普通股时，只能申请发行一种，每一股份数额相等，持有相同股份数额的股东，具有同等权利。

(3) 发起人认购的股本数额不少于公司拟发行的股本总额的35%。本条件是为了维护股份公司设立和股票发行的严肃性，使发起人的利益和新设立公司的利益紧密地联系起来，强化发起人设立、经营新公司的责任感，规范发起人的发起行为，使发起人尽力履行职责，从而对发起人规定一定比例的股份认购。

(4) 在公司拟发行的股本总额中，发起人认购的部分不少于人民币3 000万元，但国家另有规定的除外。该规定旨在通过对发行公司的最小规模的限制，达到在一定程度上提高发行公司规模效益的目的。

(5) 向社会公众发行的部分不少于公司拟发行股本总额的25%，其中，公司职工认购的股本数额不得超过拟向社会公众发行的股本总额的10%；公司拟发行的股本总额超过人民币4亿元的，证监会按规定可酌情降低向社会公众发行的部分的比例，但最低不得少于公司拟发行股本总额的10%(《公司法》变更为15%)。规定社会公众的持股比例,其作用在于保障公司股票的市场流通性,扩大公司的利益。通过公众参与投资,有效地利用社会闲散资金,同时加强对公司经营管理行为的严格监督。

(6) 发起人在近3年内没有重大违法行为。

(7) 证监会规定的其他条件。

2. 发行新股的条件

股份有限公司成立后,基于增资目的而再次申请公开发行股票,在公司法中称为发行新股。新股发行除应当具备股票设立发行的条件外,还必须符合有关增资发行的特殊条件:①前一次发行的股份已经募足,并间隔1年以上;②公司在最近3年内连续盈利,并可向股东支付股利;③公司最近3年内财务会计文件无虚假记载,从前一次公开发行股票至本次申请期间,没有重大违法行为;④公司预期利润率可达同期银行存款利率;⑤前一次公开发行股票所得资金的使用与其招股说明书相同,并且资金使用效益良好。

3. 原有企业改组设立股份有限公司公开发行股票的条件

原有企业改组设立股份有限公司申请公开发行股票,除了要符合新设立股份有限公司申请公开发行股票的条件外,还要符合下列条件:

(1) 发行前一年末,净资产在总资产中所占比例不低于30%,无形资产在净资产中所占的比例不高于20%,但是国务院证券委另有规定的除外。

(2) 近3年连续盈利。

4. 已上市公司增资发行股票的条件

股份有限公司增资申请公开发行股票,除了要满足前面所列的条件外,还要满足下列条件:

(1) 前一次发行的股票已经募足,并间隔1年以上;

(2) 公司在最近3年内连续盈利,并可向股东支付股利;

(3) 公司在最近3年内财务会计文件无虚假记载,从前一次公开发行股票至本次申请期间,没有重大违法行为;

(4) 公司预期利润率可达同期银行存款利率;

(5) 前一次公开发行股票所得资金的使用与其招股说明书相符,并且资金使用效益良好。公司以当年利润分派新股,不受第(2)项规定的限制。

5. 定向募集公司公开发行股票的条件

定向募集股份有限公司申请公开发行股票,除了要符合新设立和改组设立股份有限公司公开发行股票的条件外,还应符合下列条件:

(1) 定向募集所得资金的使用同招股说明书所述内容相符,而且资金使用效益好；

(2) 距最近一次定向募集股份的时间不少于 12 个月；

(3) 从最后一次定向募集到本次公开发行期间，没有重大违法行为；

(4) 内部职工股权证按照规定发放，并且已交国家指定的证券机构集中托管；

(5) 证券委规定的其他条件。

1994 年 7 月 1 日开始实行的《公司法》对公司发行新股的条件又重新进行了规定：

(1) 前一次的股份已经募足，并间隔 1 年以上；

(2) 公司在最近 3 年内连续盈利，并可向股东支付股利；

(3) 公司在最近 3 年内财务会计文件无虚假记载；

(4) 公司预期利润率可达同期银行存款利率。

二、股票发行的方式

在各国不同的政治、经济、社会条件下，特别是金融体制和金融市场管理的差异，使股票的发行方式也多种多样。根据不同的分类方法，可以概括如下。

1. 公开发行与不公开发行

这是根据发行的对象不同来划分的。公开发行又称公募，是指事先没有特定的发行对象，向社会广大投资者公开推销股票的方式。采用这种方式，可以扩大股东的范围，分散持股，防止囤积股票或被少数人操纵，有利于提高公司的社会性和知名度，为以后筹集更多的资金打下基础；也可增加股票的适销性和流通性。公开发行可以采用股份公司自己直接发售的方法，也可以支付一定的发行费用通过金融中介机构代理。

不公开发行又叫私募，是指发行者只对特定的发行对象推销股票的方式。通常在两种情况下采用：一是股东配股，又称股东分摊，即股份公司按股票面值向原有股东分配该公司的新股认购权，动员股东认购。这种新股发行价格往往低于市场价格，事实上成为对股东的一种优待，一般股东都乐于认购。如果有的股东不愿认购，他可以自动放弃新股认购权，也可以把这种认购权转让他人，从而形成了认购权的交易。二是私人配股，又称第三者分摊，即股份公司将新股票分售给股东以外的本公司职工、往来客户等与公司有特殊关系的第三者。采用这种方式往往出于两种考虑：一是为了按优惠价格将新股分摊给特定者，以示照顾；二是当新股票发行遇到困难时，向第三者分摊以求支持。无论是股东还是私人配售，由于发行对象是既定的，因此，不必通过公募方式，这不仅可以节省委托中介机构的手续费,降低发行成本,还可以调动股东和内部职工的积极性,巩固和发展公司的公共关系。但缺点是这种不公开发行的股票流动性差,不能公开在市场上转让出售,而且也会降低股份公司的社会性和知名度,还存在被杀价和控股的危险。

2. 直接发行与间接发行

这是根据发行者推销出售股票的方式不同来划分的。直接发行又叫直接招股,是指股份公司自己承担股票发行的一切事务和发行风险,直接向认购者推销出售股票的方式。采用直接发行方式时,要求发行者熟悉招股手续,精通招股技术并具备一定的条件。如果当认购额达不到计划招股额时,新建股份公司的发起人或现有股份公司的董事会必须自己认购出售的股票。因此,直接发行只适用于有既定发行对象或发行风险小、手续简单的股票。在一般情况下,不公开发行的股票或因公开发行有困难(如信誉低所致的市场竞争力差、承担不了大额的发行费用等)的股票;或是实力雄厚,有把握实现巨额私募以节省发行费用的大股份公司股票,才采用直接发行的方式。

间接发行又称间接招股,是指发行者委托证券发行中介机构出售股票的方式。这些中介机构作为股票的推销者,办理一切发行事务,承担一定的发行风险并从中提取相应的收益。

股票的间接发行方法有三种:

一是代销,又称代理招股,推销者只负责按照发行者的条件推销股票,代理招股业务,而不承担任何发行风险,在约定期限内能销多少算多少,期满仍销不出去的股票退还给发行者。由于全部发行风险和责任都由发行者承担,证券发行中介机构只是受委托代为推销,因此,代销手续费较低。

二是承销,又称余股承购,股票发行者与证券发行中介机构签订推销合同时明确规定,在约定期限内,如果中介机构实际推销的结果未能达到合同规定的发行数额,其差额部分由中介机构自己承购下来。这种发行方法的特点是能够保证完成股票发行额度,一般较受发行者的欢迎,而中介机构因需承担一定的发行风险,故承销费高于代销的手续费。

三是包销,又称包买招股,当发行新股票时,证券发行中介机构先用自己的资金一次性地把将要公开发行的股票全部买下,然后再根据市场行情逐渐卖出,中介机构从中赚取买卖差价。若有滞销股票,中介机构减价出售或自己持有,由于发行者可以快速获得全部所筹资金,而推销者则要全部承担发行风险,因此,包销费更高于代销费和承销费。股票间接发行时究竟采用哪一种方法,发行者和推销者考虑的角度是不同的,需要双方协商确定。一般来说,发行者主要考虑自己在市场上的信誉、用款时间、发行成本和对推销者的信任程度;推销者则主要考虑所承担的风险和所能获得的收益。

3. 有偿增资、无偿增资和搭配增资

这是按照投资者认购股票时是否缴纳股金来划分的。

有偿增资，是指认购者必须按股票的某种发行价格支付现款，方能获得股票的一种发行方式。一般公开发行的股票和私募中的股东配股、私人配股都采用有偿增资的方式。采用这种方式发行股票，可以直接从外界募集股本，增加股份公司的资本金。

无偿增资，是指认购者不必向股份公司缴纳现金就可获得股票的发行方式，发行对象只限于原股东。采用这种方式发行的股票，不能直接从外办募集股本，而是依靠减少股份公司的公积金或盈余结存来增加资本金，一般只在股票派息分红、股票分割和法定公积金或盈余转作资本配股时采用无偿增资的发行方式，按比例将新股票无偿交付给原股东，其目的主要是为了股东分益，以增强股东信心和公司信誉，或为了调整资本结构。由于无偿发行要受资金来源的限制，因此，不能经常采用这种方式发行股票。

搭配增资，是指股份公司向原股东分摊新股时，仅让股东支付发行价格的一部分就可获得一定数额股票的方式。例如，股东认购面额为 100 元的股票，只需支付 50 元就可以了，其余部分无偿发行，由公司的公积金充抵。这种发行方式也是对原有股东的一种优惠，只能从他们那里再征集部分股金，很快实现公司的增资计划。

上述这些股票的发行方式，各有利弊及条件约束，股份公司在发行股票时，可以采用其中的某一方式，也可以兼采几种方式，各公司都应从自己的实际情况出发，择优选用。当前，世界各国采用最多、最普遍的方式是公开和间接发行。

资料卡 **首次公开募股(IPO)**

首次公开募股(Initial Public Offerings，简称 IPO)，是指一家企业或公司(股份有限公司)第一次将它的股份向公众出售(首次公开发行，指股份公司首次向社会公众公开招股的发行方式)。

通常，上市公司的股份是根据相应证监会出具的招股书或登记声明中约定的条款，通过经纪商或做市商进行销售。一般来说，一旦首次公开上市完成后，这家公司就可以申请到证券交易所或报价系统挂牌交易。有限责任公司在申请 IPO 之前，应先变更为股份有限公司。

另外一种获得在证券交易所或报价系统挂牌交易的可行方法，是在招股书或登记声明中约定允许私人公司将它们的股份向公众销售。这些股份被认为是“自由交易”的，从而使得这家企业达到在证券交易所或报价系统挂牌交易的要求条件。大多数证券交易所或报价系统对上市公司在拥有最少自由交易股票数量的股东人数方面有着硬性规定。

资料来源：百度百科，2015—01。

三、股票发行的程序

1. 设立股份有限公司

我国的法律法规规定，发行股票的企业必须是股份有限公司，因此，企业要想发行股票必须首先设立股份有限公司。

2. 聘请中介机构

主要是聘请有证券从业资格的会计师事务所、律师事务所和有主承销商资格的证券公司。会计师事务所负责出具审计报告，律师事务所负责出具法律意见书，证券公司负责对拟上市企业发行股票的辅导和推荐工作，辅导期为一年。辅导内容主要包括以下九个方面：

(1) 股份有限公司设立及其历次演变的合法性、有效性；

(2) 股份有限公司人事、财务、资产及供、产、销系统的独立完整性；

(3) 对公司董事、监事、高级管理人员及持有5%以上(含5%)股份的股东(或其法人代表)进行《公司法》《证券法》等有关法律法规的培训；

(4) 建立健全股东大会、董事会、监事会等组织机构，并实现规范运行；

(5) 依照股份有限公司会计制度，建立健全公司财务会计制度；

(6) 建立健全公司决策制度和内部控制制度，实现有效运作；

(7) 建立健全符合上市公司要求的信息披露制度；

(8) 规范股份有限公司和控股股东及其他关联方的关系；

(9) 公司董事、监事、高级管理人员及持有5%以上(含5%)股份的股东持股变动情况是否合规。

辅导期满6个月，应在当地省级日报上公告；如公司所在地不在省会城市，除在省级日报上公告外，还需在公司所在市、县日报上公告。

在辅导期间，主承销商应对拟发行股票的企业的董事、监事和高级管理人员进行《公司法》《证券法》等法律法规的考试。

3. 向中国证监会派出机构报送材料

中国证监会派出机构负责辖区内拟上市企业辅导工作的监督管理。辅导工作开始前10个工作日内，辅导机构应当向派出机构提交下列材料：

(1) 辅导机构及辅导人员的资格证明文件(复印件)；

(2) 辅导协议；

(3) 辅导计划；

(4) 拟发行公司基本情况资料表；

(5) 最近两年经审计的财务报告(资产负债表、损益表、现金流量表等)。

辅导期间，中国证监会派出机构可根据辅导报告所发现的问题对辅导情况进行抽查。

4. 改制辅导调查

辅导机构对拟上市公司进行辅导的期限满一年后，经辅导机构申请，中国证监会派出机构对拟上市公司的改制、运行情况及辅导内容、辅导效果进行评估和调查，并出具调查报告。辅导有效期为3年，即辅导期满后3年内，拟发行公司可以由主承销机构提出股票发行上市申请；超过3年，则须重新聘请辅导机构进行辅导。

5. 报送申请股票发行文件

拟上市公司和所聘请的证券中介机构，按照中国证监会制订的《公司公开发行股票申请文件标准格式》制作申请文件，由主承销商推荐向中国证监会申报。中国证监会收到申请文件后，在5个工作日内做出是否受理的决定。

6. 初审

中国证监会受理申请文件后，对发行人申请文件的合规性进行初审，并在30日内将初审意见函告知发行人及其主承销商。主承销商自收到初审意见之日起10日内，将补充完善的申请文件报至中国证监会。

中国证监会在初审过程中，一方面征求省级人民政府或国务院有关部门的意见，另一方面将就发行人投资项目是否符合国家产业政策征求国家发展改革委员会和国家商务部的意见，两部委自收到文件后，在15个工作日内，将有关意见函告中国证监会。

7. 发行审核委员会审核

中国证监会对按初审意见补充完善的申请文件进一步审核，并在受理申请文件后60日内，将初审报告和申请文件提交发行审核委员会审核。

发行审核委员会按照国务院批准的工作程序开展审核工作。委员会进行充分讨论后，以投票方式对股票发行申请进行表决，提出审核意见。

8. 核准发行

依据发行审核委员会的审核意见，中国证监会对发行人的发行申请做出核准或不予核准的决定。予以核准的，出具核准公开发行的文件；不予核准的，出具书面意见，说明不予核准的理由。

9. 复议

发行申请未被核准的企业，接到中国证监会书面决定之日起 60 日内，可提出复议申请。中国证监会收到复议申请后 60 日内，对复议申请做出决定。

10. 发行股票

发行人在获得中国证监会核准其公开发行股票的文件以后，就可以按照核准的发行方案发行股票。

11. 上市交易

股份有限公司发行股票后，申请其股票上市交易，必须报经国务院证券监督管理机构核准。国务院证券监督管理机构可以授权证券交易所依照法定条件和法定程序核准股票上市申请。股票上市交易申请经国务院证券监督管理机构核准后，其发行人应向证券交易所提供核准文件及有关文件。证券交易所自接到该股票发行人提交的文件之日起，在 6 个月内，安排该股票上市交易。

四、股票发行的价格

当股票发行公司计划发行股票时，就需要根据不同情况，确定一个发行价格以推销股票。一般而言，股票发行价格有面值发行、时价发行、中间价发行和折价发行等。

1. 面值发行

面值发行，即按股票的票面金额为发行价格，也称平价发行。采用股东分摊的发行方式时，一般按平价发行，不受股票市场行情的左右。由于市价往往高于面额，因此，以面额为发行价格能够使认购者得到因价格差异而带来的收益，使股东乐于认购，同时又保证了股票公司顺利地实现筹措股金的目的。

2. 时价发行

时价发行，即不是以面额，而是以流通市场上的股票价格（即时价）为基础确定发行价格。这种价格一般都是时价高于票面额，二者的差价称溢价，溢价带来的收益归该股份有限公司所有。时价发行能使发行者以相对少的股份筹集到相对多的资本，从而减轻负担，同时还可以稳定流通市场的股票时价，促进资金的合理配置。按时价发行，对投资者来说也未必吃亏，因为股票市场上行情变幻莫测，如果该公司将溢价收益用于改善经营，提高了公司和股东的收益，将使股票价格上涨；投资者若能掌握时机，适时按时价卖出股票，收回的现款会远高于购买金额。在具体决定价格时，还要考虑股票销售的难易程度、对原有股票价格是否产生冲击、认购期间价格变动的可能性等因素。因此，一般将发行价格定在低于时价约5%～10%的水平是比较合理的。

3. 中间价发行

中间价发行，即股票的发行价格取票面额和市场价格的中间值。这种价格通常在时价高于面额、公司需要增资但又需要照顾原有股东的情况下采用。中间价发行对象一般为原股东，在时价和面额之间采取一个折中的价格发行，实际上是将差价收益的一部分归原股东所有，一部分归公司所有，以用于扩大经营。因此，在进行股东分摊时要按比例配股，不改变原来的股东构成。

4. 折价发行

折价发行，即发行价格低于票面额，是打了折扣的。折价发行有两种情况：一种是优惠性的，通过折价，使认购者分享权益。例如，公司为了充分体现对现有股东优惠而采取搭配增资方式时，新股票的发行价格就为票面价格的某一折扣，折价不足票面额的部分，由公司的公积金抵补。现有股东所享受的优先购买和价格优惠的权利，就称作优先购股权。若股东自己不享用此权，他可以将优先购股权转让出售。这种情况有时又称作优惠售价。另一种情况是该股票行情不佳，发行有一定困难，发行者与推销者共同议定一个折扣率，以吸引那些预测行情要上浮的投资者认购。由于各国一般规定发行价格不得低于票面额，因此，这种折扣发行需经过许可，方能实行。

第三节　股票的交易

股票交易市场是已经发行的股票按时价进行转让、买卖和流通的市场，包括交易所市场和场外交易市场两部分。由于它是建立在发行市场基础上的，因此又称作二级市场。目前，发达国家的股票流通市场基本有两个层次，即场内交易市场和场外交易市场。场内交易市场是证券交易所组织的有固定的交易场所和交易时间的集中交易市场，在许多国家它还是唯一合法的证券交易场所。

一、证券交易所

证券交易所是有组织地进行证券交易的固定场所，同时具有经济学和法学上的双重性质。证券交易所是依据国家有关法律，经政府证券主管机关批准设立的集中进行证券交易的有形场所。在我国内地有两家证券交易所，即上海证券交易所和深圳证券交易所。

（一）证券交易所的组织形式

世界各国证券交易所的组织形式大致可分为两类：

1. 公司制证券交易所

公司制证券交易所是由银行、证券公司、投资信托机构及各类民营公司等共同投资入股建立起来的公司法人。公司制的证券交易所对在本所内的证券交易员有担保责任，因此，通常设有赔偿基金，或向国库缴纳营业保证金，以赔偿因该所成员违约而遭受损失的投资者。公司制的证券交易所通常规定，证券商及其股东或经理人不得担任证券交易所的董事、监事或经理，以保证交易所经营者与交易参与者的分离。目前，世界上实行公司制的证券交易所的国家和地区主要有加拿大、澳大利亚、日本、中国香港、马来西亚、新加坡、印度、阿根廷、智利、哥伦比亚。瑞士的日内瓦证券交易所、美国的纽约证券交易所也实行公司制。公司制证券交易所大多是盈利性组织，但加拿大、日本的证券交易所，美国的纽约证券交易所以及印度的一些证券交易所则是非盈利性的。

2. 会员制证券交易所

会员制证券交易所是以会员协会形式成立的不以盈利为目的的组织，主要由证券商组成，只有会员及享有特许权的经纪人才有资格在交易所中进行证券交易，会员对证券交易所的责任仅以其缴纳的会费为限。会员制证券交易所通常也都是法人，属于社团法人，但也有一些会员制证券交易所不是法人组织，其原因主要是为避免司法部门对它的内部规定进行干预。法人证券交易所的会员可包括法人和自然人会员两种，而非法人证券交易所的会员仅限于自然人。目前，美国、欧洲大多数国家以及巴西、泰国、印度尼西亚、南非等国的证券交易所均实行会员制，中国上海、深圳的证券交易所也属于会员制。1993 年，国务院证券委员会发布的《证券交易所管理暂行办法》规定：证券交易所是不以盈利为目的，为证券的集中和有组织地交易提供场所、设施，并履行相关职责，实行自律性管理的会员制事业法人。

（二）证券交易所的参与者

不论是公司制的交易所还是会员制的交易所，其参加者都是证券经纪人和自营商。

1. 会员

会员包括股票经纪人、证券自营商及专业会员。

股票经纪人主要是指佣金经纪人，即专门替客户买卖股票并收取佣金的经纪人。交易所规定，只有会员才能进入大厅进行股票交易。因此，非会员投资者若想在交易所买卖股票，就必须通过经纪人。

股票自营商是指不是为顾客买卖股票，而为自己买卖股票的证券公司，根据其业务范围可以分为直接经营人和零数交易商。直接经营人，是指在交易所注册的、可直接在交易所买卖股票的会员，这种会员不需支付佣金，其利润来源于短期股票价格的变动。零数交易商，是指专门从事零数交易的交易商(零数交易是指不够一单位所包含的股数的交易)，这种交易商不能收取佣金，其收入主要来源于以低于整份交易的价格从证券公司客户手中购入证券，然后以高于整份交易的价格卖给零数股票的购买者所赚取的差价。

专业会员是指在交易所大厅专门买卖一种或多种股票的交易所会员，其职责是就有关股票保持一个自由的、连续的市场。专业会员的交易对象是其他经纪人，按规定不能直接同公众买卖证券。在股票交易时间，专业会员既可以经纪人身份，也可以自营商身份参与股票的买卖业务，但不能同时身兼二职参与股票买卖。

2. 交易人

交易人进入交易所后，就被分为特种经纪人和场内经纪人。

特种经纪人是交易所大厅的中心人物，每位特种经纪人都身兼数职，主要有：充当其他股票经纪人的代理人；直接参加交易，以轧平买卖双方的价格差距，促成交易；在大宗股票交易中扮演拍卖人的角色，负责对其他经纪人的出价和开价进行评估，确定一个公平的价格；负责本区域交易，促其成交；向其他经纪人提供各种信息。

场内经纪人主要有佣金经纪人和独立经纪人。佣金经纪人是指接受客户委托，在交易所中代替客户买卖并按固定比例收取佣金的经纪人。独立经纪人主要是指一些独立的个体企业家。一个公司如果没有自己的经纪人，就可以成为独立经纪人的客户，每做一笔交易，公司须付一笔佣金。在实践中，独立经纪人都会竭力按公司要求进行股票买卖，以获取良好信誉和丰厚报酬。

3. 客户和经纪人之间的关系

在股票投资交易活动中，客户与经纪人是相互依赖的关系，主要表现在下列四方面。

(1) 授权人与代理人的关系。客户作为授权人，经纪人作为代理人，经纪人必须为客户着想，为其利益提供帮助。经纪人所得收益为佣金。

(2) 债务人与债权人的关系。这是在保证金信用交易中，客户与经纪人之间关系的表现。客户在保证金交易方式下购买股票时，仅支付保证金若干，不足的数额向经纪人借款。不管该项借款是由经纪人贷出或由商业银行垫付,这时的经纪人均为债权人,客户均为债务人。

(3) 抵押关系。客户在需要款项时,须持股票向经纪人作抵押借款,客户为抵押人,经纪人为被抵押人,等以后股票售出时,经纪人可从其款项中扣除借款数目。在经纪人本身无力贷款的情况下,可以以客户的股票向商业银行再抵押。

(4) 信托关系。客户将资金和证券交由经纪人保存,经纪人为客户的准信托人。经纪人在信托关系中不得使用客户的财产为自身谋利。客户若想从事股票买卖,须先在股票经纪人公司开立账户,以便获得各种必要资料,然后再行委托;而经纪人则不得违抗或变动客户的委托。

(三) 证券交易所的管理

在我国,证券交易所由所在地市的人民政府管理,中国证券监督管理委员会监督。证券交易所的管理主要包括下列内容。

1. 证券交易所的设立和解散

设立证券交易所,由国务院证券管理委员会审核,报国务院批准。在实践中,申请设立证券交易所应当向国务院证券管理委员会提交下列文件:申请书,章程和主要业务规则草案,拟加入委员会名单,理事会候选人名单及简历,场地、设备及资金情况说明,拟任用管理人员的情况说明,等等。其中,证券交易所章程的事项主要有:设立目的,名称,主要办公及交易场所和设施所在地,职能范围,会员资格和加入、退出程序,会员的权利和义务,对会员的纪律处分,组织机构及其职权,高级管理人员的产生、任免及其职责,资本和财务事项,解散的条件和程序,等等。

如果证券交易所出现章程规定的解散事由,由会员决议解散的,经国务院证券管理委员会审核同意后,报国务院批准解散。如果证券交易所有严重违法行为,则由国务院证券管理委员会做出解散决定,报国务院批准解散。

2. 证券交易所的职能

证券交易所应当创造公开、公平的市场环境,提供便利条件,从而保证股票交易的正常运行。证券交易所的职责主要包括:提供股票交易的场所和设施,制订证券交易所的业务规则,审核批准股票的上市申请,组织、监督股票交易活动,提供和管理证券交易所的股票市场信息,对会员和上市公司进行监管,设立证券登记结算机构,管理和公布市场信息,证监会许可的其他职能。

证券交易所不得直接或者间接从事以下事项:以营利为目的的业务,新闻出版业,发布对证券价格进行预测的文字和资料,为他人提供担保,未经证监会批准的其他业务。证券交易所上市新的证券交易品种，应当报证监会批准。证券交易所以联网等方式为非本所上市的证券交易品种提供证券交易服务，应当报证监会批准。证券交易所应当在其职能范围内制订和修改业务规则。证券交易所制订和修改业务规则，由证券交易所理事会通过，报证监会批准。

3. 证券交易所的业务规则

证券交易所的业务规则包括上市规则、交易规则及其他与股票交易活动有关的规则。具体地说，应当包括下列事项：股票上市的条件、申请程序以及上市协议的内容及格式，上市公告书的内容及格式，交易股票的种类和期限，股票的交易方式和操作程序，交易纠纷的解决，交易保证金的交存，上市股票的暂停、恢复和取消交易，证券交易所的休市及关闭，上市费用、交易手续费的收取，该证券交易所股票市场信息的提供和管理，对违反证券交易所业务规则行为的处理，等等。

4. 证券交易所的组织

证券交易所设会员大会、理事会和专门委员会。

会员大会为证券交易所的最高权力机构，每年至少召开一次。会员大会的职权主要有：制订证券交易所章程，选举和罢免理事，审议、通过理事会、总经理的工作报告，审议、通过证券交易所的财务预算、决算报告，决定证券交易所的其他重大事项。

理事会对会员大会负责，是证券交易所的决策机构，每届任期 3 年。理事会的职责主要包括：执行会员大会的决议，拟订、修改证券交易所的业务规则，聘任总经理和根据总经理的提名聘任副总经理，审定总经理提出的工作计划，财务预算及决算方案，审定对会员的接纳与处分，根据需要决定专门委员会的设置，等等。证券交易所设总经理 1 人，副总经理 1～3 人，总经理与副总经理的任期为 3 年。总经理在理事会的领导下负责证券交易所的日常管理工作，是证券交易所的法定代表人。总经理因故不能履行职责时，由副总经理代其履行职责。

专门委员会主要有上市委员会和监察委员会。上市委员会由 13 名委员组成（律师、注册会计师、证券交易所所在地会员和外地会员代表各 2 人；中国证券监督管理委员会和证券交易所所在地人民政府授权的机构各委派 1 人；证券交易所理事长、总经理；证券交易所其他理事 1 人，其职责主要有审批股票的上市及拟订上市规定和提出修改上市规则的建议）。监察委员会由 9 名委员组成（证券交易所所在地会员 2 人，外地会员 4 人，律师、注册会计师各 1 人，理事 1 人），每届任期 3 年，其主要职责有：监察理事、总经理等高级管理人员执行会员大会、理事会决议的情况，监察理事、总经理及其他工作人员遵守法律、法规和证券交易所章程、业务规则的情况，监察证券交易所的财务情况，等等。

（四）对股票交易的监管

证券交易所对股票交易活动的监管主要包括下列内容：

（1）证券交易所应当即时公布行情，并按日制作股票行情表，记载并以适当方式公布下列事项：上市股票的名称，开市、最高、最低及收市价格，与前一交易日收市价比较后的涨跌情况，成交量、值的分计及合计，股票指数及其涨跌情况，等等。

（2）证券交易所应当就市场内的成交情况编制日报表、周报表、月报表和年报表，并及时向社会公布。

（3）证券交易所应当监督上市公司按照规定披露信息。

（4）证券交易所应当与上市公司订立上市协议，以确定相互间的权利义务关系。

（5）证券交易所应建立上市推荐人制度，以保证上市公司符合上市要求。

（6）证券交易所应当依照股票法规和证券交易所的上市规则、上市协议的规定，或者根据中国证券监督管理委员会的要求，对上市股票做出暂停、恢复或者取消其交易的决定。

（7）证券交易所应当设立上市公司的档案资料，并对上市公司的董事、监事及高级管理人员持有上市股票的情况进行统计，并监督其变动情况。

（8）证券交易所的会员应当遵守证券交易所的章程、业务规则，依照章程、业务规则的有关规定向证券交易所缴纳席位费、手续费等费用，并缴存交易保证金。

（9）证券交易所的会员应当向证券交易所和中国证券监督管理委员会提供季度、中期及年度报告，并主动报告有关情况；证券交易所有权要求会员提供有关报表、账册、交易记录及其他文件。

（五）对证券交易所的管理与监督

（1）证券交易所不得以任何方式转让其依照股票交易法规取得的设立及业务许可。

（2）证券交易所的非会员理事及其他工作人员不得以任何形式在证券交易所会员公司兼职。

（3）证券交易所的理事、总经理、副总经理及其他工作人员不得以任何方式泄露或者利用内幕信息，不得以任何方式从证券交易所的会员、上市公司获取利益。

(4) 证券交易所的高级管理人员及其他工作人员在履行职责时，凡有与本人有亲属关系或者其他利害关系情形时，应当回避。

(5) 证券交易所应当建立符合股票监督管理和实施监控要求的系统，并根据证券交易所所在地人民政府和中国证券监督管理委员会的要求，向其提供股票市场信息。

(6) 证券交易所所在地人民政府授权机构和中国证券监督管理委员会有权要求证券交易所提供会员和上市公司的有关材料。

(7) 证券交易所应当于每一年财政年度终了后 3 个月内，编制经具有股票从业独立核算资格的会计师事务所审计的财务报告，报证券交易所所在地人民政府授权机构和中国证券监督管理委员会备案，同时抄报国务院证券管理委员会。

(8) 证券交易所不可预料的偶发事件导致停市，或者为维护证券交易所正常秩序采取技术性停市措施，必须立即向证券交易所所在地人民政府和中国证券监督管理委员会报告，并抄报国务院证券管理委员会。

(9) 证券交易所所在地人民政府授权机构和中国证券监督管理委员会有权要求证券交易所提供有关业务、财务等方面的报告和材料，并有权派员检查证券交易所的业务、财务状况以及会计账簿和其他有关资料。

(10) 证券交易所应当按照国家有关规定，将其会员缴存的交易保证金存入银行专门账户，不得擅自使用。

(11) 证券交易所、证券交易所会员涉及诉讼，以及这些单位的高级管理人员因履行职责涉及诉讼或者依照股票法规应当受到解除职务的处分时，证券交易所应当及时向证券交易所所在地人民政府授权机构和中国证券监督管理委员会报告。

资料卡　上海证券交易所简介

上海证券交易所(以下简称“上证所”)成立于 1990 年 11 月 26 日，同年 12 月 19 日开业，归属中国证监会直接管理。秉承“法制、监管、自律、规范”的八字方针，上证所致力于创造透明、开放、安全、高效的市场环境，切实保护投资者权益，其主要职能包括：提供证券交易的场所和设施；制订证券交易所的业务规则；接受上市申请，安排证券上市；组织、监督证券交易；对会员、上市公司进行监管；管理和公布市场信息。

上证所下设办公室、人事(组织)部、党办纪检办、交易管理部、发行上市部、公司管理部、会员部、债券基金部、国际发展部、产品开发部、市场监察部、法律部、投资者教育部、技术中心、信息中心、研究中心、财务部、稽核部、行政服务中心(保卫部)、北京中心等二十个部门,以及两个子公司——上海证券通信有限责任公司、上证所信息网络有限公司,通过它们的合理分工和协调运作,有效地担当起证券市场组织者的角色。

经过多年的持续发展,上海证券市场已成为中国内地首屈一指的市场,上市公司数、上市股票数、市价总值、流通市值、证券成交总额、股票成交金额和国债成交金额等各项指标均居首位。截至 2008 年年底,上证所拥有 864 家上市公司,上市证券数 1 184 个,股票市价总值 97 251.91 亿元。

资料来源:上海证券交易所网站。

二、股票交易

股票交易根据交易场所的不同,划分为交易所交易(场内交易)和场外交易两类。

交易所交易程序大致是:①选择证券经纪商;②开户,与经纪商签订买卖股票的契约;③着手股票买卖,投资者可随时通知受托经纪商办理股票买卖;④经纪商接到委托通知后,即与派驻在交易大厅的代表人联系,代为完成交易,并将"成交通知单"送达客户;⑤买卖成交后,投资者应在规定时间完成交割;⑥过户,即办理变更股东名簿记载。

(一) 股票交易的程序

1. 开设股票账户

客户欲进入股市必须先开立股票账户,股票账户是投资者进入市场的通行证,只有拥有它,才能进场买卖证券。

(1) 开设股票账户所需要提供的证件。股票账户可分为个人账户与法人账户两种。个人开户,个人投资者必须持有本人有效身份证件(一般为本人身份证)。法人开户,所需提供的资料有:有效的法人证明文件(营业执照)及其复印件,法人代表证明书及其本人身份证、法人委托书及受托人身份证。上海证交所的股票账户由交易所所属的证券登记公司集中统一管理,具体的开户手续委托有关机构办理。在深圳证交所开立股票账户,除了提供本人身份证外,还需提供指定的银行存折。深圳的开户工作由深圳证券登记公司统一受理。自然人或法人可到所选择的证券经营机构所在地的证券登记机构办理开户手续。

(2) 开设股票账户所需提供的资料。个人投资者在开设股票账户时,应详细提供本人和委托人的详细资料,包括本人和委托人的姓名、性别、身份证号码、家庭地址、职业、联系电话等。法人投资者应提供法人地址、电话、法定代表人和授权证券交易执行人的姓名、性别、书面授权书、开户银行账户和账号、邮编、机构性质等。

(3) 开设股票账户的基本条件。根据国家有关规定,下列人员不得办理股票开户:证券主管机关中管理证券事务的有关人员,证券交易所管理人员,证券经营机构中与股票发行或交易有直接关系的人员,与发行者有直接行政隶属或管理关系的机关工作人员,其他与股票发行或交易有关的知情人。在办理上海证券交易所的股票证券账户后,需办理指定交易,即可指定该账户在某一证券商处进行交易。此种指定交易随时可以办理,也可随时撤销。深圳证券交易所的股票账户开设后,只能在指定的证券机构办理委托买卖。投资者如需在其他证券经营机构委托,必须事先办理转托管手续。

随着证券市场的发展,股票账户的功能不再限于股票,已扩大至基金、股权证、无纸化国债等。

2. 开设资金账户

办理了股票账户后,还需办理资金账户。目前在上交所系统,资金账户在证券机构开立且仅在该机构有效。证券经营机构按银行活期存款利率对投资者资金账户上的存款支付利息。开立资金账户所需文件及资料基本与股票账户相同。目前,股票账户与资金账户功能合二为一的磁卡账户也逐渐普及,以便整个资金账户联网后,就可集中办理清算工作。

3. 客户填写委托单

客户在办妥股票账户与资金账户后,即可进入市场买卖。客户填写的买卖证券的委托单是客户与证券商之间确定代理关系的文件,具有法律效力。委托单一般为二联或三联,一联由证券商审核盖章确认后交由客户,一联由证券商据以执行。买卖成交后,客户凭委托单前往证券商处办理清算与交割。如果成交结果与委托单内容不符,客户可凭委托单向证券商提出交涉,维护自己的合法权益。

4. 证券商受理委托

证券商受理委托包括审查、申报与输入三个基本环节。目前,除这种传统的三个环节方式外,还有两种方式:一是审查、申报、输入三环节一气呵成,客户采用自动委托方式输入电脑,电脑进行审查确认后,直接进入场所内计算机主机;二是证券商接受委托审查后,直接进行电脑输入。

5. 撮合成交

现代证券市场的运作是以交易的自动化和股份清算与过户的无纸化为特征,电脑撮合集中交易作业程序是:证券商的买卖申报由终端机输入,每一笔委托由委托序号（即客户委托时的合同序号）、买卖区分（输入时分别由 0、1 表示）、证券代码（输入时用指定的 4 位或 6 位数字，而回显时用汉字列出证券名称）、委托手续、委托限价、有效天数等几项信息组成。电脑根据输入的信息进行竞价处理（分集合竞价和连续竞价），按“价格优先，时间优先”的原则自动撮合成交。

6. 清算与交割

清算，是指证券买卖双方在证券交易所进行的证券买卖成交之后，通过证券交易所将证券商之间证券买卖的数量和金额分别予以抵消，计算应收、应付证券和应付股金的差额的一种程序。目前，深市是“集中清算与分散登记”模式，上海股市是“集中清算与集中登记”模式。

交割，是指投资者与受托证券商就成交的买卖办理资金与股份清算业务的手续，深沪两地交易均根据集中清算净额交收的原则办理。

7. 过户

所谓过户，就是办理清算交割后，将原卖出证券的户名变更为买入证券的户名。对于记名证券来讲，只有办妥过户，才表明拥有完整的证券所有权。目前，在两个证券交易所上市的个人股票通常不需要股民亲自去办理过户手续。A 股买卖交易即按上述规程完成。股票交易程序如图 7－1 所示。

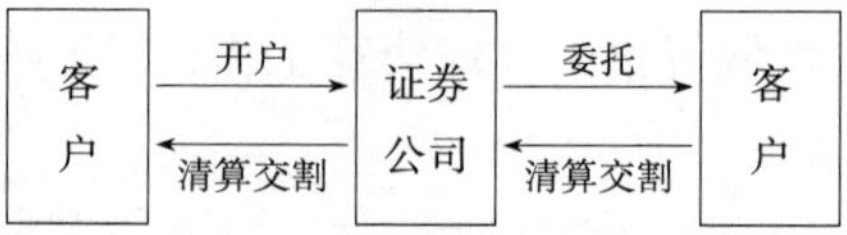

图 7－1　股票交易程序

（二）股票交易的方式

以股票流转买卖的时间差异，即股票交易的双方当事人从订约到履约期限长短作为标准，股票交易方式可以划分为现货交易、期货交易、信用交易等多种。

1. 现货交易

它是指股票的买卖双方在谈妥一笔交易后，马上办理交割手续的交易方式，即卖出者交出股票，买入者付款，当场交割，钱货两清。它是证券交易中最古老的交易方式，最初的证券交易都是采用这种方式进行。以后，由于交易数的增加等多方面的原因，使得当场交割有一定困难。因此，在以后的实际交易过程中采取了一些变通的做法，即成交之后允许有一个较短的交割期限，以便大额交易者备款交割。各国对此规定不一，有的规定成交后第二个工作日交割；有的规定得长一些，允许成交后四五天内完成交割。究竟成交后几日交割，一般都是按照证券交易的规定或惯例办理，各国不尽相同。

现货交易有以下几个显著特点：第一，成交和交割基本上同时进行。第二，是实物交易，即卖方必须实实在在地向买方转移证券，没有对冲。第三，在交割时，购买者必须支付现款。由于在早期的证券交易中大量使用现金，所以，现货交易又被称为现金现货交易。第四，交易技术简单，易于操作，便于管理。一般说来，现货交易是投资，它反映了购入者有进行较长期投资的意愿，希望能在未来的时间内，从证券上取得较稳定的利息或分红等收益，而不是为了获取证券买卖差价的利润而进行的投机。

2. 期货交易

期货交易是指买卖双方成交后，按契约中规定的价格延期交割，期限一般为15～90天。期货交易是相对于现货交易而言的，现货交易是成交后即时履行合约的交易，期货交易则将订约与履行的时间分离开来。在期货交易中，买卖双方签订合同，并就买卖股票的数量、成交的价格及交割期达成协议，买卖双方在规定的交割期履行交割。比如，买卖双方今日签订股票买卖合约，而于30日后履约交易就是期货交易。在期货交易中，买卖双方签订合约后不用付款也不用交付证券，只有到了规定的交割日，买方才交付货款，卖方才交出证券。结算时是按照买卖契约签订时的股票价格计算的，而不是按照交割时的价格计算。在实际生活中，由于种种原因，股票的价格在契约签订时和交割时常常不一致。当股票价格上涨时，买者会以较小的本钱带来比较大的利益；当股票价格下跌时，卖者将会取得较多的好处。所以，这种本小利大的可能性，对买者和卖者都有强烈的吸引力。

期货交易根据合同清算方式的不同又可分为两种。第一种，在合同到期时，买方须缴付现款，卖方则须交出现货，即合同规定的股票；第二种，在合同到期时，双方都可以做相反方向的买卖，并准备冲抵清算，以收取差价而告终。上述第一种方法通常称为期货交割交易，第二种方法通常称作差价结算交易。这两种交易方法的总和，又称为清算交易。

投资者进行期货交易的目的又可以分为两种；第一，以投机为目的，在这种条件下，买方与卖方都是以预期价格的变动为基础，或买或卖，买方期望到期价格上升，准备到期以高价卖出，谋取价差利润；卖方期望证券价格下跌，以便到期以较低的价格买进，冲销原先卖出的期货合同，并赚取价差利润。第二，以安全为目的，在这种情况下的期货交易就是买卖双方为避免股票价格变动的风险，而进行的期货股票买卖。

3. 信用交易

信用交易，又称垫头交易，是指证券公司或金融机构供给信用，使投资人可以从事买空、卖空的一种交易制度。在这种方式下，股票的买卖者不使用自己的资金，而通过缴付保证金得到证券公司或金融机构的信用，即由证券公司或金融机构垫付资金进行买卖的交易。各国因法律不同，保证金数量也不同，大都在30%左右。一些股票交易所又把这种交付保证金，由证券公司或金融机关垫款，进行股票买卖的方式，称为保证金交易。

4. 期权交易

股票期权交易是西方股票市场中相当流行的一种交易策略。期权的英文为option，也常译为选择权。期权实际上是一种与专门交易商签订的契约，规定持有者有权在一定期限内按交易双方所商定的"协定价格"，购买或出售一定数量的股票。对购买期权者来说，契约赋予他的是买进或卖出股票的权利，他可以在期限以内任何时候行使这个权利，也可以到期不执行，任其作废。但对出售期权的专门交易商来说，则有义务按契约规定出售或购进股票。股票的期权交易并不是以股票为标的物的交易，而是以期权为中介的投机技巧。

期权交易需要考虑的因素大体上有三方面：第一是期权的期限，即期权的有效期，它是期权交易的重要内容，一般为3个月左右，各交易所对此都定有上限；第二是交易股票的种类、数量和协定价格；第三是期权费，亦称保险费，是指期权的价格。

期权交易最显著的特点是：①交易的对象是一种权利，一种关于买进或卖出证券权利的交易，而不是任何实物。这种权利具有很强的时间性，它只能在契约规定的有效日期内行使，一旦超过契约规定的期限，就被视为自动弃权而失效。②交易双方享受的权利和承担的义务不一样。对期权的买入者，享有选择权，他有权在规定的时间内，根据市场情况决定是否执行契约。③期权交易的风险较小。对于投资者来说，利用期权交易进行证券买卖，其最大的风险不过是购买期权的费用。

第四节　股票的价格及其投资收益

一、股票的价值与价格

（一）股票的价值

从本质上讲，股票自身并没有价值，也不可能有价格。它仅仅是用以证明持有人具有的财产权利的法律凭证，并不具备普通商品所包含的使用价值，也没有形成价格的劳动价值。然而，股票在实际生活中却存在着价值，因为它代表着获取收益的权利，能够给持有人带来股息、红利收入。所以，股票的价值就是用货币来衡量的作为获利手段的价值。股票流通转让的实质就是这种获利凭证的让渡，作为一种虚拟资本，股票价值有四种形式。

(1) 票面价值，通常指面值，是股份有限公司在其发行的股票上标明的票面金额。

(2) 账面价值，又称净值，是股票所包含的实际资产价值。

(3) 清算价值，是股份有限公司进行清算时，股票每股所代表的实际价值。

(4) 市场价值，是股票在股票市场进行交易的过程中具有的价值。

(二) 股票的价格

狭义的股票价格，通常指的就是股票交易价格。广义的股票价格则包括股票的发行价格和交易价格这两种形式。还有一种外延更为宽泛的股票价格，它包括股票的票面价值、账面价值、清算价格、理论价格和发行价格、交易价格。在股票投资活动中，经常运用的是狭义的股票价格概念。

股票的价格有几种，常见的有票面价、发行价、账面价和市场价。

1. 股票票面价

股票票面价简称为股票面值，是指股票票面标明的价值。目前我国股票面值均为 1 元。

2. 股票发行价

股票发行价是在发行市场上出售股票时的价格，可能与股票面值不同。

3. 股票账面价

股票账面价又叫每股净值，是指每股所代表的净资产数量。

股票账面价＝(总资产－总负债)÷股本

＝净资产÷股本

4. 股票市场价

股票市场价简称市价，也叫股票的交易价格，即股票在交易市场上流通转让时的价格。

股票价格一般指股票的市场价格。市场价格在每个交易日过程中是时刻变化的，同一种股票的每一笔成交价都可能不同，在观看市场价格时需要注意如下几种市场价格。

(1) 开盘价。开盘价是指每个交易日的第一笔成交的价格，这是传统的开盘价的定义。由于存在人为地制造出不合理的开盘价的弊端，目前我国证券市场采用集合竞价的方式产生开盘价，减少了传统开盘价的缺陷。

(2) 最高价。最高价是在每个交易日中，成交价格曾经出现过的最高的价格。

(3) 最低价。最低价是在每个交易日中，成交价格曾经出现过的最低的价格。

(4) 收盘价。收盘价是指一支股票在每个交易日中最后一笔成交价。为避免人为操纵，增加参考性，我国采取的是最后一分钟成交的加权平均价。它是多方和空方经过一天的争斗最终达成的共识，是供需双方最后的暂时平衡点，具有指明当前价格位置的重要功能。

股票交易价格的最大特点，表现于其事先的不确定性，表现于它总处在不断变动之中，而且这种变动是连续性的、非间断性的。这与其票面价值、账面价值、清算价格和发行价格显然不同。股票的票面价值、账面价值、清算价格和发行价格一般都是事先确定的，即使在不同时期、不同条件下会有所变化，但这种变化也只是非连续性的、间断性的。股票交易价格的这一特点，正是股票的最吸引人之处。因为，只有交易价格的不断变化，投资者才有可能通过不停地买卖股票而获得差价收益。

5. 股票的理论价格

股票代表的是持有者的股东权，这种股东权的直接经济利益，表现为股息、红利收入。而所谓的股票理论价格，就是为获得这种股息、红利收入的请求权而付出的代价(机会成本)，是股息资本化的表现。

股息收入与利息收入具有同样的意义，对于投资者来说，是把资金投资于股票还是存入银行，这首先取决于哪方的投资收益率高。按照等量资本获得等量收入的理论，如果股息率高于利息率，人们对股票的需求就会增加，股票价格就会上涨，从而股息率就会下降，一直降到股息率与市场利息率大体一致为止。按照这种分析，即可以得出股票的理论价格公式：

$$股票理论价格=股息红利收益\div 利息率$$

股票的理论价格不等于股票的市场价格(实际交易价格)，甚至两者有相当大的差距。但是，它对于预测股票市场价格的变动趋势提供了重要依据，同时，也是股票市场价格形成的一个基础性因素。

二、股票价格的形成基础

股票有两种基本价格：一是发行价格，一是流通价格。影响这两种价格变化的因素是不完全相同的。而一般所讲的股票价格，都是指股票在流通市场上的交易价格，因为最能反映股票特性和投资者最关心的，也是股票的交易价格。

股票价格也称股票行市，是指股票在流通市场上买卖的价格。在股票发行市场上，其发行价格可能高于或低于股票值，但不会偏离面值过多。而在股票流通市场上，股票的价格与原来的面值或发行价格往往会发生较大的偏离。股票行市的最大特点是波动性较强，有时可能出现暴涨或暴跌。

从股票的本质上讲，形成股票价格的基础，是股票的价值或其所代表的所有者权益(公司资产净值)。但对于股票认购者来讲，其最初的动机是为了获取股息、红利收入，是否投资股票，将取决于认购者对股票预期股利收益与当前市场利率的比较。这样，股票行市的形成就主要取决于两个因素：一是预期股利收益，二是市场利率。股票行市与预期股利收益成正比，而与市场利率成反比。用一个非恒等、非规范的公式来表示就是：

股票行市＝预期股利收益÷市场利率

这个等式关系表明：在预期股利收益一定的情况下，市场利率较高，意味着以同样的本金存入银行可以取得较高利息收入，要获得同样收益水平，就得提高预期股利收益水平，在股利收益一定的情况下，只能降低股票价格，以较少的本金购买股票。反之，如果市场利率(包括存款利率)较低，要获得同银行一样的收益率，就得降低股利收益率，在股利收益率一定的情况下，就只有提高股票价格，以较高的本金取得与存款同样利息收入的股利收入。当预期股利率高于当前市场利率时，人们就会选择购买股票，从而增加对股票的需求，推动股票价格的上涨；反之，就会推动股价下跌。

三、股票价格变动的影响因素

证券市场上，股票的价格受到各种因素的影响，有国际、国内的因素，也有政治、经济的因素，只要一些因素的变化能影响某个地区和某个国家的经济，则必然能对该地区、该国家的股票市场发生直接影响。以下从经济因素、市场因素、非经济因素三个方面，全面地考察影响我国股票市场价格波动的基本因素。

(一) 宏观经济因素

宏观经济因素对各种股票价格具有普遍的、不可忽视的影响，它直接或间接地影响股票的供求关系，进而影响股票的价格变化。宏观经济因素主要包括经济增长、经济周期、通货膨胀、国际收支、国际金融市场、财政收支、利率等。

1. 经济增长

经济增长主要是指一国在一定时期内国民生产总值的增长率。一般来讲，股票价格是与经济增长同方向运动的。对经济增长的预期，也是对经济景气的预期，在一定程度上也是对社会需求的预期。经济增长加速，社会需求将日益旺盛，从而会推动股票价格的上涨。

2. 经济周期

经济周期表现为扩张和收缩的交替出现，在经济的收缩、复苏、繁荣和衰退四个阶段，股市也随之呈周期性波动，成为决定股价长期走势的最重要因素。通过对国内生产总值(GDP)、经济增长率、通胀率、失业率、利率等指标的分析，判断出经济周期的发展阶段。有实证分析表明，我国股市波动比宏观经济周期的波动超前大约4～6个月。

3. 通货膨胀

通货膨胀对经济的影响是多方面的，总的来看会影响收入和财产的再分配，改变人们对物价上涨的预期，影响到社会再生产的正常运行。因此，通货膨胀对股价的影响也是复杂的。而通货紧缩则会对经济产生负面影响。就我国股市而言，通货膨胀在适度范围内发生，股价波动与之呈现正相关关系，但通货膨胀严重时，股价波动与之呈反方向变动。

4. 国际收支

国际收支差额通过影响一国国内资金供应量，从而对股价产生间接影响。经常项目和资本项目保持顺差、大量的外汇储备、国内资金供应量增加，使可用于购买股票的资金来源扩大，促使股价上升。

5. 国际金融市场

国际金融市场的剧烈动荡，一方面直接使我国投资者产生心理恐慌，影响股票市场；另一方面从宏观面和政策面间接影响股票市场的发展。

6. 财政收支

财政收支主要是指财政增加或减少支出，增加或降低税收，对股价上涨或下降所产生的影响。一般来讲，财政支出增加，社会总需求也会相应增加，会促进经济扩张，从而推动股价上涨；反之，如果财政支出紧缩，社会需求也将相应萎缩，经济景气指数会下降，由此会推动股价下跌。财政税收增加或下降，会起到与之相反的影响。

7. 利率

利率对股价变动影响最大，也最直接。利率上升时，一方面会增加借款成本，减少利润，降低投资需求，导致资金从股票市场流入银行存款市场，减少对股票的需求；另一方面，股票市场供求出现新的变化和新的失衡，股票价格开始跌落。另外，利率上升也使投资者评价股票价值所用的折现率上升，从而会促使股票价格下降。而当利率下降时，会出现与上述相反的变化，从而推动股票价格上涨。同时也要指出，利率也是一国货币政策变化的重要标志。

（二）宏观经济政策因素

宏观经济政策因素对股票市场来说起着极为重要的作用。

1. 货币政策

货币政策按照调节货币供应量的程度，分为紧缩性的货币政策和扩张性的货币政策。在实行紧缩性的货币政策时，货币供给减少，利率上升，对股价形成向下压力；而实行扩张性的货币政策，意味着货币供给增加和利率下调，使股价水平趋于上升。我国中央银行具体的货币政策工具主要有：利率、存款准备金率、贷款规模控制、公开市场业务、汇率等。

2. 存款准备金率

中央银行调整存款准备金率，影响商业银行的资金来源，在货币乘数作用下，调整货币供应量，影响社会需求，进而影响股市的资金供给和股价。如1998年3月21日，中国人民银行将存款准备金率由13%下调为8%，对股市产生了实质性影响。

3. 公开市场业务

公开市场业务是中央银行通过买进或卖出有价证券来控制和影响货币供应量的一种业务。它是中央银行强有力的货币政策工具。从1996年4月起，我国中央银行启动公开市场业务，由于现阶段可供公开市场业务操作的工具有限，只以短期国债为交易工具，限制了对股市的影响。随着金融体制改革的深入，其影响会逐渐增强。

4. 财政政策

财政政策根据其对经济运行的作用，分为扩张性的财政政策和紧缩性的财政政策。而财政收入政策和财政支出政策主要有国家预算、税收、国债等。

(1) 国家预算。作为政府的基本财政收支计划，国家预算能够全面反映国家财力规模和平衡状态，并且是各种财政政策手段综合运用结果的反映。扩大财政支出是扩张性财政政策的主要手段，其结果往往促使股价上扬。近几年，我国实行积极的扩张性财政政策，加大了对基础设施建设的力度，使基础设施建设类上市公司及相关行业的企业不同程度地受益。

(2) 税收。通过税收政策，能够调节企业利润水平和居民收入。减税将增加居民的收入，扩大股市的潜在资金供应量，减轻上市公司的费用负担，增加企业的利润，使股价趋于上升。对股市影响最直接的税种主要是印花税和证券交易所得税。我国自开征股票交易印花税以来,根据股市的实际情况对印花税加以调整,对股市进行调控,以刺激或抑制股市。

(3) 国债。发行国债作为国家有偿信用原则筹集财政资金的一种形式,可以调节资金供求和货币流通量。在不带来通货膨胀的情况下,缓解了建设资金的需求,有利于总体经济向好,有利于股价上扬。

5. 产业政策

行业股价的波动受政府产业政策的影响较强,政府的产业政策会鼓励特定行业发展,使该行业的经营状况和盈利将可能增加,从而使该特定行业股价上涨,否则将下跌。

6. 监管政策

管理层对股市的监管政策对我国股市的中短期走势具有极大的影响。监管政策的工具主要有:管理层对证券市场的定位、规范市场主体行为的法律法规、信息披露制度以及舆论导向等。

(三) 微观经济因素

在影响股价波动的微观经济因素中,上市公司是决定自身股价的主要因素。

1. 公司的经营业绩

公司业绩反映当前企业的经营水平,体现为股票的现价,而公司成长性则反映企业未来的发展前景,决定股价的长期走势。

(1) 公司业绩。公司业绩集中表现在公司各种财务指标上,影响股价的公司业绩方面的因素主要有:

① 公司净资产。股票作为资产所有权和投资效益的凭证,每一股代表一定数量的净资产值。一般而言,公司资产净值增加,股价上扬;资产净值减少,股价下跌。

② 盈利水平。每股税后利润表示公司的盈利水平,市盈率则是股票市价与每股税后利润的比值,两者集中反映了公司业绩的好坏。

③ 公司的派息。公司采取什么样的派息方式对股价有重要影响,体现了公司的经营能力和发展潜力。

④ 股票拆细和股本扩张。股票拆细和股本扩张一般会刺激股价上升。在我国股市,股本扩张对股价波动具有很大影响,一直是二级市场炒作的题材。

⑤ 增资和减资。公司因业务需要增加资本额和发行新股,将使每股净资产下降,促成股价下跌,但对高成长性公司而言,增资意味着增强公司实力,带来更多回报,股价可能还会上涨。

⑥ 营业额。营业额增加，表明公司销售能力增强，利润增加，促使股价上涨。

(2) 公司的成长性。公司所处行业的成长性及行业的发展阶段，是公司成长性的基础条件，行业的兴衰很大程度上决定了上市公司的发展前途与成长空间。公司在行业竞争中所处的地位，直接关系到它的生存及盈利的稳定增长。企业竞争能力的强弱及竞争地位的高低是由技术水平、管理水平、市场开拓能力及占有率、资本与规模效益、新产品开发能力决定的。公司经营效率主要表现为生产能力和经营能力的利用程度是否充分。

2. 资产重组与收购

上市公司为了实现规模效益或扭亏为盈，采取兼并重组方式，对公司进行重大的组织变动。我国的许多亏损或微利的国有大中型上市公司通过资产重组，实现了产业结构的调整和转型。目前，资产重组的模式主要有资产置换、优质资产注入和不良资产的剥离。1998 年，由于资产重组题材的挖掘和重组个股大范围的炒作，股市爆发了井喷式飙升行情。上市公司的收购是股市最具有活力的现象，举牌收购往往伴随着股价的急升。

3. 行业

上市公司所属行业对股价波动有较大的影响。从行业生命周期看，一般在初创期，盈利少，风险大，股价较低；成长期，利润剧增，支持行业总体股价水平上升；成熟期，盈利相对稳定，股价平稳；而衰退期，盈利普遍减少，股价则呈跌势。我国产业生命周期处于初创期或成长期的朝阳产业主要有：电子信息产业(电子计算机及软件、通讯)、高科技产业(新材料、新能源、环保、海洋工程、新型建材、光电机一体化)以及生物医药工程等。

(四) 市场因素

市场是反映股票供求的环境，且使供求相交，最终形成股票价格的条件。因此，市场的供求、市场投资者的构成、市场总体价格波动、交易制度和工具、市场心理因素等都会影响到股价。

1. 市场供求

股票市场的供求关系决定了股价的中短期走势。作为初兴市场的我国股市，股价主要由股市本身的供求决定，即由股票的总量和股市资金总量决定。公布新股发行上市规模和掌握上市节奏，已成为管理层调控二级市场供求关系影响股价总体水平的重要手段。例如，1996 年以前，新股上市一直是制约股价升跌的主要因素。在股票供给一定的情况下，股市的资金总量在价格形成中起主导作用。我国股市的资金总量对价格波动有决定性影响，且两者之间呈正相关关系。

2. 市场投资者的构成

我国股票市场的投资者包括个人投资者和机构投资者。个人投资者和机构投资者的资金结构，股票投资者的职业背景、文化程度、月收入构成等对股价波动会产生影响。

3. 市场总体价格波动

股票市场总体价格波动对特定股票的影响，是指特定股票价格与股市行情的相关关系，我国股市价格波动的特点是齐涨齐跌，个股之间的风险差异小，市场的总体风险占主导地位，个股股价的市场影响占股价变动因素的50%以上。

4. 交易制度和工具

我国的股市由于起步晚，可以根据国外股市发展的历史经验选择交易制度，还可以直接采用最先进的交易和通信技术。连续竞价、电脑撮合的交易制度并未增加股价的波动幅度，无形席位制加快了交易速度，减少了股价扰动。

5. 市场操纵

市场操纵者主要是实力雄厚的大机构，这些机构通过控制个股涨跌方向和程度，甚至联手操纵板块的走势进而影响大盘走势，使股价过高或过低，从中获得额外收益。

6. 市场心理预期

投资者的心理因素是买卖股票的重要因素，众多投资者的心理预期交互影响形成市场心理预期，对股价的走势产生较强的影响。

（五）影响股价波动的非经济因素

就股市而言，一般意义上的非经济因素主要是指自然灾害、战争以及政治局势变动等。这些事件一旦发生就会影响股价的波动。这种影响有两个特点：一是暂时性的影响，二是通过对经济的影响间接实现。

1. 自然灾害

自然灾害对股价影响产生于灾害对实物资产的损害。灾害发生时，影响了生产，股价随之下跌，但是另一方面，灾后的重建会刺激生产的扩张，相关行业的股价会有一定程度的上升。

2. 战争

战争期间社会生产力遭到严重破坏，所有经济活动都得围绕战争展开，对股市造成极大的影响。

3. 政治局势变动

政治局势变动因素包括国家主要领导人的更替、政府换届、国际重大政治活动等。例如，我国大陆和台湾两岸关系一旦紧张，会对股市投资者产生心理影响。

资料卡 利率对股票价格的影响

利率对股票价格的影响是通过以下途径实现的：首先，利率发生变化会使不同投资工具的收益结构发生相应的变化，因为各种投资工具对利率的反应是有差异的。比如，当利率上升后，债券所得到的收益相对于股票而言就会提高，所以，那些持有股票的人将卖掉股票转而投资债券。其次，利率的变化会对公司的利润产生影响。当利率提高以后，公司贷款成本会相应提高，这会影响到企业的生产经营，进而会对公司利润产生连锁作用从而影响到股票价格。再次，对于投资者而言，利率的提高会给靠银行信贷进行股票抵押买卖或实行保证金买卖的短期股票交易带来较大影响，增大交易成本，引起股票需求下降，从而使股票价格下降。可见，当中央银行降低利率时，将会推动股票价格上涨，而股票价格的上涨必然会为企业的股票筹资活动提供更加有利的市场环境。随着企业股票发行和筹资量的增加，企业的投资会相应扩大，通过投资乘数的作用，进而会带动社会投资、消费和收入的增长。相反，中央银行提高利率，则会导致股票价格下降，限制企业的股票筹资和投资活动，在投资乘数的作用下，进而会引起社会收入、消费和投资规模的收缩。因此，作为货币政策的重要工具，利率并不是单向地通过商业银行和货币市场来传导其作用过程，它还会通过股票市场这一中介，传导其对实体经济的调节作用。正因为如此，凡是影响利率变化的因素（如货币供应量的增减、法定准备率的调整等）都会通过间接影响股票市场活动而产生相应的经济调节效果。

但在实际经济运行中，影响股票价格变化的因素非常复杂，除了利率以外，整个宏观经济形势、国际金融市场状况、政治因素、公司经营状况、股票市场是否处于均衡状态等，都对股票价格产生影响，因而股票价格与利率之间并不完全遵循严格的负相关关系。如美国在1981—1989年，股票价格与利率（财政部短期票据利率）之间呈负相关关系，而1949—1966年，则呈现正相关关系。

1996—1999年，为扩大内需，刺激消费和投资，中国人民银行连续7次下调人民币存贷款利率。1996年5月1日，央行首次降息，股市对这一利好做出了积极反应，步入持续上升的态势；1996年8月23日，央行实施第二次降息，存款利率平均降低1.5个百分点，贷款利率平均下调1.2个百分点，幅度之大超出了人们的预期。受此消息刺激，股指屡创新高，并在当年年底冲上历史高点。

1997年10月23日，央行第三次大幅降息，存、贷款利率平均下调幅度分别为1.1和1.5个百分点。1998年3月25日和7月1日，央行再次降息，虽然幅度减小，但对准备金利率做出大幅下调。1998年12月7日，央行第六次宣布降息，一年内三次降息的间隔之短，在我国银行利率调整史上也实属罕见。但降息当日，股指均出现下跌，对后市的影响则不尽相同。1999年6月10日，央行宣布第七次降息。金融机构存款利率平均下降1个百分点，贷款利率平均下降0.75个百分点。这是1990年代以来人民币最后一次降息。7次降息，存款利率平均下调6个百分点，而贷款利率平均下调7个百分点。从2002年2月21日起，中国人民银行第八次宣布降低人民币存贷款利率，沪深两市股指也于消息宣布后开市首日应声而涨。

资料来源：http://www.china.com.cn/chinese/zhuanti/249929.htm，

《货币政策与股市的互动关系》，作者李文军。

四、股票市盈率

市盈率又称股份收益比率或本益比，是股票市价与其每股收益的比值。市盈率是衡量股价高低和企业盈利能力的一个重要指标。由于市盈率把股价和企业盈利能力结合起来，其水平高低更真实地反映了股票价格的高低。其计算公式是：

市盈率＝当前每股市场价格/每股税后利润

例如，股价同为50元的两支股票，其每股收益分别为5元和1元，则其市盈率分别是10倍和50倍，也就是说，其当前的实际价格水平相差5倍。若企业盈利能力不变，则说明投资者以同样50元价格购买的两种股票，要分别在10年和50年以后才能从企业盈利中收回投资。但是，由于企业的盈利能力是会不断改变的，投资者购买股票更看重企业的未来。因此，一些发展前景很好的公司即使当前的市盈率较高，投资者也愿意去购买。预期的利润增长率高的公司，其股票的市盈率也会比较高。例如，对两家上年每股盈利同为1元的公司来讲，如果A公司今后每年保持20％的利润增长率，B公司每年只能保持10％的增长率，那么到第十年时，A公司的每股盈利将达到6.2元，B公司只有2.6元，因此，A公司当前的市盈率必然应当高于B公司。投资者若以同样价格购买这家公司的股票，对A公司的投资能更早地收回。

影响一个市场整体市盈率水平的因素很多，最主要的有两个，即该市场所处地区的经济发展潜力和市场利率水平。一般而言，新兴证券市场的上市公司普遍有较好的发展潜力，利润增长率比较高，因此，新兴证券市场的整体市盈率水平会比成熟证券市场的市盈率水平高。欧美等发达国家股市的市盈率一般保持在15倍左右，而亚洲一些发展中国家的股市正常情况下的市盈率在30倍左右。另一方面，市盈率的倒数相当于股市投资的预期利润率。因此，由于社会资金追求平均利润率的作用，一国证券市场的合理市盈率水平还与其市场利率水平成倒数关系。例如，同为发达国家的日本股市，由于其国内的市场利率水平长期偏低，其股市的市盈率也一直居高不下，长期处于60倍左右的水平。

市盈率除了作为衡量二级市场中股价水平高低的指标，在股票发行时，也经常被用作估算发行价格的重要指标。根据发行企业的每股盈利水平，再参照市场的总体股价水平，确定一个合理的发行市盈率倍数，二者相乘即可得出股票的发行价格。从我国几年来新股发行情况看，新股发行时的平均市盈率水平大致维持在15～20倍左右。

我国市盈率和平均市盈率通常遵循以下原则：

(1) 盈利性上市公司全部纳入计算范围，亏损公司除外；

(2) 上市公司送、配股和派发现金红利时，先对每股盈利予以相应调整，再计算市盈率；

(3) 新股上市后，统一按前一会计年度每股盈利(按新股发行价后总股本予以摊薄)计算每股市盈率。

资料卡 创业板市盈率较主板溢价三倍

A股市场2009年平均动态市盈率为24.02倍，2010年平均动态市盈率为18.77倍；2009年和2010年沪深300指数的动态市盈率更是只有21.39倍和16.86倍；中小板2009年和2010年平均动态市盈率为43.80倍和31.93倍。

而与此同时，创业板的估值却远远高于市场平均水平，甚至比起中小板也明显偏高。创业板2009年和2010年整体动态市盈率分别为68.38倍和50.32倍，是同期A股市场平均市盈率的2.85倍和2.68倍，是同期中小板平均市盈率的1.58倍和1.56倍。

虽然市场普遍认为创业板上市公司具有高成长性，因此可以被赋予较高的估值水平，但是对比海外成熟市场，我国创业板市场的市盈率仍然明显偏高。国都证券研究员张翔指出，我国创业板目前情况和美国纳斯达克市场刚刚开板时极为类似。在纳斯达克市场初期，纳斯达克平均市盈率是同期道·琼斯或标准普尔的3倍左右，而随后这一比值逐渐下降，长期来看，纳斯达克与道·琼斯或标准普尔的估值水平比值稳定在1.7～1.8倍，因此，我国创业板也极有可能会经历和纳斯达克市场一样的估值回归过程。

在已上市的50家创业板公司中，市盈率最高的是明星云集的华谊兄弟，2009年度静态市盈率超过170倍，市盈率最低的回天胶业2009年动态市盈率也接近50倍。而市盈率在80倍以上的高达15家，占比达到30%。

经过比较发现，在创业板上市的企业，其估值远远高于在主板或中小板上市的同类公司。如主营左氧氟沙星等抗生素的莱美药业，2009年市盈率超过70倍。但是与莱美药业主营类似，且市场占有率方面明显强于莱美药业的沪上市公司双鹤药业2009年市盈率仅30倍左右。物流行业的新宁物流目前市盈率高达87.3倍，而新宁物流将其作为潜在竞争对手的中储股份，市盈率仅为32.5倍。

五、股票价格指数

股票价格指数就是用以反映整个市场上各种股票市场价格的总体水平及其变动情况的指标。在股票市场上，成百上千种股票同时交易，股票价格的涨落各不相同，因此需要有一个总的尺度标准，即股票价格指数来衡量整个市场的价格水平，观察股票市场的变化情况。股票价格指数一般是由一些有影响的机构编制，并定期及时公布。国际市场上比较著名的指数有道·琼斯工业股价平均指数、标准普尔500指数、伦敦金融时报指数等。

1. 股价指数的编制方法

股价指数是反映股市行情的综合指数。在编制股票价格综合指数前，先得计算股价平均价。因此，人们一般将股价平均价和股价指数都归纳在股价指数中。股价指数是反映不同时期股价变动的相对水平的指标，计算方法是先确定某一时间的股价均价为基期固定不变，基期值可任意选定，但一般定为100点或1 000点均可，然后以现在的股价均价为报告期数据与之相比较，这是股价变动幅度的衡量。编制股价指数有三种方法，即算术平均数法、修正平均数法和加权指数法。

(1) 简单算术股价平均数。简单算术股价平均数是将样本股票每日收盘价之和除以样本数得出的，即：

简单算术股价平均数$=(P_1+P_2+P_3+\cdots+P_n)/n$

世界上第一个股票价格平均数——道·琼斯股价平均数在1928年10月1日前就是使用简单算术平均法计算的。

现假设从某一股市采样的股票为A、B、C、D四种，在某一交易日的收盘价分别为10元、16元、24元和30元，计算该市场股价平均数。将上述数置入公

式中，即得：股价平均数＝$(P_1+P_2+P_3+P_4)/n$＝(10＋16＋24＋30)/4＝20(元)

简单算术股价平均数虽然计算较简便，但它有两个缺点：一是它未考虑各种样本股票的权数，从而不能区分重要性不同的样本股票对股价平均数的不同影响。二是当样本股票发生股票分割派发红股、增资等情况时，股价平均数会产生断层而失去连续性，使时间序列前后的比较发生困难。例如，上述D股票发生以1股分割为3股时，股价势必从30元下调为10元，这时，平均数就不是按上面计算得出的20元，而是(10＋16＋24＋10)/4＝15(元)。这就是说，由于D股分割技术上的变化，导致股价平均数从20元下跌为15元(这还未考虑其他影响股价变动的因素)，显然不符合平均数作为反映股价变动指标的要求。

(2) 修正的股价平均数。修正的股价平均数有两种：

一是除数修正法，又称道式修正法。这是美国道·琼斯在1928年创造的一种计算股价平均数的方法。该法的核心是求出一个常数除数，以修正因股票分割、增资、发放红股等因素造成股价平均数的变化，以保持股份平均数的连续性和可比性。具体做法是以新股价总额除以旧股价平均数，求出新的除数，再以计算期的股价总额除以新除数，这就得出修正的股价平均数。即：

新除数＝变动后的新股价总额/旧的股价平均数

修正的股价平均数＝报告期股价总额/新除数

在前面的例子中除数是4，经调整后的新的除数应是：新的除数＝(10＋16＋24＋10)/20＝3，将新的除数代入上式中，则：修正的股价平均数＝(10＋16＋24＋10)/3＝20(元)。得出的平均数与未分割时计算的一样，股价水平也不会因股票分割而变动。

二是股价修正法。股价修正法就是将股票分割等变动后的股价还原为变动前的股价，使股价平均数不会因此变动。美国《纽约时报》编制的500种股价平均数就采用股价修正法来计算股价平均数的。

(3) 加权股价平均数。加权股价平均数是根据各种样本股票的相对重要性进行加权平均计算的股价平均数，其权数(Q)可以是成交股数、股票总市值、股票发行量等。

2. 股票指数的计算

股票指数是反映不同时点上股价变动情况的相对指标。通常是将报告期的股票价格与定的基期价格相比，并将两者的比值乘以基期的指数值，即为该报告期的股票指数。

股票指数的计算方法有三种：一是相对法，二是综合法，三是加权法。

(1) 相对法。相对法又称平均法，就是先计算各样本股票指数，再加总，求总的算术平均数。其计算公式为：

股票指数＝n 个样本股票指数之和/n

英国的《经济学家》普通股票指数就使用这种计算方法。

(2) 综合法。综合法是先将样本股票的基期和报告期价格分别加总，然后相比求出股票指数。即：

股票指数＝报告期股价之和/基期股价之和

上例中代入数字得：股价指数＝(8＋12＋14＋18)/(5＋8＋10＋15)＝52/38＝136.8%

即报告期的股价比基期上升了36.8%。从平均法和综合法计算股票指数来看，两者都未考虑到由于各种采样股票的发行量和交易量的不同，而对整个股市股价的影响不同等因素，因此，计算出来的指数亦不够准确。为使股票指数计算精确，则需要加入权数，这个权数可以是交易量，亦可以是发行量。

(3) 加权法。加权股票指数是根据各期样本股票的相对重要性予以加权，其权数可以是成交股数、股票发行量等。按时间划分，权数可以是基期权数，也可以是报告期权数。以基期成交股数（或发行量）为权数的指数称为拉斯拜尔指数；以报告期成交股数（或发行量）为权数的指数称为派许指数。拉斯拜尔指数偏重基期成交股数（或发行量），而派许指数则偏重报告期的成交股数（或发行量）。目前世界上大多数股票指数都是派许指数。

资料卡 **国际上几种比较著名的股票价格指数**

1. 道·琼斯股票价格指数。道·琼斯股票价格指数是国际上最有影响、使用最广泛的股票价格指数，它有一百多年的历史，从编制到今天从未间断。道·琼斯股票价格指数是道·琼斯公司的创始人查尔斯·道于1884年6月3日开始编制并刊登在《每日通讯》上。现今的道·琼斯股票价格指数发表在《华尔街日报》上，共分四组：工业股票价格指数、运输业股票价格指数、公用事业股票价格指数、综合股票价格指数。其中，使用最多的是工业股票价格指数，股票价格指数的计算方法采用修正的简单股票价格算术平均数。道·琼斯股票价格指数是以1928年10月1日为基期的，基期平均数为100，以后各期的股票价格同基期相比计算出的百分数，即为各期的股票价格指数。道·琼斯指数在纽约证券交易所营业时，每隔半小时公布一次。道·琼斯指数被《华尔街日报》及多种报纸登载。

2. 标准普尔股票价格指数。标准普尔公司是美国最大的一家证券研究机构。它于1923年开始编制股票价格指数，到1957年，选择出500种股票，采用高速计算机将这些普通股票加权平均编制成一种股票价格综合指数，每小时计算和公布一次。标准普尔指数的特点是信息资料全,能反映股市的长期变化。

3. 纽约证券交易所的股票综合指数。纽约证券交易所从1960年开始编制和发表自己的股票价格综合指数。这个综合指数包括四组工业股票价格指数、金融业股票价格指数、运输业股票价格指数、公用事业股票价格指数。该股票指数采用加权平均法计算,以1965年12月31日为基期,每半小时计算和公布一次。

4. 价值线指数。该指数是由价值线出版公司创立、维护及发布的包含美国及加拿大股票的综合指数。价值线指数是一个等权重加权指数,包含了在纽约证券交易所、纳斯达克、美国证券交易所以及多伦多证券交易所上市的1600支股票。

5. 伦敦金融时报价格指数。该指数由英国金融界著名报纸《金融时报》编制。它包括三个股票指数:30种股票的指数、100种股票的指数、500种股票的指数。以1935年为基期每小时计算一次、下午五时计算一次收盘指数。

6. 日本产经新闻股票指数。第二次世界大战后不久,日本东京证券交易所开始模仿美国道·琼斯股票指数编制自己的股票价格指数。1975年,日本产经新闻社正式发布了编制的股票价格指数,即日经225指数,该指数代表了225支在东京证券交易所交易的股票,涵盖了36个行业,后来还有日经300指数。

7. 香港恒生指数。恒生指数是香港恒生银行全资子公司——恒生指数服务有限公司于1969年7月31日发布的。该指数以选定的33种有代表性的股票为计算对象,以1964年7月31日为基期。该指数每天计算三次。它是投资者观察香港股市变化的尺度。

资料来源:中国金融期货之家网页。

六、股票投资收益

一般情况下,股票投资的收益主要有两大类:一类是货币收益,另一类是非货币收益。货币收益是投资者购买股票后在一定的时期内获得的货币收入,它由两部分组成:一是投资者购买股票后成为公司的股东,他以股东的身份,按照持股的多少,从公司获得相应的股利,包括股息、现金红利和红股等。在我国的一些上市公司中,有时还可得到一些其他形式的收入,如配股权证的转让收入等。二是因持有的股票价格上升所形成的资本增值,也就是投资者利用低价进、高价出所赚取的差价利润,这正是目前我国绝大部分投资者投资股票的直接目的。非货币收益的形式多种多样,例如,投资者购买股票成为股东后,可以参加公司的股东大会，查阅公司的有关数据资料，获取更多的有关企业的信息，在一定程度上参与企业的经营决策，在企业重大决策中有一定的表决权，这在一定程度上可满足投资者的参与感；大额投资者购买到一定比例的公司股票后，可以进入公司的董事会，可影响甚至决定公司的经营活动。

衡量一项股票投资收益的多少，一般用投资收益率来说明，也就是投资收益与最初投资额的百分比率。由于股票与其他证券的收益不完全一样，因此，其收益率的计算也有较大的差别。计算股票的收益，通常有以下两种类型：股票收益率、持有期收益率。通过这些收益率的计算，能够充分地把握股票投资收益的具体情况。

股票收益率又称本期股利收益率，也就是股份有限公司以现金派发股利与本期股票价格的比率。用公式表示为：

本期股利收益率＝年现金股利÷本期股票价格×100％

上式中，本期股票价格指证券市场上该股票的当日收盘价，年现金股利指上一年每一股股票获得的股利，本期股利收益率表明以现行价格购买股票的预期收益。

持有期收益率是指投资者买入股票持有一定时期后又卖出该股票，在投资者持有该股票期间的收益率。用公式表示如下：

持有期收益率＝(出售价格－购买价格＋现金股利)÷购买价格×100％

本章小结

1. 股票市场是股票发行和流通的场所，股票的发行与交易都是通过股票市场来实现的。一般地，股票市场可以分为一级市场和二级市场。一级市场也称之为股票发行市场；二级市场也称之为股票交易市场，也可以说是指对已发行的股票进行买卖和转让的场所。

2. 普通股是随着企业利润变动而变动的一种股份，是股份企业资金的基础部分。

普通股的基本特点是其投资收益(股息和分红)不是在购买时约定，而是事后根据股票发行公司的经营业绩来确定。公司的经营业绩好，普通股的收益就高；反之，若经营业绩差，普通股的收益就低。普通股是股份有限公司资本构成中最重要、最基本的股份，亦是风险最大的一种股份，但又是股票中最基本、最常见的一种。在我国，上交所与深交所上市的股票都是普通股。

3. 优先股是“普通股”的对称，是股份有限公司发行的在分配红利和剩余财产时比普通股具有优先权的股份。优先股也是一种没有期限的有权凭证，优先股股东一般不能在中途向公司要求退股(少数可赎回的优先股例外)。优先股通常预先确定股息收益率。由于优先股股息是事先固定，所以，优先股的股息一般不会根据公司经营情况而增减，而且一般也不能参与公司的分红，但优先股可以先于普通股获得股息。对公司来说，由于股息固定，它不影响公司的利润分配。但是，优先股股东一般没有选举权和被选举权，对股份有限公司的重大经营无投票权。

4. 股票发行价格有面值发行、时价发行、中间价发行和折价发行等几种方式。面值发行即按股票的票面金额为发行价格，也称平价发行。时价发行即不是以面额，而是以流通市场上的股票价格(即时价)为基础确定发行价格。中间价发行即股票的发行价格取票面额和市场价格的中间值。折价发行即发行价格低于票面额，是打了折扣的。

5. 股票交易市场是已经发行的股票按时价进行转让、买卖和流通的市场，包括交易所市场和场外交易市场两部分。由于它是建立在发行市场基础上的，因此又称作二级市场。目前，发达国家的股票流通市场基本有两个层次，即场内交易市场和场外交易市场。场内交易市场是证券交易所组织的有固定的交易场所和交易时间的集中交易市场，在许多国家，它还是唯一合法的证券交易场所。

6. 股票交易包括以下程序：开设股票账户，开设资金账户，客户填写委托单，证券商受理委托，撮合成交，清算与交割，过户。

7. 股票交易的方式包括现货交易，期货交易，信用交易，期权交易等。

8. 股票的市盈率又称股份收益比率或本益比，是股票市价与其每股收益的比值。市盈率是衡量股价高低和企业盈利能力的一个重要指标。由于市盈率把股价和企业盈利能力结合起来，其水平高低更真实地反映了股票价格的高低。

9. 股票价格指数就是用以反映整个市场上各种股票市场价格的总体水平及其变动情况的指标。在股票市场上，成百上千种股票同时交易，股票价格的涨落各不相同，因此需要有一个总的尺度标准，即股票价格指数来衡量整个市场的价格水平，观察股票市场的变化情况。股票价格指数一般是由一些有影响的机构编制，并定期及时公布。国际市场上比较著名的指数有道·琼斯工业股价平均指数、标准普尔500指数、伦敦金融时报指数等。

思考题:

1. 简述股票的性质和种类。

2. 股票发行的方式有哪些?

3. 股票发行的价格包括哪些?
4. 股票交易程序包括哪些步骤?
5. 股票交易的方式有哪些?
6. 影响股票价格的因素有哪些,请简述之。
7. 请说明股价指数中算术平均法与加权平均法的异同。

操作题:

通过网络了解当前我国 A 股市场上市公司的家数、股票交易的主要流程。

第八章　其他金融市场

学习目标

✧ 掌握证券投资基金的概念、特点及类型；
✧ 了解外汇和黄金市场；
✧ 了解保险市场；
✧ 理解金融衍生市场的主要品种。

引言

证券投资基金、黄金外汇市场、保险市场、典当市场以及金融衍生品市场是金融市场的补充，在金融市场中也占据重要的地位。随着人们资产的增加，对金融市场中投资品种选择多样性的要求也越来越高，其他金融市场在金融市场中的比重会越来越多。

第一节　证券投资基金市场

一、证券投资基金的概念

证券投资基金是一种面向社会大众，通过发行基金单位，将零散的、众多的社会资金集中到一起，再由专业人员进行管理和运用，从事股票、债券等方面的组合投资，并按投资者的出资比例进行收益分配的一种组合投资制度。它体现的是一种投资者（委托人）与基金管理人（受托人）之间的委托与受托的关系。

证券投资基金作为一种大众化的信托投资工具，其资金主要来源于社会大众手中的闲置资金。从出资人的情况来看，证券投资基金的出资人既可以是个人，又可以是机构。其中，机构投资者主要包括投资银行、保险公司、社会保险基金、各种基金会基金等。从资金的运用来看，证券投资基金的投资范围较为广泛，既可以投资于股票、债券等有价证券，也可以投资于货币市场金融工具、外汇、衍生投资工具等领域，但它一般不涉足金融领域以外的实业投资。证券投资基金一般都具有相当的资金规模，因此，它可以按照投资组合的方式进行分散投资，以减少投资风险。

证券投资基金在国外已有100多年的历史，由于其在各国发展的模式不尽相同，各国对证券投资基金的称谓也不相同，如美国称为"共同基金"，英国和中国香港称为"单位信托基金"，日本和中国台湾则称为"证券信托投资基金"等。随着全球金融业的发展，各种各样名目繁多的基金不断涌现，基金资产的规模不断扩大，基金行业已经同银行业、证券业、保险业成为现代金融体系的四大支柱产业。

二、证券投资基金的特点

1. 集合投资、规模经营

投资基金将零散的资金汇集起来，交给专业机构投资于各种金融工具，以谋取资产的增值。基金对投资的最低限额要求不高，投资者可以根据自己的经济能力决定购买数量。对于中小投资者来说，通过购买证券投资基金，可以使他们进入一些因其资金少而不能进入的投资领域；而对于基金来说，由于其资金规模大，因此在投资活动中可以实现规模效应，从而降低单位资金的运营成本。例如，基金在投资股票时，由于其买卖数量比单个的投资者要大得多，券商在佣金方面一般都会给予一定的优惠，因而可以降低投资成本。

2. 分散风险、组合投资

以科学的组合投资方法来降低风险、提高收益是证券投资基金的另一大特点。投资学上有一句谚语，"不要把所有的鸡蛋放在同一个篮子里"。但是，要实现多样化投资需要一定的资金实力，对于中小投资者而言，由于他们的资金有限，很难做到这一点。而购买证券投资基金则可以帮助中小投资者克服其投资品种单一、风险集中的弊端。证券投资基金凭借其巨大的资金规模，可以同时在几十种乃至上百种不同的有价证券上进行科学的、分散的组合投资，从而将风险降到最低。中小投资者通过购买基金，可以用较少的资金获得较好的分散投资，降低风险的效果。

3. 专家管理、专家理财

证券投资基金的实际运营是由专门的基金管理公司负责的。基金管理公司是专门从事基金投资管理的机构,它聘用专门的证券分析和投资管理人员来从事基金的投资管理。这些专业人员都经过专门的训练,具有丰富的金融、证券投资的经验,能够运用先进的技术手段对市场上的各种信息进行分析、研究,并在此基础上做出正确的投资决策。对于那些缺乏专业投资技能、对市场不熟悉、信息不灵通的中小投资者来说,投资于基金实际上是利用专家们在市场信息、投资经验、操作技巧等方面的优势来提高自己的投资成功率,从而可以减少因盲目投资而带来的损失,增加收益。

三、基金的类型

1. 按基金的组织形式不同,基金可分为契约型基金和公司型基金

契约型基金又称为单位信托基金,是指把投资者、管理人、托管人三者作为基金的当事人,通过签订基金契约的形式发行受益凭证而设立的一种基金。契约型基金起源于英国,后来在新加坡、印度尼西亚、中国香港等国家和地区十分流行。契约型基金是基于契约原理而组织起来的代理投资行为,没有基金章程,也没有公司董事会,而是通过基金契约来规范三方当事人的行为。基金管理人负责基金的管理操作。基金托管人作为基金资产的名义持有人,负责基金资产的保管和处置,对基金管理人的运作实行监督。

公司型基金是按照公司法以公司形态组成的,该基金公司以发行股份的方式募集资金,一般投资者则为认购基金而购买该公司的股份,也就成为该公司的股东,凭其持有的股份依法享有投资收益。公司型基金在组织形式上与股份有限公司类似,基金公司资产为投资者(股东)所有,由股东选举董事会,由董事会选聘基金管理公司,基金管理公司负责管理基金业务。

2. 按基金价格决定方式分类,基金可分为封闭式基金和开放式基金

封闭式基金是指在发行前确定基金单位的发行总额,发行后在一定的时间内(存续期或封闭期)基金单位的总额固定不变的一类基金。这类基金在发行期满或认购结束后就会将基金总额封闭起来,除非经特殊批准,基金单位的总额将不再增加或减少。在发行结束后,封闭式基金一般都可以在主证券交易所买卖和转让。

封闭式基金是有期限的,该期限就是封闭式基金的存续期(封闭期),一般在 10～15 年。由于在封闭期内其基金总额不变,它通过发行基金单位筹集来的资金可以用来进行长期投资。封闭式基金的存续期满后需要清盘和解散,基金的管理人应组织清算小组对基金资产进行清点、核实,并将清产核资后的净

资产按投资者的出资比例对其进行公正合理的分配。

开放式基金是指基金单位的发行总额不固定，基金单位的数量可以随投资者的购买或赎回经常发生增减变化的一类基金。其基金单位的发行没有规模的限制，投资者申购的数量多就多发行，投资者申购的数量少就少发行，但事先都会确定一个最低的发行额度。开放式基金一般不能上市交易，但持有开放式基金的投资者在不想继续持有时，可以到指定的场所办理基金的赎回，即由基金的发行人收回投资者手中的基金单位，按赎回当天该基金的净值，扣除手续费后将资金支付给基金的原持有者。由于投资者经常会因各种原因办理基金的赎回，因此，开放式基金的管理人一般不能将所筹资金的全部都用于投资，特别是长期投资，而要留出一定比例的现金资产用于基金的赎回，这虽然会影响基金的盈利水平，但对于基金的管理者而言也是不得已的。

开放式基金没有固定的存续期限，投资者可以通过基金销售的代理机构购买或赎回基金单位。但如果在短时间内出现大量赎回的情况，有可能会导致基金的清盘。

3. 按投资目标划分，基金可分为成长型基金、收入型基金和平衡型基金

成长型基金是基金中最常见的一种，它追求的是基金资产的长期增值。为了达到这一目标，基金管理人通常将基金资产投资于信誉度较高、有长期成长前景或长期盈余的所谓成长型公司的股票。成长型基金又可分为稳健成长型基金和积极成长型基金。

收入型基金主要投资于可带来现金收入的有价证券，以获取当期的最大收入为目的。收入型基金资产成长的潜力较小，损失本金的风险相对也较低，一般可分为固定收入型基金和股票收入型基金。固定收入型基金的主要投资对象是债券和优先股，因而尽管收益率较高，但长期成长的潜力很小，而且当市场利率波动时，基金净值容易受到影响。股票收入型基金的成长潜力比较大，但易受股市波动的影响。

平衡型基金将资产分别投资于两种不同特性的证券上，并在以取得收入为目的的债券及优先股和以资本增值为目的的普通股之间进行平衡。这种基金一般将25%～50%的资产投资于债券及优先股，其余的投资于普通股。平衡型基金的主要目的是从其投资组合的债券中得到适当的利息收益，与此同时，又可以获得普通股的升值收益。投资者既可获得当期收入，又可得到资金的长期增值。平衡型基金的特点是风险比较低，缺点是成长的潜力不大（参见表8－1）。

四、基金与股票、债券的比较

表 8-1

比较项目	基金	股票	债券
基本概述	证券投资基金是一种利益共享、风险共担的集合证券投资方式，即通过发行基金单位，集中投资者的资金，由基金托管人托管，由基金管理人管理和运用资金，从事股票、债券等金融工具投资	股票是股份公司签发的证明股东所持股份的凭证，是公司股份的形式。投资者通过购买股票成为发行公司的所有者，按所持股份额获得经营收益和参与重大决策的表决	债券是指依法定程序发行的，约定在一定期限还本付息的有价证券。其特点是收益固定，风险较小
风险程度	基金的基本原则是组合投资、分散风险，把资金按不同的比例分别投于不同期限、不同种类的有价证券，把风险降至最低	一般情况下，股票的风险大于基金	债券在一般情况下，本金得到保证，收益相对固定，风险比基金要小
收益情况	基金收益是不确定的，一般情况下，基金收益比债券高	股票收益是不确定的	债券的收益是确定的
投资方式	证券投资基金是一种间接的证券投资方式，基金的投资者不再直接参与有价证券的买卖活动，不再直接承担投资风险，而是由专家具体负责投资方向的确定、投资对象的选择	投资者自行做出决策，直接参与有价证券的买卖活动，直接承担投资风险	投资者自行做出决策，直接参与有价证券的买卖活动，直接承担投资风险
投资回收方式	投资基金要视所持有的基金形态不同而有区别：封闭型基金有一定的期限，期满后，投资者可按持有的份额分得相应的剩余资产，在封闭期内还可以在交易市场上变现；开放型基金一般没有期限，但投资者可随时向基金管理人要求赎回	股票投资是无限期的，除非公司破产、进入清算，投资者不得从公司收回投资，如要收回，只能在证券交易市场上按市场价格变现	债券投资是有一定期限的，期满后收回本金
投资者地位	基金单位的持有人是基金的受益人，体现的是信托关系	股票持有人是公司的股东，有权对公司的重大决策发表自己的意见	债券的持有人是债券发行人的债权人，享有到期收回本息的权利

五、基金发起人资格

基金发起人是指发起设立基金的机构，它在基金的设立过程中起着重要作用。国外基金的发起人大多数为有实力的金融机构，可以是一个也可以是多个。

在我国，根据《证券投资基金管理暂行办法》的规定，基金的主要发起人为按照国家有关规定设立的证券公司、信托投资公司及基金管理公司，基金发起人的数目为两个以上。依据《证券投资基金管理暂行办法》及中国证监会的有关规定，基金发起人主要职责包括：

(1) 制订有关法律文件并向主管机关提出设立基金的申请，筹建基金。①基金发起人必须对国家的经济、金融政策、市场状况、大众的投资心理等进行研究分析，在此基础上对拟设立的基金进行策划，如确定基金的主要投向、基金的类型、基金的存续期限以及基金的募集规模等。②基金发起人要代表基金持有人与基金管理人、基金托管人签订基金契约，约定基金各方当事人的权利、义务。同时，基金发起人还需要制作管理机关要求的其他相关文件，如招募说明书等。③确定发行方案，选定销售机构。④向主管机关提出设立申请，并报送主管机关要求的有关文件。⑤设立申请获得批准后，进行公告。

(2) 认购或持有一定数量的基金单位。基金发起人须在募集基金时认购一定数量的基金单位，并在基金存续期内保持一定的持有比例，从而使基金发起人与基金持有人的利益结成一体，保证基金发起人以维护投资人的合法权益作为其行为准则，不从事有损于投资者利益的活动，以切实保护投资者的利益。

(3) 基金不能成立时，基金发起人须承担基金募集费用，将已募集的资金并加计银行活期存款利息在规定时间内退还基金认购人。

由于基金发起人对基金的设立有重大影响，因此，一些国家和地区对发起人应具备的条件都有较为严格的要求。

我国《证券投资基金管理暂行办法》规定，基金发起人必须具备以下条件：主要发起人是按照国家有关规定设立的证券公司、信托投资公司及基金管理公司；基金发起人必须拥有雄厚的资本实力，每个发起人的实收资本不少于3亿元人民币；基金的主要发起人有三年以上从事证券投资的经验及连续盈利的记录；基金发起人有健全的组织机构和管理制度，财务状况良好，经营行为规范等。

六、基金的交易

1. 开放式基金的交易流程

(1) 阅读有关法律文件。投资人购买基金前，需要认真阅读有关基金的招募说明书、基金契约及开户程序、交易规则等文件，仔细了解有关基金的投资方向、投资策略、投资目标及基金管理人业绩和开户条件、具体交易规则等重要信息，对准备购买基金的风险、收益水平有一个总体评估，并据此做出投资决定。按照规定，各基金销售网点应备有上述文件，以备投资人随时查阅。

(2) 开立基金账户。投资人买卖开放式基金首先要开立基金账户。按照规定，有关销售文件中对基金账户的开立条件、具体程序需予以明确。上述文件将放置于基金销售网点供投资人开立基金账户时查阅。

(3) 购买基金。投资人在开放式基金募集期间、基金尚未成立时购买基金单位的过程，称为认购。通常认购价为基金单位面值(1 元)加上一定的销售费用。投资人认购基金应在基金销售点填写认购申请书，交付认购款项，在注册登记机构办理有关手续并确认认购。

在基金成立之后，投资人通过销售机构申请向基金管理公司购买基金单位的过程，称为申购。投资人申购基金时，通常应填写申购申请书，交付申购款项。款额一经交付，申购申请即为有效。具体申购程序会在有关基金销售文件中详细说明。申购资金单位的数量是以申购日的基金单位资产净值为基础计算的。具体计算方法须符合监管部门有关规定的要求，并在基金销售文件中载明。

(4) 卖出基金。与购买基金相反，投资人卖出基金是把手中持有的基金单位按一定价格卖给基金管理人并收回现金，这一过程称为赎回。其赎回金额是以当日的单位基金资产净值为基础计算的。

投资人赎回基金通常应在基金销售点填写赎回申请书。按照《开放式证券投资基金试点办法》的规定，基金管理人应当于收到基金投资人赎回申请之日起 3 个工作日内，对该交易的有效性进行确认，并应当自接受基金投资人有效赎回申请之日起 7 个工作日内，支付赎回款项。此外，对于开放式基金来说，投资人除了可以买卖基金单位外，还可以申请基金转换。

(5) 申请基金转换。基金转换，是指当一家基金管理公司同时管理多只开放式基金时，基金投资人可以将持有的一只基金转换为另一只基金。即，投资人在卖出一只基金的同时，买入该基金管理公司管理的另一只基金。通常，基金转换费用非常低，甚至不产生费用。

(6) 非交易过户。基金的非交易过户，是指在继承、赠予、破产支付等非交易原因情况下发生的基金单位所有权转移的行为。非交易过户也需到基金的销售机构办理。

(7) 红利再投资。红利再投资，是指基金进行现金分红时，基金持有人将分红所得的现金直接用于购买该基金，将分红转为持有基金单位。对基金管理人来说，红利再投资没有发生现金流出，此时的红利再投资，通常是不收申购费用的。

2. 封闭式基金的交易流程

封闭式基金有固定的存续期，期间，基金规模固定，一般在证券交易场所上市交易，投资者通过二级市场买卖基金单位。封闭式基金的基金单位总数是确定的，一旦发行完成，就不能再接受新的投资申购，投资者也不得要求赎回投资。但是，投资者可以在证券交易所买卖封闭式基金，其价格完全由买卖双方决定，可能与基金净值(即每一单位基金的实际价值)相差很大。

投资者在证券交易所买卖封闭式基金，只需要向证券经纪商支付佣金，而不需要向基金经理支付费用。

例如，在深交所上市的基金开元(4688)，1998 年设立，发行额为 20 亿元基金份额，存续期限(封闭期)15 年。也就是说，基金开元从 1998 年开始运作，期限为 15 年，运作的额度 20 亿元。在此期限内，投资者不能要求退回资金，基金也不能增加新的份额。

七、基金资产净值和基金的估值

基金资产净值是指在某一基金估值时点上，按照公允价格计算的基金资产的总市值扣除负债后的余额，该余额是基金单位持有人的权益。按照公允价格计算基金资产的过程，就是基金的估值。

单位基金资产净值，即每一基金单位代表的基金资产的净值。单位基金资产净值的计算公式为：

单位基金资产净值＝(总资产－总负债)/基金单位总数

其中，总资产是指基金拥有的所有资产(包括股票、债券、银行存款和其他有价证券等)按照公允价格计算的资产总额。总负债是指基金运作及融资时所形成的负债，包括应付给他人的各项费用、应付资金利息等。基金单位总数是指当时发行在外的基金单位的总量。

基金估值是计算单位基金资产净值的关键。基金往往分散投资于证券市场的各种投资工具，如股票、债券等，由于这些资产的市场价格是不断变动的，因此，只有每日对单位基金资产净值重新计算，才能及时反映基金的投资价值。

1. 基金资产的估值原则

任何上市流通的有价证券，以其估值日在证券交易所挂牌的平均价估值；估值日无交易的，以最近交易日的平均价估值。

2. 未上市证券的估值

(1) 配股和增发新股，按估值日在证券交易所挂牌的同一股票的均价估值；

(2) 首次公开发行的股票，按成本价估值；

(3) 未上市流通的债券，按成本价估值。

配股权证，从配股除权日起到配股确认日止，若均价高于配股价，则按均价和配股价的差额进行估值；若收盘价低于配股价，则不进行估值。

如有确凿证据表明按上述方法进行估值不能客观反映其公允价值，基金管理人可根据具体情况与基金托管人商定后，按最能反映公允价值的价格估值。

资料卡 我国证券投资基金的发展

1. 萌芽与起步阶段

中国基金业真正起步于20世纪的90年代，在一系列宏观经济政策纷纷出台的前提下，中国基金业千呼万唤，终于走到了台前。

1991年8月，珠海国际信托投资公司发起成立珠信基金，规模达6 930万元人民币，这是我国设立最早的国内基金。同年10月，武汉证券投资基金和南山风险投资基金分别经中国人民银行武汉市分行和深圳市南山区人民政府批准设立，规模分别达1 000万元人民币和8 000万元人民币。但投资基金这一概念从观念和实践引入我国则应追溯到1987年。当年，中国人民银行和中国国际信托投资公司首开中国基金投资业务之先河，与国外一些机构合作推出了面向海外投资者的国家基金，它标志着中国投资基金业务开始出现。

2. 迅猛发展阶段

1992年，中国投资基金业的发展异常迅猛，当年有各级人行批准的37家投资基金出台，规模共计22亿美元。同年6月，我国第一家公司型封闭式投资基金——淄博乡镇企业投资基金由中国人民银行批准成立。同年10月8日，国内首家被正式批准成立的基金管理公司——深圳投资基金管理公司成立。到1993年，各地大大小小的基金约有70家左右，面值达40亿元人民币。已经设立的基金纷纷进入二级市场开始流通。这一时期是我国基金发展的初期阶段。1993年6月，9家中方金融机构及美国波士顿太平洋技术投资基金在上海建立上海太平洋技术投资基金，这是第一个在我国境内设立的中外合资的中国基金，规模为2 000万美元。10月，建业、金龙和宝鼎三家面向教育界的基金批准设立。1993年8月，淄博基金在上海证券交易所公开上市，以此为标志，我国基金进入了公开上市交易的阶段。90年代初期，我国投资基金无论在数量上还是在资金规模上，都取得了骄人的成绩。从政策的出台到中外合资基金的出现，再到基金的上市交易，我国的投资基金走了一段迅速发展的道路，取得了长足的进步。

3. 调整与规范阶段

由于我国的基金从一开始就发展势头迅猛，其设立和运作的随意性较强，存在发展与管理脱节的状况，调整与规范我国基金业成为金融管理部门的当务之急。

1993年5月19日，人民银行总行发出紧急通知，要求省级分行立即制止不规范发行投资基金和信托受益债券的做法。通知下达后，各级人民银行认真执行，未再批设任何基金，而把精力放在已经设立的基金的规范化和已批基金的发行工作上。截止到1996年，我国申请待批的各类基金公司已达数百家，但由于法律的滞后，基金发展基本处于停滞的状态。

1998年3月23日，开元、金泰两只证券投资基金公开发行上市，这使封闭式证券投资基金的发展进入了一个新的历程。1998年，我国共成立了第一批5只封闭式基金：基金开元、基金金泰、基金兴华、基金安信和基金裕阳。

4. 稳步发展阶段

2003年10月28日，由全国人大常委会通过的《证券投资基金法》的颁布与实施，是中国基金业和资本市场发展历史上的又一个重要的里程碑，标志着我国基金业进入了一个崭新的发展阶段。截至2009年12月31日，国内有62家基金公司已上市，开放式基金302只、货币基金51只、封闭式基金33只、未上市开放式基金29只、未上市及到期的封闭式基金7只。纳入统计的621只证券投资基金资产合计26 760.80亿元，份额规模合计24 535.07亿份。其中31只封闭式基金，资产合计1 238.80亿元，占全部基金资产的4.63%，份额规模合计945.02亿份，占全部基金份额规模的3.85%。其中590只开放式基金资产合计25 522亿元，占全部基金资产的95.37%，份额规模合计23 590.05亿份，占全部基金份额规模的96.15%。

第二节　外汇与黄金市场

一、外汇市场

1. 外汇市场定义

外汇市场是指由外汇需求者和供给者及买卖的中介者组成的买卖外汇的行为、外汇交易的场所和网络。它是本国货币与外国货币相互兑换的地方，也包括两种或两种以上外国货币的相互兑换。外汇市场是一个无形的“网络式市场”，世界各地的外汇买卖者可以通过电话、电传等通信工具相互联系达成交易。由于全球各地存在时间差，当一国的外汇市场营业结束时，另一国的外汇市场还在营业或已经开市，这样就使外汇买卖可以连续 24 小时在全球不间断地进行。

2. 外汇市场的参与者

第一类由顾客和商业银行组成。顾客分为个人、贸易商、企事业单位等。顾客一般是由于出国旅游、商务贸易、外汇存款等需要与商业银行在柜台上从事外汇买卖。

第二类为银行同业市场。银行每日与顾客的外汇交易中出现超买超卖，引起外汇的余缺、外汇库存结构的变化。银行间相互交易可调剂余缺，使双方各自得到满足。

第三类为中央银行与商业银行间的市场。当外汇交易时出现供求失衡，以及其他原因引起某种货币汇率剧烈波动时，中央银行就通过抛售或补进某种外汇进行干预。这就不可避免地要与商业银行发生各种交易。

3. 外汇市场功能

(1) 调节外汇供求。由于顾客与银行间发生外汇买卖，常会出现买入、卖出某种货币在金额上的不一致及银行外汇头寸余缺的问题，因此需要进入外汇市场进行余缺调剂。中央银行利用这个市场抛售或补进外汇以调节市场供求，实现外汇政策目标。

(2) 形成外汇价格。外汇交易的结果，会自发形成外汇市场价格。即使官方制定了汇率，也要以外汇市场供求及市场汇率为依据来进行调整。

(3) 转移外汇资金。由于各国的货币不同，要实现国与国之间的货币支付，清偿国与国之间的债权债务，就必须借助外汇市场，将本国货币兑换成对方可以接受的货币。因此，外汇市场是实现国际支付和外汇资金转移必不可少的条件。

(4) 防范汇率风险。由于外汇市场各种货币汇率的波动会对从事国际贸易支付和资本借贷的一方带来风险损失,市场的交易者可以利用即期或远期外汇买卖及外汇期货、期权交易进行套期保值,规避汇率风险。

4. 我国内地的外汇交易市场

我国是一个对外汇严格管制的国家,1979 年以前,外汇由国家统收统支,买卖按政府所定汇率,由外汇专业银行——中国银行集中办理,因此不存在外汇市场。改革开放后,为了调动出口企业创汇的积极性,实行了外汇留成制度。1980 年开始办理外汇调剂业务,逐步形成和发展了外汇调剂市场。

(1) 外汇调剂市场。1988 年,为配合外贸推行承包经营责任制改革,国家同意在全国主要城市设立外汇调剂中心,由外管局领导,使外汇调剂范围进一步扩大。当时允许地方政府留成外汇,华侨、港澳台同胞捐赠外汇也可在调剂中心交易,部分地区还开始办理国内居民个人外汇调剂业务。同时,允许外商投资企业与国营、集体企事业单位进行外汇调剂,并取消调剂限价,按供求实行浮动,随行就市,使全国外汇调剂量从 1988 年的 62.64 亿美元增加到 1992 年的 251 亿美元,在全国设立的外汇调剂中心达 90 多家。

(2) 外汇调剂公开市场。1988 年 9 月,上海率先在国内成立外汇调剂公开市场。

外汇调剂公开市场的特点表现在以下几个方面:①有形市场。指有具体的交易场所。外汇调剂买卖在场内必须通过会员办理。②现汇与额度并存。这里的额度指留成外汇的额度,市场逐步由留成额度交易改为现汇留成交易。③币种限制。外汇调剂的币种只限于美元、欧元、日元、港币对人民币的交易。④即期交易。即市场只买卖即期外汇、即期留成额度。⑤交易对象不广。外汇调剂只在企事业单位间进行,外汇银行只能充当经纪商代客买卖。⑥仍受外汇管制。外汇调剂市场由国家外汇管理局监管,外汇调剂交易必须符合我国外汇管理条例。

(3) 外汇交易统一市场。从 1994 年起,我国对汇率制度进行改革,取消了官方汇率和市场汇率并存的双重汇率制,实行了以市场供求为基础的、单一的、有管理的浮动汇率制。同时,我国对外汇调剂市场进一步改革,取消了企业外汇留成制,实行结、售汇制,建立了全国计算机联网的统一的银行间外汇市场,做到了汇价、交易规则、交易主体在全国范围的统一。

资料卡 世界主要外汇市场

伦敦、纽约和东京外汇市场是国际上最重要的外汇市场。

伦敦是历史最悠久的国际金融中心，几乎所有的国际性大银行都在伦敦开设了分支机构。由于地理上的优势，伦敦在交易时间上与亚洲和北美市场相关联，并有部分重叠，以方便不同地域的投资者进行交易。伦敦市场的外汇交易量居世界首位，交易品种十分丰富，其汇率走势对全球汇市有着重要的影响。

纽约的外汇市场是世界上最重要的外汇市场之一，纽约汇集了世界上主要的大型金融机构。美元是世界最主要的储备和清算货币，纽约作为美元的清算中心，虽然在交易量上比不上伦敦市场，但在汇率的波动和影响方面比伦敦市场有过之而无不及。这一方面是由于美国的经济数据对全球金融市场有着举足轻重的影响，而这些数据往往是在纽约交易时间公布；另一方面，美国股票、债券市场规模庞大，其走势影响着国际资金的流向，美国宽松的金融制度有利于金融创新。以上因素大大地活跃了纽约外汇市场。

东京是亚洲最重要的外汇市场。东京外汇市场在规模上仅次于伦敦和纽约，位居世界第三。在东京市场上，围绕日元的外汇买卖活动所占比重较大。

除了上述三大外汇市场外，德国的法兰克福、新加坡和中国香港也是重要的外汇市场。亚洲市场的外汇行情较欧美的要平静。随着欧洲和北美的外汇市场陆续开市，行情渐趋活跃。

城市	开市时间	收市时间
悉尼	07：00	15：00
东京	08：00	16：00
香港	09：00	17：00
新加坡	09：00	17：00
巴林	14：00	22：00
法兰克福	16：00	24：00
苏黎世	16：00	24：00
巴黎	17：00	次日凌晨1：00
伦敦	18：00	次日凌晨2：00
纽约	20：00	次日凌晨4：00
洛杉矶	21：00	次日凌晨5：00

以上已换算为北京时间

二、黄金市场

1. 黄金市场的定义

黄金市场,是集中进行黄金买卖的交易场所。黄金交易与证券交易一样,都有一个固定的交易场所,世界各地的黄金市场就是由存在于各地的黄金交易所构成的。黄金交易所一般都设在各个国际金融中心,是国际金融市场的重要组成部分。

在黄金市场上买卖黄金的形式多种多样,主要有各种成色和重量的金条、金币、金丝和金叶等,其中最主要的是金条。大金条量重价高,是专业金商和中央银行买卖的对象;小金条量轻价低,是私人和企业买卖、收藏的对象。金价按纯金的重量计算,即以金条的重量乘以金条的成色。

2. 黄金市场的主要参与者

(1) 出售黄金的采金企业和进口黄金的各国工商企业;

(2) 利用黄金作为对外结算、投资与保值手段的各国企业、个人、银行和其他金融机构;

(3) 专门经营黄金买卖的各国金商和经纪人;

(4) 通过买卖黄金调节储备资产与国际收支的各国中央银行;

(5) 利用金价涨落牟取暴利的黄金投机商;

(6) 某些国际性金融机构(如 IMF 等)。

3. 黄金市场的构成

(1) 按市场交易有无固定地点划分,有无形市场和有形市场;

(2) 按市场的作用大小划分,有主导性黄金市场和地区性黄金市场;

(3) 按市场管制程度划分,有自由交易市场和有限制交易市场;

(4) 按市场交易方式划分,有现货市场和期货市场。

4. 世界上七大黄金市场

(1) 伦敦黄金市场。1804 年,伦敦取代阿姆斯特丹成为世界黄金交易的中心。1982 年 4 月,伦敦期货黄金市场开业。目前,伦敦仍是世界上最大的黄金市场。

(2) 苏黎世黄金市场。苏黎世黄金市场在第二次世界大战后趁伦敦黄金市场两次停业发展而起,苏黎世市场的金价和伦敦市场的金价同样受到国际市场的重视。苏黎世黄金市场没有正式的组织结构,而是由瑞士三大银行——瑞士银行、瑞士信贷银行和瑞士联合银行负责清算结账。三大银行不仅为客户代行交易，而且黄金交易也是这三家银行本身的主要业务。苏黎世黄金总库(Zurich Gold Pool)建立在瑞士三大银行非正式协商的基础上，不受政府管辖，作为交易商的联合体，与清算系统混合体在市场上起中介作用。

(3) 美国黄金市场。纽约和芝加哥黄金市场是20世纪70年代中期发展起来的，主要原因是：1977年后，美元贬值，美国人(主要是以法人团体为主)为了套期保值和投资增值获利，使黄金期货迅速发展起来。目前，纽约商品交易所(COMEX)和芝加哥商品交易所(IMM)不仅是美国黄金期货交易的中心，也是世界上最大的黄金期货交易中心。两大交易所对黄金现货市场的金价影响很大。

(4) 中国香港黄金市场。中国香港黄金市场已有90多年的历史，其形成以中国香港金银贸易场的成立为标志。1974年，中国香港政府撤销了对黄金进出口的管制，此后，中国香港黄金市场发展极快。由于中国香港黄金市场在时差上刚好填补了纽约、芝加哥市场收市和伦敦开市前的空档，可以连贯亚、欧、美地区，形成完整的世界黄金市场。其优越的地理条件引起了欧洲金商的注意，伦敦五大金商、瑞士三大银行等纷纷进港设立分公司。他们将在伦敦交收的黄金买卖活动带到中国香港，逐渐形成了一个无形的当地“伦敦黄金市场”，促使中国香港成为世界主要的黄金市场之一。

(5) 东京黄金市场。东京黄金市场于1982年成立，是日本政府正式批准的唯一黄金期货市场，其会员绝大多数为日本的公司。黄金市场以每克日元叫价，交收标准金成色为99.99%，重量为1kg，每宗交易合约为1 000g。

(6) 新加坡黄金所。新加坡黄金所成立于1978年11月，目前时常经营黄金现货和2、4、6、8、10个月的5种期货合约，标准金为100盎司的99. 99%纯金，设有停板限制。

(7) 上海黄金交易所。上海黄金交易所从2002年10月30日起开始正式运行。它是经国务院批准，由中国人民银行组建，履行《黄金交易所管理办法》规定职能，遵循公开、公平、公正和诚实信用的原则组织黄金交易，不以盈利为目的，实行自律性管理的法人。

资料卡　**黄金的分类、计量、形状**

黄金可分为生金和熟金两大类。生金指未经提炼的天然金，熟金是指生金经熔化、提炼的黄金。黄金的分类见下图。

- 黄金
  - 生金
    - 砂金
    - 矿金
  - 熟金
    - 纯金
    - 赤金
    - 色金
      - 清色金（含白银）
      - 混色金（含银、铜、铅）
        - 大混金
        - 小混金
        - K 金
        - 金币

黄金的计量分为成色和重量标准。黄金的成色是指它的纯度，一般用千分比表示，也可用百分比表示，还可用“K”或“开”表示。熟金分为纯金、赤金、色金，就是按提炼成色高低来划分的。黄金提炼后纯度在 95%左右为赤黄色，80%左右为正黄色，70%左右为青黄色；“七青、八黄、九五赤”就是人们识别黄金纯度的口诀。黄金的成色分为 24 分，1 分为 1K (Kazat，开)，纯金为 24K，1K 含金量为 4.166%。计算黄金成色的公式为：成色＝K 数×4.166%，如 24K 黄金成色＝24×4.166%＝99.98%，18K 黄金成色＝18×4.166%＝74.99%。“金无足赤”，目前提炼黄金的技术纯度可达 99.999%，称“五九纯金”，实际交易中，最高能达到 99.99%。黄金饰品上标的 24K、18K 等纯度，只能作参考，不能作依据，应以实际成色为准。

黄金重量的基本单位在国际上通用的是金衡盎司，也称“特洛伊”盎司。盎司是英制中的容量单位，又是其重量、质量单位，故又称为英两。金衡盎司是重量、质量盎司中的一种，其折算方法为：

1 金衡盎司＝31.103 477 克＝0.622 07 市两＝1.097 14 常衡盎司＝0.831 010 6司马两

我国过去习惯用斤、两(1/16 斤)、钱为单位计算黄金，现用公制单位吨、公斤、克计量。由于旧制 1 市两＝31.25 克≈1 金衡盎司，所以，涉及黄金、白银等金属计量时，也用“两”对外宣示。

专业金商和中央银行交易的黄金，一般是重量为 400 盎司、成色为99.5%的大金锭，进入国际金市的大金锭必须有国际公认的检验机构的印记。私人储藏黄金者交易的一般是成色、重量不等的小金条，最常见的是 1 公斤重的金条。除此之外，黄金市场还交易黄金券。黄金券是一种黄金凭证，持有人可随时向发行银行兑换黄金或与其等价的货币。黄金券面额有多种，上有编号和姓名，不准私自转让，但遗失可以挂失。

资料来源：刘金章，孙可娜主编.《现代金融理论与实务》，北京交通大学出版社，2006 年版，第 267－268 页。

第三节　保险市场

一、保险及保险市场的定义

《中华人民共和国保险法》第二条对保险下了定义："本法所称保险，是指投保人根据合同约定，向保险人支付保险费，保险人对于合同约定的可能发生的事故因其发生所造成的财产损失承担赔偿保险金的责任，或者当被保险人死亡、伤残、疾病或者达到合同约定的年龄、期限时，承担给付保险金责任的商业保险行为。"

保险市场是保险商品交换的总和，包括原保险市场业务的交易、再保险市场业务的交易，以及国内保险市场和国际保险市场的业务交易活动。它既可以指固定的交易场所，如保险交易所，也可以是所有实现保险商品让渡的交换关系的总和。在保险市场上，交易的对象是保险人为消费者所面临的风险提供的各种保险保障。保险市场同其他商品市场一样，受供求规律、价值规律和竞争规律作用的影响，供求关系通过市场调节渐渐达到平衡。

保险可以从多个角度来理解：

(1) 从经济角度来看，保险是一种分摊意外事故损失的财务安排，体现一定的经济关系。

(2) 从法律角度来看，保险是一方同意补偿另一方损失的合同安排，体现一定的民事法律关系。

(3) 从社会角度来看，保险是社会经济保障制度的组成部分，是社会生产和社会生活"精巧的稳定器"。

(4) 从风险管理的角度看，保险是风险管理的一种对策，发挥着分散风险、补偿损失的作用。

二、保险市场的要素

1. 保险市场的主体

保险市场的主体是指保险市场交易活动的参与者，包括保险市场的供给方和需求方以及充当供需双方媒介的中介方。保险市场就是由这些参与者缔结的各种交换关系的总和。

(1) 保险市场的供给方。保险市场的供给方是指在保险市场上提供各类保险商品，承担、分散和转移他人风险的各类保险人。如国有保险人、私营保险人、合营保险人、合作保险人、个人保险人。通常他们必须是经过国家有关部门审查认可并获准专门经营保险业务的法人组织。

(2) 保险市场的需求方。保险市场的需求方是指保险市场上所有现实的和潜在的保险商品的购买者，即各类投保人。根据保险消费者不同的需求特征，可以把保险市场的需求方划分为个人投保人、团体投保人、农村投保人、城市投保人等。根据保险需求的层次还可以把保险市场的需求方划分为当前的投保人与未来的投保人等。

(3) 保险市场的中介方。保险市场的中介方既包括活动于保险人与投保人之间，充当保险供需双方的媒介，把保险人和投保人联系起来并建立保险合同关系的人；也包括独立于保险人与投保人之外，以第三者身份处理保险合同当事人委托办理的有关保险业务的公证、鉴定、理算、精算等事项的人。具体有保险代理人（或公司）、保险经纪人（或公司）、保险公估人（行）、保险律师、保险理算师、保险精算师、保险验船师等。

2. 保险市场的客体

保险市场的客体是指保险市场上供求双方具体交易的对象，这个交易对象就是各类保险商品。这是一种特殊形态的商品。

(1) 保险商品是一种无形商品；

(2) 保险商品是一种“非渴求商品”；

(3) 保险商品的消费是一种隐型消费。

保险商品形式是保险合同，保险合同实际是保险商品的载体，其内容是保险事故发生时提供经济保障的承诺。保险费率是保险商品的价格，它是被保险人为取得保险保障而由投保人向保险人支付的价金。

三、保险市场的类型

1. 按保险业务承保的程序不同，可分为原保险市场和再保险市场

(1) 原保险市场，亦称直接业务市场，是保险人与投保人之间通过订立保险合同而直接建立保险关系的市场。

(2) 再保险市场，亦称分保市场，是原保险人将已经承保的直接业务通过再保险合同转分给再保险人的方式形成保险关系的市场。

2. 按照保险业务性质不同，可分为人身保险市场和财产保险市场

(1) 人身保险市场，是专门为社会公民提供各种人身保险商品的市场。

(2) 财产保险市场，是从事各种财产保险商品交易的市场。

3. 按保险业务活动的空间不同，可分为国内保险市场和国际保险市场

(1) 国内保险市场，是专门为本国境内提供各种保险商品的市场，按经营区域范围又可分为全国性保险市场和区域性保险市场。

(2) 国际保险市场，是国内保险人经营国外保险业务的保险市场。

4. 按保险市场的竞争程度不同，可分为垄断型保险市场、自由竞争型保险市场、垄断竞争型保险市场

(1) 自由竞争型保险市场，是保险市场上存在数量众多的保险人、保险商品交易完全自由、价值规律和市场供求规律充分发挥作用的保险市场。

(2) 垄断型保险市场，是由一家或几家保险人独占市场份额的保险市场，包括完全垄断和寡头垄断型保险市场。

(3) 垄断竞争型保险市场，是大小保险公司在自由竞争中并存，少数大公司在保险市场中分别具有某种业务的局部垄断地位的保险市场。

四、保险市场的功能

1. 合理安排风险，维护社会稳定的功能

保险市场通过保险商品交易合理分散风险，提供经济补偿，在维护社会稳定方面发挥着积极的作用。

2. 聚集、调节资金，优化资源配置的功能

保险资金收入和支出之间有一个时间差，保险市场通过保险交易对资金进行再分配，从而充分发挥资金的时间价值，为国民经济的发展提供动力。

3. 实现均衡消费，提高人民生活水平的功能

保险市场为减轻居民消费的后顾之忧提供了便利，使之能够妥善安排生命期间的消费，提升人民生活的整体水平。

4. 促进科技进步，推动社会发展的功能

保险市场运用科学的风险管理技术，为社会的高新技术风险提供保障，由此促进新技术的推广应用，加快科技现代化的发展进程。

五、我国的保险市场

1. 中国保险市场的形成

(1) 外商保险公司垄断时期的中国保险市场。我国现代形式的保险是伴随

着帝国主义的入侵而传入的。19 世纪初,西方列强开始了对东方的经济侵略,外商保险公司作为保险资本输出与经济侵略的工具进入中国。

(2) 民族保险业开创与发展时期的我国保险市场。外商保险公司对中国保险市场的抢占及西方保险思想的影响,引起一些华商纷纷仿效。1824 年,一广东富商在广州城内开设张宝顺行,兼营保险业务,这是华人经营保险的最早记载;1865 年,中国第一家民族保险企业——上海华商义和公司保险行创立,打破了外商保险公司独占中国保险市场的一统天下局面,中国近代民族保险业正式诞生;1875 年,保险招商局成立,中国较大规模的民族保险企业诞生;1886 年,"仁和""济和"两家保险公司合并为"仁济和"水火保险公司,资金达到 100 万两黄金。雄厚的资金大大加强了其在保险市场的实力和竞争能力,成为中国近代颇有影响的一家华商保险企业。以 1875 年保险招商局的创办为契机,中国民族保险业又相继成立了 20 多家水火险公司,并在民族资本主义工商业的大发展中得以迅速发展。

2. 新中国保险市场的初创

新中国成立后,首先是对旧中国保险市场进行管理与整顿,紧接着是创立与发展人民保险事业。1949 年 10 月 20 日,中国人民保险公司正式挂牌开业,这标志着中国现代保险事业的创立,开创了中国保险的新纪元。保险市场除传统的火险和运输险外,还积极开发新的险种,同时,中国人民保险公司在全国各地建立了自己的分支机构,并逐步开展了各种财产保险和人身保险业务。但是,由于"左"的错误思想影响,1958 年 10 月,国内保险业务被迫停办,直到 1979 年恢复。20 年的中断,使大量的专业人员和宝贵资料散失,拉大了与国外保险同行的差距,给中国现代保险业的发展带来不可弥补的损失。中国共产党十一届三中全会以后,国内保险业务得到恢复。

3. 我国保险市场的现状及前景

(1) 我国保险市场的现状。保险市场主体不断增加,多家竞争的市场格局已经初步形成;保险业务持续发展,市场潜力巨大;保险法规体系逐步完善,保险监管力度加强;保险市场逐步对外开放,国际交流与合作不断加强。

(2) 我国保险市场的前景展望。我国保险业发展前景广阔,具有中国特色的保险市场体系正初步形成,这一体系将包含以下特征:经营主体多元化,运行机制市场化,经营方式集约化,政府监管法制化,从业人员专业化,行业发展国际化。

资料卡 **我国三大保险公司简介**

1. 中国人寿保险(集团)公司

中国人寿保险(集团)公司及其子公司构成了我国最大的商业保险集团,是国内唯一一家资产过万亿的保险集团,是中国资本市场最大的机构投资者之一。

2008年,中国人寿保险(集团)公司及其子公司总保费收入达到3 220.52亿元,境内寿险业务约占寿险市场份额的42.7%;总资产达到12 846.11亿元,可运用资金超过11 000亿元。

中国人寿保险(集团)公司属国有大型金融保险企业,总部设在北京。公司前身是成立于1949年的原中国人民保险公司,1996年分设为中保人寿保险有限公司,1999年更名为中国人寿保险公司。2003年,经国务院同意、中国保险监督管理委员会批准,原中国人寿保险公司进行重组改制,变更为中国人寿保险(集团)公司。集团公司下设中国人寿保险股份有限公司、中国人寿资产管理有限公司、中国人寿财产保险股份有限公司、中国人寿养老保险股份有限公司、中国人寿保险(海外)股份有限公司、国寿投资控股有限公司以及保险职业学院等多家公司和机构,业务范围全面涵盖寿险、财产险、养老保险(企业年金)、资产管理、实业投资、海外业务等多个领域,并通过资本运作参股了多家银行、证券公司等其他金融和非金融机构。

中国人寿保险(集团)公司已连续12年入选《财富》全球500强企业,排名由2002年的290位跃升为2014年的98位;连续7年入选世界品牌500强,位列第237位,是我国保险业唯一一家全球企业、全球品牌“双500强”企业;所属寿险股份公司继2003年12月在纽约、中国香港两地同步上市之后,又于2007年1月回归境内A股市场,成为内地资本市场“保险第一股”和全球第一家在纽约、香港和上海三地上市的保险公司,目前已成为全球市值最大的上市寿险公司。

2. 中国平安保险(集团)股份有限公司

中国平安是中国第一家以保险为核心的,融证券、信托、银行、资产管理、企业年金等多元金融业务为一体的,紧密、高效、多元的综合金融服务集团。公司成立于1988年,总部位于深圳。2004年6月和2007年3月,公司先后在中国香港联合交易所主板及上海证券交易所上市,股票名称“中国平安”,中国香港联合交易所股票代码为2318,上海证券交易所股票代码为601318。

公司控股设立中国平安人寿保险股份有限公司(“平安人寿”)、中国平安财产保险股份有限公司(“平安产险”)、平安养老保险股份有限公司、平安资产管理有限责任公司、平安健康保险股份有限公司,并控股中国平安保险海外(控股)有限公司("平安海外控股")、平安信托投资有限责任公司("平安信托")、平安银行股份有限公司。平安信托依法控股平安证券有限责任公司,平安海外控股依法控股中国平安保险(香港)有限公司,及中国平安资产管理(香港)有限公司。

截至2009年6月30日,按照国际财务报告准则(IFRS),集团总资产为人民币8 854.19亿元,权益总额为人民币1 017.93亿元。按中国会计准则,集团总资产为人民币8 302.20亿元,股东权益为人民币966.83亿元。

2009年6月,英国《金融时报》公布其2009年度"全球500强"企业榜单,中国平安荣幸再次入榜,在全球寿险公司排名第二。在上榜的中国内地企业中,中国平安以426.629亿美元市值排名第八,三度蝉联非国有企业第一名,在国内金融企业排名第五。同年4月,《福布斯》公布其2009年度"全球上市公司2000强",中国平安凭借稳固的业务基础、优秀的经营管理及综合金融的优势,第三度入围,排名第141,在91家上榜的中国内地企业中,排名第八,三度蝉联非国有企业第一名。近年来,通过稳健经营和持续努力,中国平安不仅实现了"世界500强"夙愿,更多次获得管理类奖项。仅在2009年上半年,中国平安就已荣获包括亚太区权威财经杂志《亚洲金融》评选的"中国区最佳管理企业",以及《亚洲企业管理》杂志主办的"2009年亚洲公司治理杰出表现奖"。

3. 中国太平洋保险(集团)股份有限公司

中国太平洋保险是在1991年5月13日成立的中国太平洋保险公司的基础上组建而成的保险集团公司,总部设在上海,注册资本77亿元。2007年12月25日在上海证券交易所挂牌上市,股票简称"中国太保",股票代码为601601。2009年12月23日,公司在中国香港联合交易所挂牌上市,股票简称"中国太保",股票代码为02601。

中国太平洋保险旗下拥有太平洋寿险、太平洋产险和太平洋资产管理公司等专业子公司,拥有雄厚的实力,保持持续领先的市场地位。截至2008年末,总资产为3 193.9亿元,净资产487.4亿元。2008年,实现保险业务收入940.2亿元,较上年同期增长26.6%。就市场份额而言,太平洋产险为中国第二大产险公司,太平洋寿险为中国第三大寿险公司。

中国太平洋保险建立了覆盖全国的营销网络和多元化服务平台,目前拥有5 400余家分支机构,6.4万余名员工与22万余名营销员,为全国超过3 600万名个人客户和220万机构客户提供包括人身险和财产险在内的全方位风险保障解决方案、投资理财和资产管理服务。

资料卡　**什么是五险一金**

“五险”讲的是五种保险，包括养老保险、医疗保险、失业保险、工伤保险和生育保险；“一金”指的是住房公积金。其中，养老保险、医疗保险和失业保险这三种保险是由企业和个人共同缴纳保费，工伤保险和生育保险完全是由企业承担，个人不需要缴纳。这里要注意的是“五险”是法定的，而“一金”不是法定的。

第四节　金融衍生品市场

金融衍生品通常是指从原生资产(Underlying Asserts)派生出来的金融工具。由于金融衍生品交易在资产负债表上没有相应科目，因而也被称为“资产负债表外交易(简称表外交易)”。金融衍生品的共同特征是保证金交易，即只要支付一定比例的保证金就可以全额交易，无需实际上的本金转移，合约的了结一般也采用现金价差结算的方式进行，只有在期满日以实物交割的方式履约的合约，才需要买方交足货款。因此，金融衍生品交易具有杠杆效应，保证金越低，效应越大，风险也就越大。国际上金融衍生品种类很多，各国在活跃的金融创新活动中接连不断地推出金融衍生品。

一、金融衍生品的类型及特点

金融衍生品也叫衍生工具或衍生证券。衍生工具是和现货工具相对应的一个概念。在外汇市场、债券市场、股票市场中，交易的结果会出现本金的流动，这类交易工具叫现货工具。在许多情况下，本金的流动不仅不必要，而且不受欢迎。这时就发明了衍生工具，衍生工具的交易不发生本金的流动。关于金融衍生品，至今还没有一个统一的定义。1994 年 8 月，国际互换和衍生协会(International Swaps and Derivatives Association，ISDA)在一份报告中对金融衍生品作了如下描述：“衍生品是有关互换现金流量和旨在为交易者转移风险的双边合约。合约到期时，交易者所欠对方的金额由基础商品、证券或指数的价格决定。”

随着金融创新的发展，金融衍生品经过衍生再衍生、组合再组合的螺旋式发展，现在种类已经十分繁多。按照金融工程学的观点，基本的金融衍生品包括四种：远期(forward)、期货(future)、期权(option)、互换(swap)。远期合约是在指定的未来时刻，以确定的价格交割某物的协议。期货是一种标准化的远期合约,期货合约的交割日和交割物的数量都是由期货交易所事先固定的,期货交易只能在交易所进行,并实行保证金制度。期权是一份选择权的合约,在此合约中,立权人授给期权的买方在规定的时间内以事先确定的价格从卖方处购买或卖给卖方一定商品的权利而不是义务。互换是交易双方达成的定期交换支付的一项协议,交换支付以事先确定的本金为依据,这个本金叫名义本金额。每一方支付给对方的数量等于名义本金额乘以事先约定的定期支付率,双方只交换约定的支付而不是名义本金额。

金融工程是20世纪80年代末出现的一门新兴学科。它将工程思维引入金融领域,综合地运用各种工程技术方法,设计、开发、实施新型的金融产品,创造性地解决各种金融问题。金融工程师把远期、期货、期权、互换作为基本工具,通过组合、分解、剥离、指数化、证券化等技术,可以创造各种各样不同风险收益特征的金融衍生品。从本质上看,金融衍生品都是一系列远期合约的组合。金融衍生品一旦出现,就呈现出不同于基础商品的特点,具体归纳为:

(1) 金融衍生品交易是在现时对基础工具未来可能产生的结果进行交易。交易结果要在未来时刻才能确定盈亏。

(2) 金融衍生品交易的对象并不是基础工具,而是对这些基础工具在未来某种条件下处置的权利和义务,这些权利和义务以契约形式存在,构成所谓的产品。

(3) 金融衍生品是对未来的交易,按照权责发生制的财务会计规则,在交易结果发生之前,交易双方的资产负债表并不反映这类交易的情况,因此,潜在的盈亏无法在财务报表中体现。

(4) 金融衍生品是一种现金运作的替代物,如果有足够的现金,任何衍生品的经济功能都可以通过运用现金交易来实现。

(5) 从理论上讲,金融衍生品可以有无数种具体形式,它可以把不同现金流量特征的工具组合成新的工具,但不管组合多么复杂,基本构成元素还是远期、期货、期权和互换。

(6) 由于金融衍生品交易不涉及本金,从套期保值者的角度看,减少了信用风险。

(7) 金融衍生品交易可以用较少成本获取现货市场上需较多资金才能完成的结果,因此具有高杠杆性。

(8) 金融衍生品独立于现实资本运动之外,却能给持有者带来收益,是一种收益获取权的凭证,本身没有价值,具有虚拟性。

二、金融衍生品市场的基本功能

金融衍生品市场的首要功能是规避风险，这是金融衍生品市场赖以存在和发展的基础，而防范风险的主要手段是套期保值。

金融衍生品市场的第二个功能是价格发现。金融衍生品市场集中了各方面的参加者，带来了成千上万种关于衍生品基础资产的供求信息和市场预期，通过交易所类似拍卖方式的公开竞价，形成了市场均衡价格。金融衍生品的价格形成有利于提高信息的透明度，金融衍生品市场与基础市场的高度相关性，提高了整个市场的效率。

金融衍生品市场的第三个功能是套利。金融衍生品市场存在大量具有内在联系的金融产品，在通常情况下，一种产品总可以通过其他产品分解组合得到。因此，相关产品的价格应该存在确定的数量关系，如果某种产品的价格偏离这种数量关系时，总可以低价买进某种产品，高价卖出相关产品，从而获取利润。

金融衍生品市场的第四个功能是投机。市场上总存在一些人希望利用对特定走势的预期来对未来的变化进行赌博，构造出一个原先并不存在的风险。投机者通过承担风险获取利润，只要是在透明公开的条件下进行，投机是有利于促进市场效率的。

金融衍生品市场的第五个功能是构造组合。利用金融衍生品可以对一项特定的交易或风险暴露的特性进行重新构造，实现客户所预期的结果。

从宏观角度看，金融衍生品市场具有以下三个功能。

1. 资源配置功能

金融衍生品市场的价格发现机制有利于全社会资源的合理配置：一方面，衍生品市场近似于完全竞争市场，其价格接近于供求均衡价格，这一价格用于配置资源的效果，优于用即期信号安排下期生产和消费。所以，衍生品市场形成的价格常常成为一个国家，甚至全世界范围内的价格。另一方面，金融衍生品市场的价格是基础市场价格的预期，能反映基础市场未来预期的收益率。当基础市场预期收益率高于社会资金平均收益率时，社会资金就会向高收益率的地方流动。

2. 降低国家风险功能

国家风险包括政治风险、经济风险、金融风险，这三种风险是密切相连的，具有极强的互动关系。1997 年的东南亚金融危机，首先是出现金融风险，进而引发经济风险和政治风险。金融衍生品市场对降低国家风险具有重要作用，它首先体现在衍生品市场可以降低金融风险，提高金融体系的效率。金融衍生品市场的发展增加了金融产品的多样性，扩大了金融体系的流动性，为借款人提供了进入新市场的途径和规避风险的方法，从总体上降低了融资成本。其次，金融衍生品市场对降低国家经济风险、政治风险也有重要作用。如一个国家能否对其外汇储备进行套期保值，如何规避由于汇率变动造成的外债风险等，都将影响国家的经济风险。相对而言，对政治风险的影响是间接的。

3. 容纳社会游资功能

金融衍生品市场的出现为社会游资提供了一种新的投资渠道，不仅使一部分预防性货币需求转化为投资性货币需求，而且产生了新的投资性货币需求，使经济货币化、市场化、证券化、国际化日益提高的情况下，不断增加的社会游资有了容身之处，并通过参与金融衍生品市场而发挥作用。

三、金融衍生品的特征

(1) 杠杆性。金融衍生品交易可以用较少成本获取现货市场上需较多资金才能完成的结果，因此，具有高杠杆性。

(2) 融资性。作为一种过渡，在市场准入后，金融衍生品市场可以作为融资渠道，因此其具有融资性。

(3) 高风险性。衍生品交易由于其杠杆性而具有高风险性和信用风险的相对集中性，衍生品的虚拟性和定价复杂性使得其交易策略远复杂于现货交易，如果不恰当使用或风险管理不当，则将导致巨大的风险。

(4) 虚拟性。金融衍生品独立于现实资本运动之外，却能给持有者带来收益，是一种收益获取权的凭证，本身没有价值，具有虚拟性。

四、金融期货市场

金融期货市场主要由外汇期货市场、利率期货市场和股票期货市场组成。金融期货市场的特征是：交易场所仅限于交易所，交易很少以实物交割，交易合约是标准化合约，交易每天进行结算。金融期货市场主要有两大功能：①转移价格风险的功能。在金融市场活动中，市场主体常面临利率、汇率和证券价格波动等风险。有了期货交易后，他们就可以利用期货多头或空头把价格风险转移出去，从而实现避险的目的。②价格发现功能。期货价格是所有参与期货交易的人对未来某一特定时间的现货价格的期望或预期。不论期货合约是多头还是空头，都会依其个人所持立场或所掌握的市场资讯，并对过去的价格表现加以研究后，作出买卖委托。而交易所通过电脑撮合公开竞价出来的价格，就为此瞬间市场对未来某一特定时间现货价格的平均看法。这就是期货市场的价格发现功能。

五、金融期权市场

金融期权是指赋予其购买者在规定期限内按双方约定的价格购买或出售一定数量某种金融资产权利的合约。对于期权的买者来说，期权合约所赋予他的只有权利，而没有任何义务。他可以在规定期限以内的任何时间（美式期权）或期满日（欧式期权）行使其购买或出售标的资产的权利，也可以不行使这个权利。对期权的出售者来说，他只有履行合约的义务，而没有任何权利。按期权买者的权利划分，期权可分为看涨期权和看跌期权。凡是赋予期权买者购买标的资产权利的合约，就是看涨期权；而赋予期权买者出售标的资产权利的合约，就是看跌期权。按期权买者执行期权的时限划分，期权可分为欧式期权和美式期权。欧式期权的买者只能在期权到期日执行期权，而美式期权允许买者在期权到期前的任何时间执行期权。按照期权合约的标的划分，金融期权合约可分为利率期权、货币期权（或称外汇期权）、股价指数期权、股票期权以及金融期货期权等，而期货期权又可分为利率期货期权、外汇期货期权和股价指数期货期权三种。

六、金融互换市场

互换（swap）或称掉期，具有双重含义。在外汇市场上它是指掉期，即双方同时进行两笔金额相等、期限不同、方向相反的外汇交易。在资金市场上它是指互换，即双方按事先预定的条件进行一定时期的债务交换。互换交易涉及利息支付，这是它与掉期的基本区别。

互换交易的种类有：从交换利息支付的角度分类，它包括同种货币浮动利率对固定利率的互换、同种货币浮动利率对浮动利率的互换、不同货币固定利率对固定利率的互换、不同货币固定利率对浮动利率的互换、不同货币浮动利率对浮动利率的互换五种形式。从是否发生货币交换的角度分类，它包括货币互换和利率互换两种形式。

资料卡 世界主要股指期货标的简介

1. 标准·普尔500指数

标准·普尔500指数，是由标准·普尔公司1957年开始编制的。最初的成份股由425种工业股票、15种铁路股票和60种公用事业股票组成。从1976年7月1日开始，其成份股由400种工业股票、20种运输业股票、40种公用事业股票和40种金融业股票组成。它以1941—1942年为基期，基期指数定为10，采用加权平均法进行计算，以股票上市量为权数，按基期进行加权计算。与道·琼斯工业平均股票指数相比，标准·普尔500指数具有采样面广、代表性强、精确度高、连续性好等特点，被普遍认为是一种理想的股票指数期货合约的标的。

2. 道·琼斯平均价格指数

道·琼斯平均价格指数，简称道·琼斯平均指数，是目前人们最熟悉、历史最悠久、最具权威性的一种股票指数，其基期为1928年10月1日，基期指数为100。道·琼斯股票指数的计算方法几经调整，现在采用的是除数修正法，即不是直接用基期的股票指数作为除数，而是先根据成份股的变动情况计算出一个新除数，然后用该除数除以报告期股价总额，得出新的股票指数。目前，道·琼斯工业平均股票指数共分四组：第一类是工业平均数，由30种具有代表性的大工业公司的股票组成；第二组是运输业20家铁路公司的股票价格指数；第三组是15家公用事业公司的股票指数；第四组为综合指数，是用前三组的65种股票加总计算得出的指数。人们常说的道·琼斯股票指数通常是指第一组，即道·琼斯工业平均数。

3. 英国金融时报股票指数

金融时报股票指数是由伦敦证券交易所编制，并在《金融时报》上发布的股票指数。根据样本股票的种数，金融时报股票指数分为30种股票指数、100种股票指数和500种股票指数等三种指数。目前常用的是金融时报工业普通股票指数，其成份股由30种代表性的工业公司的股票构成，最初以1935年7月1日为基期，后来调整为以1962年4月10日为基期，基期指数为100，采用几何平均法计算。而作为股票指数期货合约标的的金融时报指数，则是以市场上交易较频繁的100种股票为样本编制的指数，其基期为1984年1月3日，基期指数为1 000。

4. 日经股票平均指数

日经股票平均指数的编制始于1949年，它是由东京股票交易所第一组挂牌的225种股票的价格所组成。这个由日本经济新闻有限公司(NKS)计算和管理的指数，通过主要国际价格报道媒体加以传播，并且被各国广泛用来作为代表日本股市的参照物。

1986 年 9 月,新加坡国际金融交易所(SIMEX)推出日经 225 股票指数期货,成为一个重大的历史性发展里程碑。此后,日经 225 股票指数期货及期权的交易,也成为许多日本证券商投资策略的组成部分。

5. 香港恒生指数

恒生指数是由香港恒生银行于 1969 年 11 月 24 日开始编制的用以反映香港股市行情的一种股票指数。该指数的成份股由在香港上市的较有代表性的 33 家公司的股票构成,其中,金融业 4 种、公用事业 6 种、地产业 9 种、其他行业 14 种。恒生指数最初以 1964 年 7 月 31 日为基期,基期指数为 100,以成份股的发行股数为权数,采用加权平均法计算,后由于技术原因改为以 1984 年 1 月 13 日为基期,基期指数定为 975.47。恒生指数现已成为反映香港政治、经济和社会状况的主要风向标。

本章小结

1. 证券投资基金是一种面向社会大众,通过发行基金单位,将零散的、众多的社会资金集中到一起,再由专业人员进行管理和运用,从事股票、债券等方面的组合投资,并按投资者的出资比例进行收益分配的一种组合投资制度。它体现的是投资者(委托人)与基金管理人(受托人)之间的一种委托与受托的关系。

证券投资基金作为一种大众化的信托投资工具,其资金主要来源于社会大众手中的闲置资金。从出资人的情况来看,证券投资基金的出资人既可以是个人,又可以是机构。其中,机构投资者主要包括投资银行、保险公司、社会保险基金、各种基金会基金等。从资金的运用来看,证券投资基金的投资范围较为广泛,既可以投资于股票、债券等有价证券,也可以投资于货币市场金融工具、外汇、衍生投资工具等领域,但它一般不涉足金融领域以外的实业投资。证券投资基金一般都具有相当的资金规模,因此,它可以按照投资组合的方式进行分散投资,以减少投资的风险。

2. 外汇市场是指由外汇需求者和供给者及买卖的中介者组成的买卖外汇的行为、外汇交易的场所和网络。它是本国货币与外国货币相互兑换的地方,也包括两种或两种以上外国货币的相互兑换。外汇市场是一个无形的“网络式市场”,世界各地的外汇买卖者可以通过电话、电传等通信工具相互联系达成交易。由于全球各地存在时间差,当一国的外汇市场营业结束时,另一国的外汇市场还在营业或已经开市,这样就使外汇买卖可以连续 24 小时在全球不间断地进行。

3. 黄金市场是集中进行黄金买卖的交易场所。黄金交易与证券交易一样，都有一个固定的交易场所，世界各地的黄金市场就是由存在于各地的黄金交易所构成的。黄金交易所一般都设在各个国际金融中心，是国际金融市场的重要组成部分。

在黄金市场上买卖黄金的形式多种多样，主要有各种成色和重量的金条、金币、金丝和金叶等，其中最主要的是金条。大金条量重价高，是专业金商和中央银行买卖的对象；小金条量轻价低，是私人和企业买卖、收藏的对象。金价按纯金的重量计算，即以金条的重量乘以金条的成色。

4. 保险市场是保险商品交换的总和，包括原保险市场业务的交易、再保险市场业务的交易，以及国内保险市场和国际保险市场的业务交易活动。它既可以指固定的交易场所，如保险交易所，也可以是所有实现保险商品让渡的交换关系的总和。在保险市场上，交易的对象是保险人为消费者所面临的风险提供的各种保险保障。保险市场同其他商品市场一样，受供求规律、价值规律和竞争规律作用的影响，供求关系通过市场调节渐渐达到平衡。

5. 金融衍生品通常是指从原生资产(Underlying Asserts)派生出来的金融工具。由于金融衍生品交易在资产负债表上没有相应科目，因而也被称为“资产负债表外交易(简称表外交易)”。金融衍生品的共同特征是保证金交易，即只要支付一定比例的保证金就可以全额交易，不需实际上的本金转移，合约的了结一般也采用现金价差结算的方式进行，只有在满期日以实物交割的方式履约的合约才需要买方交足货款。因此，金融衍生品交易具有杠杆效应。保证金越低，效应越大，风险也就越大。

思考题:

1. 简述证券投资基金的概念和作用。
2. 简述外汇市场的构成。
3. 简述黄金市场的定义及类型。
4. 简述保险市场的概念和作用。
5. 简述金融衍生品的概念和种类。

操作题:

1. 通过网络，了解当前证券投资基金的种类。
2. 查找当前各大保险公司的主要险种。
3. 通过网络，了解期货合约的主要内容。

第三篇

金融业务篇

第九章　商业银行及其主要业务

学习目标

✧ 掌握商业银行的定义及组织形式；
✧ 掌握商业银行的资产业务及种类；
✧ 理解掌握商业银行的负债业务及内容；
✧ 了解商业银行的中间和表外业务。

引言

商业银行在现代金融体系中处于核心地位，是现代金融服务的中坚，与其他金融机构相比，商业银行具有特殊的重要性。它担当着充当信用中介、支付中介、变积蓄和收入为资本、创造信用流通工具、提供多种金融服务的重要作用。

第一节　商业银行概述

一、商业银行的定义

商业银行是以经营金融资产和负债为主要业务，以利润最大化为经营目标的多功能、综合性金融企业。在现代金融体系中，商业银行处于主导地位，金融市场中的大多数金融交易活动都直接或间接地经由商业银行进行，商业银行同时也是信用货币的创造者之一。商业银行的资产业务和负债业务关系到整个经济社会的发展，商业银行的发展水平既反映了一个国家金融业的发展水平，也促进了一个经济体整个金融业的发展。

二、商业银行地位的重要性

对影响货币运行的金融中介机构作介绍时，总是先从商业银行开始，这是因为:第一,从历史上看,商业银行产生和成长的时间最长,是整个金融业演化的主流,其组织管理和业务经营都比较全面和成熟。因此,抓住了商业银行,就不难理解和掌握其他影响货币运行的组织和机构。第二,在当今世界各国金融体系中,商业银行规模最庞大,其活动对整个金融业和经济的影响是其他任何金融机构难以比拟的。第三,商业银行经营业务范围广泛,综合性强,与广大的工商企业发生联系,素有"金融百货公司"之称,以区别于其他多数金融组织的专业经营。第四,商业银行是唯一能够办理用支票提取活期存款业务,并提供交换和支付媒介、创造货币和信用的机构。这就把商业银行活动同中央银行货币运行以及整个社会活动紧密地联系起来。

三、商业银行的产生和发展

(一)商业银行的产生

1. 货币兑换业和货币经营业

商业银行的先驱是随着商品生产和流通的扩大而出现的货币兑换业。在14—15世纪的欧洲,社会生产力有了较大的发展,国际、地区间的商业贸易往来日益扩大。然而,由于封建割据的存在,货币铸造权分散,不同国家、不同地区的货币单位不同,材料、种类成色不一,给商人们的商业贸易活动带来很多不便。商人们在从事对外贸易时,不仅要鉴别铸币的材料、重量和成色,还要把本国铸币兑换成当地铸币,对货币进行真伪鉴别,从而兑换就成为商业活动中不可或缺的一个组成部分,于是,一部分商人就从一般商人中分离出来,专门从事货币兑换业务,成为货币兑换商。

早期的货币兑换商仅仅拥有办理鉴别与兑换货币的技术性业务,并收取一定的手续费。经过长期的发展,他们逐渐建立了自己的信誉,取得了商人们的信任;而商人们为了避免自己保管和携带货币所产生的风险与困难,就把自己的货币交给货币兑换商保管,并取得货币兑换商提供的相应凭据,然后凭着这张凭据,可以在另一个城市兑取当地的货币。后来,商人们又将这些凭据用作商业支付,并委托货币兑换商代为支付现金。这样,货币兑换商所开出的凭据,便成了早期的"汇票",最初的汇兑、结算业务就在此基础上发展起来,原先的货币兑换业逐渐演变成货币经营业,而原先的货币兑换商也变成货币经营商了。

2. 早期的银行

随着社会生产力和早期资本主义工商业的进一步发展,货币经营业也得到了迅速发展,货币经营商手中聚集的资金越来越多。当货币经营商发现这些长期大量集存的货币相当稳定，可以用来发放高利贷以获取高额利息收入时，货币经营商就从原来被动接受客户委托保管货币转变为积极主动招揽货币保管业务，通过降低保管费和不收取保管费，甚至给委托保管货币的客户一定好处来招揽业务，此时，货币保管业务便演变成存款业务。同时，货币经营商根据经验，改变了以前实行全额准备制以防客户提现的做法，实行部分准备制，所吸收的存款除了保留一部分以应付日常的提现外，其余的均用于贷款取息。此时，货币经营业就演变为集存款、贷款、汇兑、结算业务于一体的早期银行。

最早的银行产生于当时的世界商业中心——意大利，以后传播到欧洲其他国家。例如，1580 年成立的威尼斯银行、1595 年成立的米特兰银行、1609 年成立的阿姆斯特丹银行和 1629 年成立的汉堡银行等都是早期著名的银行。这些银行的放款利率很高，一般都在 20%～30%，属于高利贷性质的银行。

3. 现代商业银行的形成

现代商业银行起源于资本主义社会。随着资本主义生产社会化和商品经济的发展，早期高利贷性质的银行已不能满足经济发展对资金融通的需求，客观上迫切要求建立资本主义银行，以支持和推动资本主义扩大再生产。现代资本主义银行是通过两条途径产生的：一是早期高利贷性质的银行逐渐适应新的条件而转变为资本主义银行，二是根据资本主义原则组建股份制银行。

世界上第一家股份制银行是 1694 年在英国创办的英格兰银行，该行一开始就把年利率定为 4.5%～6%，大大低于当时那些高利贷性质的银行的贷款利率。英格兰银行的建立，标志着适应资本主义生产方式的新银行制度的建立，也意味着高利贷在信用领域的垄断地位被打破。继英格兰银行之后，欧洲其他国家也先后建立了股份制银行，这些银行资本雄厚、规模大、发展快，从而成为资本主义银行的主要形式。

（二）商业银行的发展

20 世纪 90 年代以来，由于国际经济环境的不断变化、经济全球化浪潮的到来，以及以信息技术为核心的现代高科技的迅猛发展，现代商业银行的业务经营和管理发生了根本的变革，并且这种变革还将持续。这些变革可归纳为以下几个方面。

1. 银行业务全能化

20 世纪 70 年代开始，由于金融竞争十分激烈、金融工具不断创新、金融管制逐渐放松，商业银行逐渐突破了与其他金融机构分工的界限，走上了业务经营“全能化”的道路。商业银行业务全能化的主要原因有：①商业银行存款结构的变化。近年来，商业银行存款中，定期存款和储蓄存款的比重有所上升，这一变化为商业银行发放中长期贷款和证券投资业务提供了稳定的资金来源。②由于商业银行竞争的加剧、金融管制的放松，不仅使商业银行开拓新业务成为必要，而且也使商业银行开拓新业务成为可能。③商业银行经营观念的改变和经营管理理论的发展，不仅为商业银行全能化、综合化的发展提供了理论依据，而且对商业银行全能化、综合化的发展产生了极大的推动作用。

长期实行“分业经营”制度的英国、加拿大、日本、美国等国家，先后通过有关法律、法规，取消银行、证券业务分离的限制，而允许银行、证券、保险等业务“混业经营”，从而使商业银行真正称为“金融百货公司”。

2. 银行资产证券化

20 世纪 80 年代以来，商业银行业务经营出现了证券化趋势。商业银行业务经营证券化趋势表现在两个方面：首先，国际金融市场融资方式的证券化，各种传统的银行信贷越来越多地被各种各样的证券融资所取代。在国际金融市场上，债券融资方式所占比重平均超过 60%，国际债券的发行总额已经超过了国际银行信贷的总额。其次，商业银行的资产业务也有转换为证券方式的趋势。商业银行将某笔贷款或一组贷款汇集起来，以此作为抵押发行证券，使其在市场上流通转让，因此可以大大提高商业银行资产的流动性。

3. 银行资本集中化

由于银行业竞争的加剧以及金融业风险的提高，还有产业资本不断集中的要求，商业银行出现了合并的浪潮。在美国，1991 年，以化学银行和汉诺威银行为代表的 6 家大银行合并；1998 年，花旗集团和旅行者集团合并。在瑞士，1997 年瑞士联合银行与瑞士银行合并。在德国，1998 年，德意志银行收购美国排名第八位的信孚银行。在中国香港，1992 年香港汇丰银行兼并英国米兰银行。在日本，1995 年东京银行和三菱银行合并，日本的三和、朝日、东海三家银行也宣布合并，成为世界第三大银行。由于大银行或大金融集团的相互购并，形成金融业的“巨无霸”，使银行资本大量集中，银行资产规模迅速扩大。

4. 业务经营电子化

20 世纪 90 年代起，人类步入信息革命的时代。信息技术每天都在改变着我们的生活，银行业也融入了信息技术发展的潮流，世界各大商业银行强化了信息技术的投入，开拓自助银行、电话银行、网上银行、手机银行等服务，发展电子货币，构思电子货币联网系统等，使信息技术的应用愈来愈决定着银行经营的成败。

四、商业银行的性质

1. 商业银行是企业

商业银行具备一般企业的基本特征。商业银行和一般工商企业一样，拥有业务经营所必需的自有资本，实行独立核算、自主经营、自负盈亏，其一切经营活动都是以追求最大限度的利润为目标。

2. 商业银行是金融企业

商业银行不是一般的企业，它是经营金融业务的特殊企业。商业银行的活动范围不是一般的商业生产和流通领域，而是货币信用领域，其经营对象是货币和货币资本这种特殊的商品，包括货币收付、货币借贷以及各种与货币运动有关的金融服务。由于货币资本是社会再生产过程中所不可缺少的，因此，商业银行的经营活动实际上是服务于社会生产和流通的各个环节，它比其他企业具有更广泛的社会联系，在社会再生产中处于特殊地位，发挥着其他工商企业无法比拟的特殊作用。

五、商业银行的经营模式

在历史上，商业银行的演化和发展主要遵循两种形式：

第一是英国式的融通短期商业资金的形式。其特点为放款的偿还期短、流动性高，对银行来说比较安全可靠。最典型的例子是国际贸易中的进出口押汇和票据贴现与产销放款，厂商为购买储备原料及支付工资向银行借款周转，一旦产销完成，贷款即可从销售收入中得到偿还。遵循这条形式的大多是英语世界的银行。

第二是德国式综合银行的形式。其特点为银行不仅提供短期商业或周转资金，而且也融通长期固定资本。此外，还直接投资于新兴企业，并在技术革新、地区选择、合并增资方面为企业提供咨询服务。换言之，并不将商业银行与投资银行严格区分，是经营一切银行业务的综合银行。

关于以上两种形式谁优谁劣，历史上存在过争议，但从 20 世纪 70 年代以后的情况看，所谓英国式商业银行和德国式综合银行的区别已逐渐消失，以至于整个欧洲金融界大体都采用了所谓“混业经营”的模式，即银行与保险机构、投资银行等机构的业务可以相互交叉，以展开充分竞争。进入 1997 年以后，世界范围的金融改革浪潮已使美国、日本这类历来采取“分业管理”模式的国家也改弦更张，提出了采取混业经营的金融改革一揽子计划。

六、商业银行组织体制的形式

1. 分支行制

目前世界上大多数国家的商业银行都采用这种制度，其特点为在首都或位于经济中心的大城市设立总行，在国内或国外，根据业务需要设立不同级别的分支机构，组成银行体系。

2. 单元制

单元制目前仅存在于美国，其特点是银行业务完全由总行经营，不设任何分支机构，每家银行都必须注册。赞同分支行制的人认为，分支行制有利于吸收更多资金，实现大规模经营的效益，资金调度（包括准备金）比较方便，可以让更多的资金投入使用获得收益，有利于提高管理水平，有利于放款分散达到风险分散，较能适应大企业的资金需要，便于中央银行对信用实行调节与管理；反对分支行制而赞同单元制的则认为，分支行制容易形成垄断，易受外地经济不景气的影响，在决定业务方针等重大问题时需向总行请示，不够灵活及时。

3. 集团银行制

这一制度在美国最为流行，其特点是，由一个集团成立一股权公司，再由该公司控制或收购两家或两家以上的银行。这种方式无疑是逃避由于开设分支行而带来种种限制的一种策略。

4. 连锁银行制

连锁银行制与集团银行制相似，其区别在于：连锁银行与股权公司无关，而是指两家（或两家以上）独立的以公司形式组织起来的银行，通过相互持有股份而由同一人或同一集团所控制。

除上述四种国内银行业务的基本组织体制外，近年来在国际业务中又出现了另一种流行的组织形式——财团银行，这是指不同国家的大商业银行合资成立的银行，其目的在于专门经营境外美元市场及国际资金存放业务。

资料卡 美国主要商业银行

1. 花旗集团(Citigroup)

1955 年，纽约花旗银行与纽约第一银行合并，改名为纽约第一花旗银行，1962 年改为第一花旗银行，1967 年改为花旗公司。总部设在纽约市。1998 年与旅行者集团合并组建花旗集团，成为世界上最大的金融服务公司。

2. 摩根大通公司(J. P. Morgan Chase & Co.)

2000 年 12 月,由 J.P.摩根公司和大通—曼哈顿公司合并而成,总部设在纽约。

3. 贝尔斯登公司(Bear Stearns Cos.)

成立于 1923 年,总部位于纽约,是美国华尔街第六大投资银行,系全球 500 强企业之一。

4. 美洲银行公司(Bank of America Corp.)

美洲银行于 1904 年成立,总部在旧金山。1998 年,与国民银行合并为美洲银行公司,成为横跨东西两岸的全国性银行。

5. 第一银行公司(Bank One Corporation)

1957 年成立。1998 年与芝加哥第一国民银行合并,总部在芝加哥。

此外,美国的主要商业银行还有第一联合银行、美林银行、威尔斯·法格银行、美国银行、美国国民城市银行、美怡银行等。

第二节　商业银行的资产业务

商业银行的业务是其经营的基础。良好的业务体系和业务创新机制是银行不断为客户提供优质金融产品的保证。在分业管理模式下,商业银行的基本业务就是传统的资产、负债和中间业务。

商业银行的资产业务是指商业银行如何运用资金的业务,也是商业银行主要的利润来源。商业银行的资产业务主要是现金、贷款和证券投资。银行的收益主要来自存贷款之间的利息差额,为了偿付存款利息、各项开支以及增加盈利,银行就要通过贷款、投资等资金运用渠道,充分有效地使用资金。

一、现金业务

现金资产是银行资产中最富有流动性的部分,基本上不给银行带来直接的收益,但法律对其持有量有严格规定。现金项目包括库存现金、交存中央银行的存款准备金、存放同业和应收现金。

(1) 库存现金。它是指银行金库中的现钞和硬币,主要是为了应付客户提款及银行的日常开支。对一家银行来说,要尽量压缩库存现金量,减少不必要的风险和费用。

(2) 存款准备金。包括法定存款准备金和超额存款准备金两种。法定存款准备金是按照中央银行的要求,依照一定的比例在各类存款中保留的准备金,这部分准备金存放在中央银行。同时,银行还主动多保留一部分超额准备金部分,存放在央行,用以进行同业之间的资金结算。

(3) 应收现金。这是指应收而尚未收到的现金项目,例如在途资金,这是在支票清算过程中,已记入商业银行的负债,但实际上商业银行还未收到的那部分资金,通常它在短时间内就可以收到,因此属于现金项目。

(4) 存放同业。银行相互之间存放资金,目的是用于相互间的结算、转账、代理服务等,成为银行的资金往来。

二、贷款

贷款是商业银行作为贷款人,按照一定的贷款原则和政策,以还本付息为条件,将一定数量的货币资金提供给借款人使用的一种借贷行为。贷款是商业银行传统的核心业务,也是商业银行重要的盈利性资产,这在我国银行业务中表现得尤为突出。

(一) 贷款的种类

根据不同的划分标准,商业银行的贷款也多种多样,具体见图 9-1。

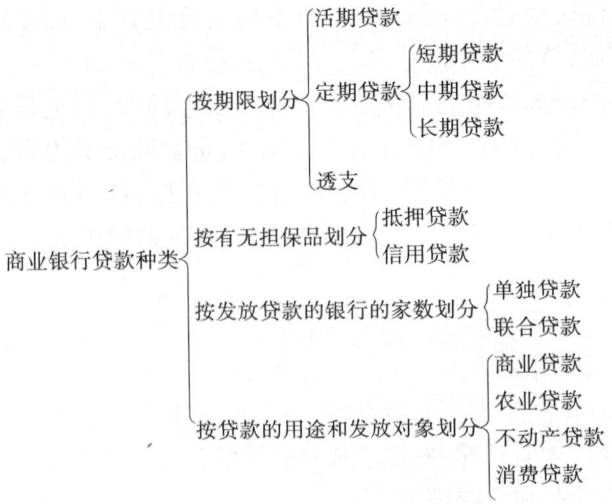

图 9-1　商业银行的贷款种类

(1) 按期限划分,主要有:①活期贷款。这是一种偿还期限不固定,但银行可以随时通知借款人于一定期限内归还的贷款，故又称通知放款。此种贷款适宜于借款人短期周转使用，对银行来说，是相当灵活便利的。②定期贷款。即规定偿还期限的贷款。根据偿还期限的长短，它又可以分为：短期贷款，在美国一般为1年期以下；中期贷款，一般为5～7年；长期贷款，一般高于6年或10年以上。③透支。活期存款客户账户上的资金用完时，银行同意在规定的额度内，客户可以继续签发支票，向银行暂时借用资金；而当客户的存款账户上收入资金时，可随时用来归还以前的借款。此种业务又称作活存透支，或简称透支。根据有无抵押品，透支可分为信用透支（又称往来透支）和抵押透支。透支实际上是一种临时融通资金的贷款，但它又不同于一般的贷款，这表现在办理贷款的程序、手续、归还贷款以及贷款利息的计算等方面。

（2）按有无担保品划分，分为：①抵押贷款。银行为了贷款的安全而要求借款人提供抵押品的贷款，称作抵押贷款。在发放抵押贷款前，要注意抵押品的质量和易售性，并需要办理抵押贷款的设定手续。②信用贷款。银行只凭借款人或第三者的信用而无须借款人提供抵押品所发放的贷款，称为信用贷款。信用贷款按有无保证人担保，分为有保证人的信用贷款和无保证人的信用贷款。目前银行贷款大部分都属于有保证人的信用贷款。无保证人的信用贷款，银行必须对借款单位的经营财务状况有相当的了解。

（3）按发放贷款银行的家数划分为：①单独贷款，主要指由一家银行提供贷款。②联合贷款。指因贷款项目巨大，一家银行无力承办或为了分散风险等目的，两家或两家以上银行共同提供的贷款。

（4）按贷款的用途和发放对象不同，可以分为商业贷款、不动产贷款、消费贷款、农业贷款等。商业贷款是发放给工商企业的贷款，它一直是商业银行的主要贷款业务。不动产贷款是对土地开发、住宅公寓、厂房建筑、大型设施购置等项目所提供的贷款。这类贷款收益高，但期限较长。不动产市场变化难以捉摸，存在着极大的风险。如果银行不动产贷款比例过大，则会导致银行业甚至整个金融业乃至经济的危机。因此，各国在不动产贷款方面也制订了一些具体规定，以限制银行对不动产信用的极度扩张。

消费信贷是贷放给个人用来购买消费品或支付劳务费用的。在美国，现在主要发放消费信贷的，除金融机构外，还有一些商店，后者属于商业信用的范畴。金融机构中，原来以信用联合和财务公司为主要的发放消费者贷款的机构，近年来由于竞争的结果，商业银行也开始经营这项业务。

20世纪30年代的商业银行是不能经营消费者贷款的。因为那时的银行家们认为放款是用于消费而不是用于生产的，因而放款本身不会产生偿还贷款所需要的资金。以后随着经济形势的发展，一方面工业生产过剩，为了推销产品，需要办理赊销；另一方面由于广大消费者改变传统消费习惯，开始利用消费信贷，用明天的收入来购买今天的商品（也是为了逃避通货膨胀），这样，银行就开始加入办理消费信贷的行列，或直接贷款给消费者，或间接地以资金融通给工商业，向他们购买赊销合同。

对申请消费者贷款的人，也要进行信用分析，但和对企业的信用分析有所不同。首先是考虑借款人的偿还能力，有的银行对申请贷款者的个人信用调查采取评分的办法，把调查的项目分为十类：①自有或租用住房情况；②在现址居住年数；③在现在的雇主处工作年数；④申请人年龄；⑤银行往来情况；⑥信用卡使用情况；⑦与财务公司往来情况；⑧工资收入；⑨每月应付的分期付款数额；⑩信用级别。根据上列十项，按不同情况评分，要达到一定标准才能贷款。

（二）贷款原则及对借款者信用分析和审查

商业银行的贷款原则是安全性、盈利性和流动性。为了保证实现这三项原则的最佳组合，特别是为了保证贷款的安全，商业银行的信贷人员在贷款前后都必须对借款人的经营情况和信用程度进行详尽的事前调查分析以及事后的跟踪总结。其主要内容包括：

第一，审查放款的标准。商业银行对借款者的审查非常严格、全面，标准相当高，概括起来，这些标准有5C等，其中，C是有关标准第一个字母的缩写，所谓5C是指：①借款能力（Capacity to borrow）。银行贷款时，不仅要关心借款人的偿还能力，而且要关心其法定借款能力，如对合伙企业放款，有时要求所有合伙人都在合同上签字负责；向公司贷款时，银行有时要求公司董事会通过决议授权借款。②借款人的品质（Character）。指借款人要有强烈归还借款的愿望，借款人要诚实、可靠、辛勤工作和讲信用。特别要注意借款人过去偿还借款的记录。③资本（Capital）。对银行来说，借款人的资本越多越好，资本大，银行的风险就相对地小。资本的状况可以看借款人财务报表上的总资产与总负债的情况。④放款的担保（Collateral）。担保品应是易于确定价值、易于变现、不易损坏的财产。放款的金额要按担保品的市价打折扣。⑤经营情况（Condition of business）。指借款人企业以至行业在整个经济中的趋势、企业的管理经营水平等。

除5C标准外，还有人提出信用调查分析的5P因素。所谓5P因素，一是指借款人因素（Personal factor），即个人的信誉、人格、能力等；二是指目的因素（Purpose factor），即放款有无增加生产的积极意义；三是指偿债因素（Payment factor），即偿还资金是否具有自偿性和如何安排最好的偿还时间；四是指债权保证因素（Protect factor），即放款的抵押品和收回贷款的保障措施；五是展望因素(Prospective factor),即对授信的评价和对银行盈利及风险的评价。除此以外,还考虑其他经济因素,包括政局变动、景气循环、经济状况、同业竞争、劳资关系等。

第二,对企业财务报表的审查分析。主要包括:①应收账款分析,因为这一科目最接近于现金科目,如应收账款集中在少数大客户上,则其风险比应收账款分散在中小账户为大;在很多情况下,对应收票据、企业存款也应具体分析。如果贷款是中期或长期的,则应考虑企业的固定资产情况。②对负债及净值科目的分析。如果企业的应付款项大于其业务规模,该企业就得增资或向外借款。企业的长期负债包括抵押借款、债券、票据、中期借款和一年以上的负债,以及这些负债的性质、期限、合同规定等情况都应详细审查。③对企业收支明细表的分析,目的是看企业的业务经营以及管理水平等是否稳定。

(三) 贷款质量和风险程度的划分

贷款审查和信用分析的目的是为了保证贷款的质量和控制风险。按贷款的质量和风险程度划分,可以分为正常贷款、关注贷款、次级贷款、可疑贷款和损失贷款。

(1) 正常贷款,是指借款人能够履行借款合同,在有充分把握按时足额地偿还贷款本息的贷款。这类贷款的借款人的财务状况无懈可击,没有任何理由怀疑贷款的本息偿还会发生问题。

(2) 关注贷款,是指尽管借款人目前有能力偿还本金,但是发生了一些可能会影响贷款偿还的不利因素,如果这些因素继续存在,可能影响借款人的还款能力,因此,需要对其关注或监控。

(3) 次级贷款,是指借款人的还款能力出现了明显的问题,依靠其正常经营收入已无法保证足额偿还贷款本息的贷款。

(4) 可疑贷款,是指借款人无法足额偿还贷款本息,即使执行抵押或担保也肯定会造成一部分损失的贷款。这类贷款具备了次级贷款的所有特征,但是程度更加严重。

(5) 损失贷款,是指在采取了所有可能的措施和一切必要的法律程序后,本息仍然无法收回或只能收回极少部分的贷款。这类贷款已经丧失了作为银行资产的价值,因此已没有意义将其继续保留在资产账面上,应当履行必要的内部程序之后将其冲销。这种贷款分类标准的核心内容是贷款偿还的可能性,其实践性很强,很大程度上取决于检查人员的经验、知识和判断能力。

(四) 票据贴现

票据持有人请求银行对其未到期的票据提前付给现金而给银行一定利息

报酬的业务,称为票据贴现。票据贴现实质上是银行的一种放款性的资产业务,但它又不同于普通的放款,其优越性表现在:

第一,普通放款是银行同借款人之间的借款契约关系,而贴现则为银行向客户购买未到期票据的行为。

第二,票据到期的期限一般比较短,故银行办理贴现比发放贷款收回资金时间要快,而且票据在到期前可以在市场上流通转让,随时收回资金。

第三,普通贷款的责任人仅有借款人和保证人,而票据贴现的责任人有发票人、承兑人和背书人等,故用于贴现的资金比较安全。

第四,普通贷款的利息,须俟到期才能收取,而贴现的利息则由银行预先扣取。如果贷款利率和贴现率相同,贴现金额和贷款金额也相等,银行办理贴现比发放贷款可以获得更多的利息收入。

贴现利息是根据贴现票据上的金额、贴现率和贴现天数三者计算出来的。贴现率可分为市场贴现率和再贴现率。市场贴现率即普通贴现率,主要由短期的资金供求情况和利率高低等因素所决定。再贴现率又称为银行率或官定率,根据各国经济和信用制度发展程度的不同,再贴现率或者高于或者低于市场贴现率。客户向银行申请贴现的票据主要有:商业承兑汇票、银行承兑汇票、商业期票以及政府债券本息票等。商业承兑汇票在贴现市场上采用比较普遍,银行承兑汇票的信用程度高,故收取的贴现率较低。银行在办理商业期票的贴现时,要注意防止融通票据混杂其中。

三、证券投资业务

证券投资是商业银行一项重要的资产业务,它是指商业银行运用其资金在金融市场上购买各种有价证券的业务活动。商业银行投资系指商业银行购买有价证券作为资金运用的一种途径。投资与贷款都是银行的主要资产业务,但它们之间仍有不少区别。

第一,贷款一般由借款人主动申请才由银行发放,在确定贷款条件时(利率、期限和担保品等),决定权操纵在银行手中;而投资则是由银行通过买卖证券,在买卖中将会遇到来自证券交易商的竞争,故银行在投资时所处的地位不如发放贷款时有利。

第二,银行用于贷款的资金,通常要等贷款到期后才能收回,而银行投资于有价证券的资金,可以随时在公开市场出售而收回,但证券的价格要受市场供求关系的影响。

第三,银行贷款可以增加借款人在银行的派生存款,因而可以增加银行的准备金，而银行投资所支付的资金往往被提取，因而可能减少银行的准备金。

第四，为了安全起见，银行投资多半购买比较稳定的政府债券，但政府债券的利息通常比贷款利息低，因此，银行贷款的盈利通常比所获的盈利要多。

商业银行投资所购买的有价证券，主要指各级政府的债券、公司债券以及股票。商业银行投资的主要对象是短期国库券。银行买卖股票容易助长投机活动，故各国政府往往对银行购买股票的活动，在法令上加以限制。

第三节　商业银行的负债业务

商业银行的负债业务是形成商业银行主要资金来源的业务，是其最基本、最主要的业务。在商业银行的全部资金来源中，90%以上来自负债。从广义的角度来看，商业银行的负债业务的类型主要包括自有资本、存款业务和借入负债业务。银行负债的规模和结构，决定了整个银行的经营规模和经营方向，而负债结构和成本的变化，则极大地影响着银行的盈利水平和风险状况。

一、自有资本

自有资本是银行最原始的资金来源，也称资本金。银行和其他企业一样，必须有一定的资本金才能从事相应的经营活动，资本金的规模大小在相当程度上制约着银行的发展。虽然银行可以通过吸收存款和进行短期借款来扩大资本规模，但是其前期的准备工作，如筹建营业场所、购置设备等只能依靠自有资金；另外，自有资本规模的大小也是银行实力和信誉的象征，良好的信誉是维持公众信心的基础，而充足的资本又是银行声誉赖以树立的基本物质条件；再者，拥有一定规模的自有资本，也是监管部门对商业银行的基本要求。具体来说，银行资本主要包括股本、资本盈余、未分配利润、债务资本和其他来源。

(1) 股本，是银行资本中最基本、最稳定的，包括普通股和优先股，是银行股东持有的股权证书。银行普通股是银行的一种股权证书，它构成银行资本的核心部分，它代表对银行的所有权，而且具有永久的性质。

(2) 资本盈余，也叫资本公积，是指商业银行发行股票时，股票实际销售价格超过股票面值所带来的额外收入，即股票发行溢价。

(3) 未分配利润，又叫留存收益或留存盈余，是银行尚未动用的税后利润部分，是银行所有者权益的一个项目。留存盈余的大小取决于银行的盈利情况，同时，股息政策和税率的高低也是影响留存盈余的重要因素。

(4) 从属债务，又称债务资本，是 20 世纪 70 年代西方国家银行广泛采用的一种外源资本，在 80 年代《巴塞尔协议》以后，债务资本只能作为补充资本。债务资本的偿还顺序仅次于存款者。债务资本主要有两类，即资本债券和资本票据。由于银行在破产清算时，此类证券对银行资产的要求权落在存款和借款等债务之后，所以，也具有一定的资本属性。各国银行监管当局都认可将此类债务算作银行资本。

(5) 其他来源，主要是指储备金。储备金是为了防止意外损失而从收益中提留的资金，包括资本准备金和放款与证券损失准备金。

二、存款业务

根据不同的标准，存款可以划分为不同的种类。见图 9－2。

- 存款
  - 按所有权划分
    - 私人存款
    - 机构、政府存款
  - 按来源划分
    - 原始存款
    - 派生存款
  - 按性质划分
    - 活期存款
    - 定期存款
    - 储蓄存款

图 9－2　存款的分类

上述三种分类中，最常用的是按性质分类。

活期存款是商业银行传统的、特有的业务，它是指存款户可以随时到银行取款而无须事先通知的一种银行存款。由于存户凭支票提取存款，故又称支票活期存款。银行对活期存款的存户一般不付利息，有些甚至还要收取一定的手续费。我国是目前少数对活期存款支付利息的国家之一。存户提取资金的支票有记名支票、不记名支票(来人支票)、普通划线支票以及保付支票等。

定期存款是指存款客户与银行事先约定期限，到期才能支取的银行存款。这种存款的期限短则 3 个月或 6 个月，长则 5 年或 10 年不等。与活期存款相比，定期存款存期固定，经营成本较低，为商业银行提供了稳定的资金来源。因此，商业银行通常对定期存款给予较高的利息，一般而言，存期越长，利率越高。定期存款的形式有存单和存折两种。在存款到期前，若存款人要求提前支取，虽然银行制度规定不予提取，但为了争取客户，吸引存款，银行一般并不严格执行这一制度，但对提前支取的部分要按活期存款的标准计付利息。过去，定期存单是不能转让流通的，从 20 世纪 60 年代起，美国纽约的大商业银行开始发行可转让的大面额定期存单，简称 CDs，借此来吸收国内外的闲散资本。

储蓄存款是指为居民个人积蓄货币资产和获取利息收入而设立的一种存款。储蓄存款分为活期存款和定期存款两类，银行均应支付利息。储蓄存款不使用支票，也不使用存单，而是通常由银行发给存款户存折，以作为存款和提款的凭证，并且一般不能据此签发支票，支取时只能提取现金或先转入存户的活期存款账户。

除上述各种传统的存款业务外，为了吸收更多存款，西方国家商业银行在存款工具上有许多创新，如可转让支付命令账户、自动转账账户、货币市场存款账户、大额定期存单等。

三、借入负债业务

虽然存款构成银行的主要资金来源，但当吸收的存款无法满足贷款和投资增长的需求时，银行便需要寻求存款以外的其他资金来源。各类非存款性的借款也是商业银行负债的一个重要组成部分。在现代的商业经营理念下，通过借入短期资金，商业银行既可以获得短期的流动性需要，又可持有较高比例的缺乏流动性的高收益资产。商业银行短期借款的渠道主要有同业拆借、中央银行借款、回购协议、欧洲货币市场借款、发行中长期债券等。

1. 同业拆借

同业拆借，指的是金融机构之间的短期资金融通，主要用于支付日常性的资金周转，它是商业银行为解决短期资金余缺、调剂法定准备金头寸而融通资金的重要渠道。同业拆借一般是短期的，如日拆或隔夜拆借，如果借贷双方同意可以续借，利息按日计算，利率根据市场资金供求状况而决定。同业拆借一般不需要抵押品，全凭银行信誉。

2. 中央银行借款

商业银行为满足资金需要，还可以从中央银行借款，主要有再贴现和再贷款两种方式。再贴现是指商业银行将自己办理贴现业务时所买进的未到期票据再卖给中央银行，即再次申请贴现，也称间接借款；再贷款是中央银行向商业银行的信用放款，也叫直接借款。在市场经济发达的国家，由于商业票据和贴现业务广泛流行，再贴现就成了商业银行向中央银行借款的主要渠道；而在商业票据信用不普及的国家，则主要采取再贷款的形式。

3. 回购协议

回购协议，是指商业银行在出售证券等金融资产时签订协议，约定在一定期限后按约定价格购回所卖证券，以获得即时可用资金的交易方式。回购协议最常见的交易方式有两种：一是证券卖出和购回采用相同的价格，协议期以约定的收益率在本金外再支付费用;二是购回证券的价格高于卖出证券时的价格,其差额就是即时资金提供者的收益。

4. 欧洲货币市场借款

除了在本国货币市场上取得借款外,商业银行还可以从国际金融市场筹资来补充银行资金的不足,最典型的就是欧洲货币市场借款。欧洲货币市场是一个不受任何国家管制与纳税限制,完全自由开放的市场,借款银行凭借其在国际金融市场中的资信取得借款,短期借款一般不签协议,无须提供担保。借款利率有固定的,也有浮动的。欧洲货币市场借款对各国的商业银行有很强的吸引力,成为银行在国际市场融资的重要渠道。

5. 发行中长期债券

发行中长期债券,是指商业银行以发行人身份,通过承担债券利息的方式,直接向货币所有者举借债务的融资方式。商业银行发行的中长期债券通常称之为金融债券,可分为资本性金融债券、一般性金融债券和国际金融债券。通过发行金融债券融资可以拓宽商业银行负债渠道,促进负债来源多样化,增强负债的稳定性。但是,发行金融债券融资筹资成本较高,债券的流动性受市场发达程度的制约,管理当局的限制也较严格。

资料卡 《巴塞尔协议Ⅲ》

在雷曼兄弟破产两周年之际,《巴塞尔协议Ⅲ》在瑞士巴塞尔出炉。最新通过的《巴塞尔协议Ⅲ》受到了2008年全球金融危机的直接催生,该协议的草案于2010年提出,在短短一年时间内就获得了最终通过,并将于此后的11月在韩国首尔举行的G20峰会上获得正式批准实施。《巴塞尔协议Ⅲ》是国际清算银行(BIS)的巴塞尔银行业条例和监督委员会的常设委员会——“巴塞尔委员会”于1988年7月在瑞士的巴塞尔通过的“关于统一国际银行的资本计算和资本标准的协议”的简称。该协议第一次建立了一套完整的、国际通用的、以加权方式衡量表内与表外风险的资本充足率标准,有效地扼制了与债务危机有关的国际风险。《巴塞尔协议Ⅲ》几经波折,终于2013年1月6日发布其最新规定。新规定放宽了对高流动性资产的定义和实施时间。

从1975年9月第一个巴塞尔协议到1999年6月《新巴塞尔资本协议》(或称“新巴塞尔协议”)第一个征求意见稿的出台,再到2006年新协议的正式实施,时间跨度长达30年。几十年来,巴塞尔协议的内容不断丰富,所体现的监管思想也不断深化。本次改革主要集中在三方面:最低资本金比率要求、对一级资本的定义以及过渡期安排。

在最低资本金比率方面,草案规定,商业银行的普通股最低要求将从目前的2%提升至4.5%，也就是所谓的"核心"一级资本比率，另外，还需要建立2.5%的资本留存缓冲和0～2.5%的"逆周期资本缓冲"。此外，商业银行更宽泛的一级资本充足率下限则将从现行的4%上调至6%。根据新规定，银行需要在2015年前，也就是5年内达到最低资本比率要求，即不包括资本缓冲在内的普通股占风险加权资产的比率达到4.5%，一级资本比率达到6%。而对缓冲资本的落实则更为宽松一些，银行可以在2016年1月至2019年1月分阶段落实。

资料来源：百度百科，2014－04。

第四节　商业银行的中间业务和表外业务

一、商业银行的中间业务

商业银行的中间业务是指商业银行不需要运用自己的资金，不列入资产负债表内，利用自身技术、信息、机构网点、资金和信誉等方面的优势，以中间人的身份为客户提供各类金融服务并收取手续费的业务。随着商业银行之间竞争的加剧，商业银行的存贷利差不断缩小，中间业务显得十分重要，成为商业银行利润的重要来源。在国外，商业银行的中间业务发展得相当成熟。美国、日本、英国等国家的商业银行中间业务收入占全部收益的比重均在40%左右，美国花旗银行收入的80%来自中间业务。

（一）中间业务的特点

1. 代理性强

商业银行一般是以接受客户委托的形式开展中间业务的。在办理担保、代理等业务时，其代理性的特点更加明显。如代交交通违法罚款，商业银行只是接受交通管理局的委托代其收取费用，商业银行不需承担风险。

2. 资产性弱

商业银行在办理中间业务时，一般不需要运用或直接运用自己的资金，同时也不构成银行自身的资产。如商业银行在开展结算业务时的重要原则就是"银行不垫付"原则。

3. 风险性低

由于商业银行中间业务是为客户提供各类金融服务并收取手续费的业务，

所以,中间业务的发展会为商业银行带来大量的手续费收入和佣金收入。西方发达国家商业银行中间业务收入占总收入的比重一般在40%左右。

(二)中间业务的主要种类

商业银行中间业务主要包括结算业务、代理业务、信托业务、租赁业务、银行卡业务、信息咨询业务等。

1. 结算业务

结算业务是银行接受客户的委托,根据各种收付凭证,为客户办理各种货币收付。它是在商业银行的存款负债业务基础上产生的一种业务,客户到银行存款(尤其是活期存款)除了安全保值的目的外,很大程度上是为了利用银行在转账结算方面的便利。结算业务主要有以下几种:

(1) 汇兑业务。汇兑业务是银行接受客户委托,把款项支付给异地收款人的业务。根据承汇行通知承兑付款的方式不同,汇兑业务分为票汇、信汇和电汇三种。承汇行开出汇票,由客户寄给异地收款人,再由持票人向承兑行取款,称为票汇。承汇行以邮信方式寄送支付委托书通知承兑行付款,称为信汇。承汇行以电报或电传方式通知承兑行付款,称为电汇。

(2) 信用证业务。信用证是银行应客户的要求和指示,向受益人开立的具有一定金额、在一定期限内凭规定的单据在指定地点付款的书面保证文件。信用证结算方式就是付款人根据贸易合同,请当地银行开立以收款人为受益人的信用证,银行经审核同意并收取一定保证金后即开具信用证,收款人接到信用证后履行合同,开证银行接到有关单据后向收款人付款,付款人再向开证银行付款的结算方式。银行经办信用证业务,除可从中收取手续费外,还可占用一部分客户资金。

(3) 托收结算。托收结算是由债权人或销货人向银行提出委托收款申请,由银行通知债务人或购货人所在地的本行分支机构或有代理行关系的他行代收款项,当委托银行收到被委托行收妥款项的通知后,即将托收款项付给委托人。根据委托人是否提交托收款的依据,托收业务有跟单托收和光票托收之分。光票托收是指委托人开立的汇票不附带货运单据。跟单托收是指委托人将附有货运单据的汇票送交托收代收款项的托收方。目前在国内的托收结算中有托收承付和委托收款两种方式。

(4) 支票结算。支票结算是由付款人根据其在银行的存款和透支限额开出支票,交给收款人,再由收款人持票向银行提取现金或办理转账的结算方式,属同城结算方式之一。支票结算可分为现金支票和转账支票两种方式。现金支票可以提取现金,也可以办理转账;转账支票只能通过银行办理款项划拨,不能提取现金。

2. 代理业务

代理业务是指商业银行接受政府、企业单位、其他银行或金融机构，以及居民个人的委托，以代理人的身份代表委托人办理一些经双方议定的经济事务的业务。主要包括以下几种：

(1) 代理收付款业务。这是商业银行利用自己的结算便利，接受客户的委托代为办理指定款项的收付事宜。如代理发放工资、代理收付款项、代理医疗保险业务、代理个人分期付款业务等。

(2) 代理融通业务。代理融通业务又叫应收账款权益授予，指的是由商业银行或专业代理融通公司接受他人的委托，以代理人的身份代为收取应收账款，并为委托者提供资金融通的一种代理业务。

(3) 代理买卖业务。这是指商业银行接受客户的委托，代替客户买卖有价证券、贵金属和外汇的业务。这项业务的风险较小，银行除可取得手续费收入外，还可吸收保证金存款。

(4) 其他代理业务。商业银行的代理业务种类繁多，除了上述业务外，还有代理承销与兑付债券、代理清欠、代理监督、代理会计事务、代理保管、代购代销、代客理财、代办集资等。

3. 信托业务

信托业务是指商业银行作为受托人接受客户委托，代为经营、管理或处理有关受托的资财或其他事项，为信托人谋取利益的业务。银行信托按其服务对象，可分为个人信托和公司信托两种；按信托财产的形态，可分为实物财产信托、货币资金信托和无形财产信托。

4. 租赁业务

租赁业务是指商业银行作为出租人向承租人提供某种设备（或其他物件）的使用权并收取租金的一种业务。其特点是设备的所有权与使用权分离，承租人定期缴纳租金，而在整个租赁期内拥有设备的使用权，设备的所有权仍归出租人所有。租赁期满，由出租人收回，也可作价由承租人留购。可供出租的可以是昂贵的设备，如机床、汽车、飞机、轮船、电子计算机等，也可以是耐用消费品，甚至是大型成套设备。

5. 银行卡业务

银行卡是由银行发行、供客户办理存取款业务的新型服务工具的总称，包括信用卡、支票卡、记账卡、自动出纳机卡、智能卡等。因为各种银行卡是由塑料制成的，又用于存取款的转账支付，所以又称之为“塑料货币”。银行卡的出现是银行业务与飞速发展的科学技术相结合的产物,它使银行业务有了崭新的面貌。

(1) 信用卡。信用卡是银行或公司签发的证明持有人信誉良好,可以在指定的商店或场所进行记账消费,如购买商品、支付劳务,或在指定地点支取现金的一种信用凭证。信用卡是所有银行卡中数量最多的一种,具有“先消费,后付款”的特点。

(2) 支票卡。支票卡又称支票保证卡,是供客户签发支票时证明其身份的卡片。这种卡在欧洲比较通行。欧洲卡同一般信用卡的区别是,它只起证明作用,而无授信功能。卡片上载明客户的账号、签名和有效期。使用时客户要出示卡片,并当着收款人的面签署支票,经检验卡片在有效期内,支票的账号和签名又与卡片相符,银行即可付现,也可给商店支付货款。

(3) 记账卡。记账卡是一种可以在与银行电子计算机总机相连的各种终端机上使用的塑料卡。它与信用卡的不同之处在于,使用时立即借记往来或储蓄账户,而不能获得银行授信。

(4) 智能卡。智能卡又称智慧卡,是一种携带方便,具有某些智能的卡片。其中一种叫灵光卡,又叫记忆卡,在卡上装有一个微型集成电路,可以存储大量数据,并有计算功能,可以单独使用,不必与终端机相联。每张卡上储存一定金额,每用一次就减去所用金额,用完以后再到银行去补充金额。还有一种叫激光卡,又叫光卡。这是一种运用激光技术的全息摄像卡,它把全息像与磁性记录结合起来,在其磁性记录中存储持卡人的安全照片,从而还可作其他多种用途。智能卡最大的优点是保密性强、使用安全、可脱机交易,但造价较高。

6. 信息咨询业务

信息咨询业务指商业银行运用自身积累的大量信息资源,以专业的知识、技能和经验为客户提供所需信息和多项智力服务的一种中间业务。商业银行利用其联系面广、网点多、信息灵通和先进的通信设施咨询业务,能充分利用和挖掘银行固有的资源优势,拓宽银行业务领域,增加银行收益,因而成为银行新的利润增长点。

二、商业银行的表外业务

(一) 什么是表外业务

20 世纪 80 年代以来,商业银行业务创新的一个重要标志就是表外业务(Off - tatance - sheet Activities)的迅猛发展。

根据巴塞尔委员会提出的判定标准,表外业务可分为广义和狭义两种。

广义的表外业务包括所有不在资产负债表中反映的业务，它由中间业务和狭义的表外业务构成。中间业务也称为金融服务类业务，与狭义的表外业务比较，它的特点是只为银行带来服务性收入，但却不影响表外业务的质量。

狭义的表外业务是指商业银行所从事的按国际会计准则不计入资产负债表内，因而不影响资产负债总额但能改变银行损益和营运资金状况的业务。狭义的表外业务就是通常所说的表外业务的代表形式。

（二）狭义的表外业务

巴塞尔委员会将狭义的表外业务分为以下四类：

1. 贷款承诺

贷款承诺（Loan Commitment）是银行在未来特定时期内，向客户按事先约定的条件发放一定数额贷款的诺言。承诺分为可撤销承诺和不可撤销承诺。可撤销承诺（Revocable Commitment）附有客户在取得贷款前必须履行的特定条款，一旦在银行承诺期间及实际贷款期间发生客户信用等级降低的情况，或客户没有履行特定条款，则银行可撤销该项承诺。有些可撤销承诺的协议对双方不具有法律上的约束力。不可撤销承诺（Irrevocable Commitment），则是银行不经客户同意不得私自撤销的承诺，是有法律约束力的。

可撤销承诺包括透支、信用额度。不可撤销承诺包括商业票据信用额度、备用信用额度、循环信用额度、存款协议、回购协议、票据发行便利。

2. 担保

担保（Guarantee）是商业银行以证人和保人的身份接受客户的委托，对国内外的企业提供信用担保服务的业务。即商业银行为交易活动双方中的某一方（委托人）对另一方出具书面担保，以保证委托人的债务或应履行的合同义务，并承担损失的赔偿责任。

担保包括银行承兑汇票、备用信用证、跟单或商业信用证、货物偿还担保、有追索权的债权转让、背书、对分支机构的财务支持。

3. 金融衍生工具

金融衍生工具（Derivatives or Swap and Hedging Transactions）是目前在西方商业银行中最为流行的表外业务，它是指以股票、债券或货币等资产的交易为基础，派生出来的金融工具。它们依附于股票、债券、货币等资产的交易而存在，是从原始的证券或资产衍生而来的，其本身不能独立存在。

金融衍生工具包括远期外汇合约、货币互换、货币期货、货币期权、利率互换、利率期权、利率上限和下限、股票指数期货和期权等。

4. 投资银行业务

投资银行业务(Investment Banking Activities)即以前由投资银行和证券公司经营的各种业务。西方金融监管当局从20世纪70年代末期起,陆续放松和取消对金融机构业务范围和活动领域的限制。随着金融业务的自由化,商业银行和投资银行以及其他金融机构之间的业务分工和界限变得越来越模糊不清。商业银行目前承担了许多投资银行业务。

投资银行业务包括证券包销、证券代理和分销、证券做市等。

资料卡 影子银行与表外业务成定时炸弹

2012年12月14日,深圳金博会正式开幕,由深圳市人民政府、中国国际贸易促进委员会、和讯网联合主办的“城市金融发展论坛”作为金博会的重要组成部分也盛大召开。

全国人大财经委副主任委员尹中卿在论坛上表示,影子银行和表外业务风险加在一起,成为一颗定时炸弹,尽管监管层采取了一些措施加强治理,但是效果并不明显。

尹中卿介绍称,目前我们国家银行业的总资产已经超过了100万亿元,保险业也超过了6万亿元,基金业超过了3万亿元,证券业也维持在2万亿元以上。随着银行业理财规模和保险公司规模的扩大,担保公司、期货市场、文化交易市场、新股IPO解禁、市场的直接融资比例上升、国际板在未来也要推出,中国金融体系将更加规模化,面临的风险也极为严峻。

截止到2012年上半年,我国商业银行表外加权风险资产达到了7.53万亿元。其中,上市银行的表外加权风险资产增速超过了15%,已经超过了同期信贷增速。另据澳信银行12月14日发布的《大中华区每周经济观察报告》,目前中国影子银行的规模在15万亿~17万亿元,大约相当于正规银行体系资产的10%~15%,也相当于我国GDP的三分之一。

尹中卿表示,近年来,影子银行已经和表外加权风险资产加在一起,成为一颗定时炸弹,大大减弱了货币政策的效果,尽管现在的监管层采取了一些措施加强治理,但是效果并不明显。

资料来源:和讯网,2012—12—14。

本章小结

1. 商业银行是以经营金融资产和负债为主要业务,以利润最大化为经营目标的多功能、综合性金融企业。在现代金融体系中,商业银行处于主导地位,金融市中的大多数金融交易活动都直接或间接地经由商业银行进行，商业银行同时也是信用货币的创造者之一。商业银行的资产业务和负债业务关系到整个经济社会的发展，商业银行的发展水平既反映了一个国家金融业的发展水平，也促进了一个经济体整个金融业的发展。

2. 商业银行的资产业务主要是放款和证券投资。银行的收益主要来自存贷款之间的利息差额，为了偿付存款利息、各项开支以及增加盈利，银行就要通过贷款、投资等资金运用渠道，充分有效地使用资金。

3. 商业银行负债业务是形成商业银行主要资金来源的业务，是其最基本、最主要的业务。在商业银行的全部资金来源中，90%以上来自负债。商业银行负债业务的类型主要包括资本、存款和借入负债业务。银行负债的规模和结构，决定了整个银行的经营规模和经营方向，而负债结构和成本的变化，则极大地影响着银行的盈利水平和风险状况。

4. 商业银行中间业务是指商业银行不需要运用自己的资金，不列入资产负债表内，利用自身技术、信息、机构网点、资金和信誉等方面的优势，以中间人的身份为客户提供各类金融服务并收取手续费的业务。随着商业银行之间竞争的加剧，商业银行的存贷利差不断缩小，中间业务显得十分重要，成为商业银行利润的重要来源。在国外，商业银行中间业务发展得相当成熟，美国、日本、英国等国家的商业银行中间业务收入占全部收益的比重均在40%左右，美国花旗银行收入的80%来自中间业务。

5. 商业银行的表外业务根据巴塞尔委员会提出的判定标准，可分为广义和狭义两种。

广义的表外业务包括所有不在资产负债表中反映的业务，它由中间业务和狭义表外业务构成。中间业务也称之为金融服务类业务，与狭义的表外业务比较，它的特点是只为银行带来服务性收入但却不影响表外业务的质量。

狭义的表外业务是指商业银行所从事的按国际会计准则不计入资产负债表内因而不影响资产负债总额，但能改变银行损益和营运资金状况的业务。狭义的表外业务就是通常所说的表外业务的代表形式。

思考题：

1. 简述商业银行的概念和组织形式。
2. 简述商业银行的资产业务及其种类。
3. 简述商业银行的负债业务及其内容。
4. 简述商业银行的中间业务和表外业务的内容。

操作题:

通过网络,了解各商业银行的资产和负债业务,并分析各银行间业务的不同。

第十章　中央银行及其政策调控

学习目标

✧ 掌握中央银行的定义及职能；
✧ 掌握中央银行的业务原则；
✧ 理解中央银行的资产业务；
✧ 理解中央银行的负债业务；
✧ 了解中央银行的其他业务。

引言

目前，世界上绝大多数国家的金融体系中，均设有中央银行。中央银行身处一国金融体系的核心地位，作为领导与管理全国货币金融的首脑机构，它代表国家发行通货、制定和执行货币金融政策、处理国际性金融事务、对金融体系实施监管。1694 年成立的英格兰银行被人们称为近代中央银行的鼻祖。

第一节　中央银行的职能及业务原则

中央银行是一国金融体系的核心，通过实施货币政策和金融监管，在稳定一国金融体系和调控国民经济活动等方面发挥着重要的作用。因此，目前世界上主要国家除极少数特殊情况外，都设有中央银行或类似于中央银行的金融管理机构。

一、中央银行的职能

1. 中央银行是“发行的银行”

中央银行是“发行的银行”，是指国家赋予中央银行集中与垄断货币发行的特权。中央银行是国家唯一的货币发行机构（在有些国家，硬辅币的铸造与发行由财政部门负责），这是中央银行最基本、最重要的标志，也是中央银行发挥其全部职能的基础。几乎在所有国家，垄断货币发行权都是与中央银行的产生与发展直接相连的。在商业银行逐步演变为中央银行的进程中，货币发行权的独占或垄断是其性质发生质变的根本标志。而从国家直接设立的中央银行看，垄断货币发行权是国家赋予的最重要的特权之一，是所有授权中首要也是最基本的特权。一部中央银行史，首先是一部货币发行权逐渐集中、垄断和独占的历史。

2. 中央银行是“银行的银行”

中央银行是“银行的银行”，是指中央银行一般不直接与工商企业和个人发生直接的信用关系，而主要是与商业银行和其他金融机构发生业务往来，并且其业务活动仍然具有银行固有的办理存款、贷款业务的特征，为商业银行和其他金融机构提供支持、服务。这一职能也是由中央银行的性质所决定的。一方面，中央银行是特殊的金融机构，并且垄断了货币发行权，因而成为商业银行资金的最后来源；另一方面，中央银行是特殊的行政机构，受国家委托，对商业银行和其他金融机构的业务活动进行监督与管理，以维护整个金融业的安全。

3. 中央银行是“政府的银行”

中央银行是“政府的银行”，是指中央银行根据国家法律授权制定实施货币政策，负有保持货币币值稳定和保障金融业稳健运行的责任，并且为政府代理国库，办理政府所需的银行业务，提供各种金融服务。此外，许多国家中央银行的主要负责人由政府任命，绝大多数国家中央银行的资本金为国家所有或由国家控制股份，有些国家的中央银行本身就是政府的组成部门。

二、中央银行的业务原则

1. 中央银行不经营一般的银行业务

中央银行作为银行的银行，不同一般企业发生业务往来，只同商业银行发生业务关系。具体表现为：①中央银行是商业银行的现金准备中心；②中央银行是商业银行票据的结算中心；③中央银行对商业银行提供信贷。

2. 不以盈利为目的

中央银行在金融体系中居于领导地位，它虽然同商业银行或非银行金融机构发生业务往来，但其业务经营的目标不是为了盈利，而是为了实现特定的社会经济目标，如防止通货膨胀、促进经济增长、保障充分就业、平衡国际收支等。

3. 不支付存款利息

中央银行的存款主要是财政存款、准备金存款和往来账户存款。财政存款是中央银行代理国家金库，属于保管性质；准备金存款和往来账户存款是中央银行集中存款准备，属于调节和服务性质，不以盈利为目的，所以不支付利息。我国中央银行为了加强资金管理，对准备金存款和往来账户存款支付较低的利息。

4. 业务活动公开化

中央银行为了达到宏观调控的目的，使社会各界了解其所制定的金融政策和经营方针等，必须定期向社会公布其资产负债情况和业务状况，并提供有关统计资料。

5. 资产具有较大流动性

中央银行为了使资金能够灵活调度，及时运用，必须保持自身资产具有较大的流动性，其业务活动基本是贴现、再贷款等短期性资产业务，而不易于投放长期性资产。另外，中央银行的业务活动也有严格的限制，如不得从事不动产抵押放款、不得从事不动产买卖业务等。

资料卡 各国中央银行情况

1. 美联储

美国联邦储备系统(Federal Reserve System，简称 FED)成立于 1913 年，负责履行美国的中央银行职责。这个系统主要由联邦储备委员会、联邦储备银行及联邦公开市场委员会等组成。每月，美联储货币政策委员会都会召开货币政策会议，对当前和未来的经济形势做出评估，随即决定采用什么方式来配合经济增长或延缓经济的下滑，包括利率水平的决定。由于美国经济在世界上的领导地位，美联储对国内和国际经济的看法及政策都显得非常重要，对外汇市场通常有较大的影响，尤其是对利率水平的决定。2005 年美联储连续加息，美元大幅上涨就是一个很好的例子。

2. 欧洲央行

欧洲央行(European Central Bank，简称 ECB)成立于 1998 年 7 月 1 日，是欧洲经济一体化的产物。欧洲央行的职能是“维护货币的稳定”，管理主导利率、货币的储备和发行以及制定欧洲货币政策，每两周召开一次会议(不过隔一次才讨论利率)，而且央行在每次利率会后，都会由主席立即召开新闻发布会，解释会上决策的缘由，依据经验，通常主席讲话对市场的影响要比利率决定本身大。应该说欧洲央行是独立于欧盟机构和各国政府之外的，具有相当的独立性，不过，欧盟国家众多，利益分歧大，欧洲央行的一些决定多少还是会受到一些影响，相对于美联储，其政策对外汇市场的影响力要小一些。

3. 英国央行

英国根据《1998 年英格兰银行法》,成立英格兰银行货币政策委员会,负责制定货币政策。货币政策委员会是相对独立的机构,它是根据英格兰银行各部门提供的信息做出决策,再由相关部门执行。

英格兰银行货币政策委员会每月举行一次会议。每季度发布"通货膨胀报告"及相关预测,主要内容是回顾该季度做出的货币政策决策,公布货币政策委员会对通货膨胀的最新预测,该报告通常会给市场带来一定的影响。

4. 日本央行

日本银行政策委员会成立于 1949 年,负责日本银行货币政策的决策。其成员为 9 人。政策委员会每月召开一次会议,并且只有在三分之二的成员出席的情况下才能开会投票。而在外汇市场上,日本央行对汇市的干预是全球闻名的,而且干预手段高明、效果明显,对于喜欢操作日元的投资者来说,日本央行的动态需重点关注。

第二节　中央银行的资产业务

中央银行资产业务是指其资金运用业务,即对政府、商业银行等金融机构提供特殊金融服务,实现宏观调控的业务,主要包括再贴现和再贷款、证券业务、黄金与外汇储备等。

一、再贴现和再贷款业务

1. 再贴现

中央银行的再贴现业务,是指中央银行按照一定的再贴现率,买进商业银行已贴现未到期的商业票据的行为。全国商业银行缴存在中央银行的存款准备金,构成中央银行吸收存款的主要部分。当商业银行资金短缺时,可从中央银行取得借款。其方式是把工商企业贴现的票据向中央银行办理再贴现,或以票据或有价证券作为抵押向中央银行借款。意大利央行再贴现的额度相当于商业银行负债额的 3%～5%。

2. 再贷款业务

中央银行贷款业务主要有以下几类:①对商业银行和非银行金融机构的贷

款主要是为了解决金融机构短期资金周转的困难;②对财政的贷款,是为了解决财政收支困难;③其他放款,包括对外国银行和国际金融机构的贷款以及对国内工商企业少量的直接贷款等。

二、证券业务

证券业务是指中央银行在金融市场上买卖有价证券的业务,是中央银行执行货币政策的重要手段,又称为公开市场业务。中央银行在公开市场上买卖的有价证券一般是政府债券、国库券及市场性非常高的有价证券。中央银行在公开市场上买卖有价证券不是为了进行证券投资,而是为了维护金融市场的稳定,调节货币流通。在需要紧缩银根时,卖出中央银行持有的有价证券,回笼货币;在需要扩张信用规模时,则在公开市场上买入所需要的有价证券,发放货币。

三、黄金与外汇储备业务

中央银行担负着为国家管理外汇和黄金储备的责任,而黄金与外汇储备是中央银行重要的资产,对外可发展对外经济关系,对内可保持国内货币流通。截至 2014 年底,我国的外汇储备已突破 4 万亿美元,占全世界外汇储备总量的 1/3,位居世界第一。

第三节 中央银行的负债业务

中央银行的负债业务是形成其资金来源的业务。中央银行的负债业务主要包括货币发行、财政存款、集中存款准备金及资本等。

1. 货币发行

当今世界各国中央银行均享有垄断货币发行的特权,货币发行业务是中央银行独有的负债业务。

中央银行的货币是通过再贴现、贷款、购买证券、收购金银与外汇等方式投入市场,形成流通中的货币,以满足国民经济发展对流通手段和支付手段的需要,以促进商品生产的发展和商品流通的扩大。但是,投入市场的每张货币都是中央银行对社会公众的负债,而现代中央银行对所发行的货币并不承担兑现义务。因此,这种负债在一般情况下,事实上成为长期的无须清偿的债务。

中央银行所发行的货币主要是银行券，即信用货币，此外还有一小部分为现钞纸币和用作辅币的金属铸币。这些货币之所以能流通，主要原因有两点：一是这些货币信用能力高，中央银行的支付能力、清偿能力是商业银行不可比拟的；二是国家行政力量的维护，国家强制人们接受这些支付与流通工具。

我国人民币的具体发行是由中国人民银行设置的发行基金保管库（简称发行库）来办理的。所谓发行基金是人民银行保管的已印好而尚未进入流通的人民币票券。发行库在人民银行总行设总库，下设分库、支库。各商业银行对外营业的基层行处设立业务库。业务库保存的人民币是作为商业银行办理日常收付业务的备用金。为避免业务库过多存放现金，通常由上级中国人民银行为业务库核定库存限额。

人民币发行的具体操作程序是：当商业银行基层行、处现金不足以支付时，可以开出支票，到当地中国人民银行在其存款账户余额内提取现金。于是，人民币从发行库转移到商业银行基层行、处的业务库，意味着这部分人民币进入流通领域。当商业银行基层行、处收入的现金超过其业务时，超过的部分应主动送交中国人民银行，该部分人民币进入发行库，意味着退出流通领域，中国人民银行人民币（钞票）发行程序如图 10－1 所示。

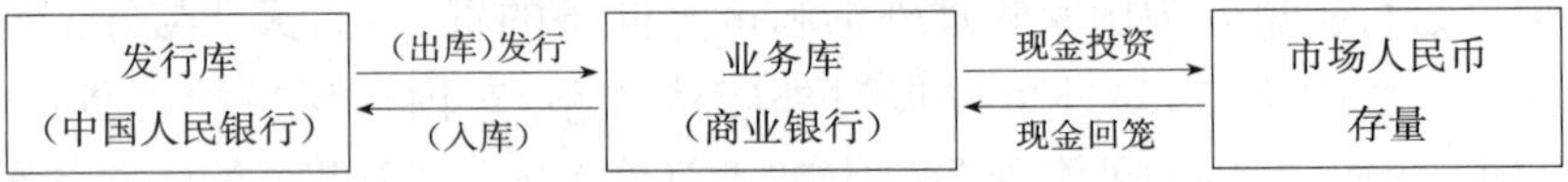

图 10－1　中国人民银行人民币发行程序

我国人民币发行历来坚持以下三大发行原则：

（1）集中统一发行原则。集中是指人民币的发行权集中于代表国家的中央政府——国务院。统一是指国家授权人民银行统一垄断货币发行。除人民银行外，任何地区、任何单位和个人都无权发行或发行变相货币。

（2）计划发行原则。计划发行是指货币发行要根据国民经济发展的要求，有计划地发行。具体由人民银行总行提出货币发行计划，报国务院批准后组织实施。

（3）经济发行原则。经济发行原则或称信用发行原则，是财政发行的对称。指根据国民经济发展情况，按照商品流通的实际需要而进行货币发行。这种发行是在经济增长的基础上增加货币投放，是为了适应和满足商品生产和商品流通对货币的客观需要，避免引起物价波动和通货膨胀。

2. *财政存款*

财政存款主要是指中央政府存款。有的国家也将地方政府存款和政府部门存款列入其中。中央银行的政府存款一般包括国库持有的货币、活期存款、定期存款以及外币存款等。

3. 集中存款准备金

集中存款准备金是中央银行制度形成的重要原因之一。存款准备金本来是各商业银行和其他金融机构为了应付客户随时提现，在其所吸收的存款中按照一定的比例提取的现款。这部分现款一开始是由各商业银行和其他金融机构分散保存的。在正常情况下，每家金融机构所保存的这些现款，数量显得较多，出现了资金的闲置，这与其追求最大盈利的初衷是相悖的。但在非正常情况下，例如客户集中提现，保存再多的现款也显得不足。这样一来，由中央银行把各商业银行和其他金融机构分散保存的准备金集中起来就显得很有必要，这既可以在一定程度上节省准备金的数量，又可以在特殊的情况下满足客户挤提存款的需要，从而保证了银行业的清偿能力和金融业的稳定。

4. 资本

中央银行必须保留一定的资本金，以保证业务的正常开展。世界各国中央银行按资本所有权不同，可划分为三种主要类型：

(1) 政府出资，即中央银行的全部资本由政府出资，目前绝大多数国家都是如此。

(2) 混合持股，即中央银行的资本，一部分由政府掌握，其股份一般都在一半或以上；另一部分由其他部门或个人所持有。私人股东一般都只有每年收取固定股息的权利而没有股东投票权、经营管理权等实质性权利。

(3) 银行持股，即中央银行的资本是由该国的商业银行按一定资本量认购其股票。采取这种方式的国家有美国和意大利。如美联储的资本是由几千家商业银行按其资本的一定比例认购股份，股东只享受每年固定6％的股息，无权参与管理，股份也不准转卖。

需要指出的是，由于中央银行拥有特殊的地位和法律特权，其资本金的使用实际上比一般金融机构要小得多，有的国家的中央银行甚至没有资本金。

第四节　中央银行的其他业务

中央银行的其他业务主要是对各商业银行在中央银行的资金进行划拨和清算。由于各商业银行都有法定存款准备金存在中央银行，并在中央银行设有活期存款账户，这样就可以通过存款账户，在全国范围划清银行之间的债权债务关系。中央银行还开展以下几项业务，即代理国库、集中票据交换和资金清算、办理异地资金转移等。

1. 代理国库

中央银行作为政府的银行，一般都由政府赋予代理国库的职责，国家财政的收入与支出都由中央银行代理。由于财政支出一般总要集中到一定的数量再拨付使用，且一般使用单位也是逐渐使用的，因此，收支之间总存在一定的时间差，收大于支的数量形成了一个可观的余额。同时，那些依靠国家拨给行政经费的行政事业单位的存款，也都由中央银行办理。这样，金库存款、行政事业单位存款就构成了中央银行的重要资金来源。

2. 集中票据交换和资金清算

这项业务是通过票据交换所进行的。票据交换所是同一城市内银行间清算各自应收应付票据款项的场所。票据交换所一般每天交换两次或一次，根据实际需要而定。所有银行间的应收应付款项，都可相互轧抵而后收付其差额。各行交换应收应付差额后，即可通过在中央银行开设的往来存款账户进行转账收付，不必收付现金。

3. 办理异地资金转移

各城市、各地区间的资金往来，通过银行汇票传递，汇进汇出，最后形成异地间的资金划拨问题。这种异地间的资金划拨，必须通过中央银行统一办理。办理异地资金转移，各国的清算办法有很大不同，一般有两种类型：一是先由各金融机构内部自成联行系统，最后各金融机构的总管理处通过中央银行总行办理转账结算；二是将异地票据统一集中送到中央银行总行办理轧差转账。

目前各国做法不一，英国以伦敦为全国清算中心；美国各联邦储备银行代收外埠支票，并以华盛顿为全国最后结算中心；德国、法国则利用遍布全国的中央银行机构，建立转账账户，为银行界服务。

第五节　中央银行货币政策及实践

货币政策是指中央银行为实现宏观经济目标而用来影响货币供应量的各种措施的总称。按照中央银行对货币政策的影响力和影响速度，货币政策划分为两个不同的目标层，即最终目标和中介目标，它们共同构成中央银行货币政策的目标体系。

一、货币政策的含义

货币政策的含义有狭义和广义之分。狭义的货币政策，是指中央银行为实现其特定的经济目标而采用的各种控制和调节货币供应量或信用量的方针和措施的总称，包括信贷政策、利率政策和外汇政策，用以达到特定或维持政策目标，如抑制通胀、实现完全就业或经济增长等。广义的货币政策，是指政府、中央银行和其他有关部门所有有关货币方面的规定和采取的影响金融变量的一切措施(包括金融体制改革等)。这里的货币政策含义倾向于狭义。

二、货币政策的目标

(一) 货币政策的最终目标

货币政策的最终目标是中央银行货币政策在一个较长时期内所要达到的目的，它基本与一个国家的宏观经济目标相一致。因此，最终目标也称货币政策的战略目标。

货币政策目标的建立与某一特定历史条件下所要解决的经济问题具有密切的连带关系，它是根据实际经济问题的需要而决定的。在不同的经济发展阶段，各个国家的货币政策目标也有所不同。

1. 稳定物价

稳定物价是中央银行货币政策的首要目标，而物价稳定的实质是币值的稳定。所谓币值，原指单位货币的含金量。在现代信用货币流通的条件下，衡量币值稳定与否，已经不再是根据单位货币的含金量，而是根据单位货币的购买力，即在一定条件下单位货币购买的能力。它通常以一揽子商品的物价指数或综合物价指数来表示。

目前，各国政府和经济学家通常采用综合物价指数来衡量币值是否稳定。物价指数上升，表示货币贬值；物价指数下降，则表示货币升值。稳定物价是一个相对概念，是指要控制通货膨胀，使一般物价水平在短期内不发生急剧的波动。在动态的经济社会，要将物价冻结在一个绝对的水平上是不可能的，关键问题在于能否把物价控制在经济增长所允许的限度内。这个限度的确定，各个国家不尽相同，主要取决于各国经济发展情况。一般认为，物价每年上涨3%左右就可以称之为物价稳定。

2. 充分就业

充分就业是指有能力并自愿参加工作者，都能在较合理的条件下随时找到适当的工作。一般以劳动力的就业程度为基准，即以失业率指标来衡量劳动力的就业程度。所谓失业率，指社会的失业人数与愿意就业的劳动力之比。失业率的大小，代表了社会充分就业的程度。失业，从理论上讲，意味着生产资源的一种浪费。失业率越高，对社会经济增长越是不利。因此，各国都力图把失业率降到最低的水平，以实现其经济增长的目标。

从经济效率的角度看，保持一定的失业水平是适当的，充分就业目标并不意味着失业率等于零，在正常情况下难免会有失业出现，如自愿失业、摩擦性失业和结构性失业等。一般认为，4%的失业率即为充分就业。

3. 经济增长

所谓经济增长，就是指国民生产总值的增长必须保持合理的、较高的速度。目前，各国衡量经济增长的指标一般采用人均实际国民生产总值的年增长率，即用人均名义国民生产总值年增长率剔除物价上涨率后的人均实际国民生产总值年增长率来衡量。政府一般对计划期的实际 GNP 增长幅度定出指标，用百分比表示，中央银行即以此作为货币政策的目标。当然，经济的合理增长需要多种因素的配合，最重要的是要增加各种经济资源，如人力、财力、物力，并且要求各种经济资源实现最佳配置。

中央银行作为国民经济中的货币主管部门，直接影响到国民经济的财力部分，对资本供给与配置产生巨大作用。因此，中央银行以经济增长为目标，指的是中央银行在接受既定目标的前提下，通过其所能操纵的工具，对资源的运用加以组合和协调。中央银行可以用增加货币供给或降低实际利率水平的办法来促进投资增加；或者通过控制通货膨胀率，以消除其所产生的不确定性对投资的影响。

4. 国际收支平衡

国际收支平衡是指一定时期内（通常指 1 年内），一国对其他国家或地区的全部货币收支保持基本平衡。简言之，就是采取各种措施纠正国际收支差额，使其趋于平衡。因为一国国际收支出现失衡，无论是顺差或逆差，都会对本国经济造成不利影响。长时期的巨额逆差，会使本国外汇储备急剧下降，并承受沉重的债务和利息负担；而长时期的巨额顺差，又会造成本国资源使用上的浪费，使一部分外汇闲置，特别是如果因大量购进外汇而增发本国货币，则可能引起或加剧国内通货膨胀。当然，相比之下，逆差的危害尤甚，因此，各国调节国际收支失衡一般着力于减少以致消除逆差。

目前，经济学家普遍认为，国际收支平衡应当是一种动态的平衡，即在若干年的时间内，如 3～5 年，一国国际收支平衡表主要项目的变动接近于平衡，大致上就可以认为是国际收支平衡。在这一时期，某一年份的不平衡可以由另一年份加以弥补。

（二）货币政策的中介目标

货币政策的中介目标是中央银行为实现货币政策最终目标而选择作为调节对象的目标。为了灵活调整货币政策工具的方向和力度，以便更好地实现货币政策的最终目标，中央银行通常在货币政策工具与货币政策的最终目标之间设置中介目标。这样，中央银行在执行货币政策时，以货币政策工具首先影响利率或货币供给量等货币变量。通过这些变量的变动，中央银行的政策工具间接地影响产出、就业、物价和国际收支等最终目标变量。因此，利率或货币供给量等货币变量被称为货币政策的中介目标。

1. 货币政策中介目标的必要性

一般来说，在宏观经济政策中，货币政策对宏观经济的间接调控过程具有空间上的复杂性和时间上的漫长性。这表现在以下三方面：

（1）货币政策的最终目标是一个长期的目标，它只能为中央银行制定货币政策提供指导思想，并不能为中央银行的日常操作提供现实的数量依据。

（2）从货币政策工具的运用到最终目标发生变化，可能存在较长的时滞，如果等到观察最终目标的变化不合意时再调整政策工具运用的方向和力度，既耽误了时间又造成了损失，也可能事过境迁，错过了时机。

（3）现实经济生活中有大量未知的非货币因素，直接或间接地影响到国民经济。任何国家的国民经济增长目标，不可能通过对某一特定的货币政策工具的操作来直接取得，因此，货币政策的最终目标仅仅是个长期的发展方向，每个具体环节如何实施，仍要视当时的各种条件临时确定。从货币政策的确定到货币政策目标的实现之间，有许多中间环节。

2. 货币政策中介目标的选择标准

要使中介目标能有效地发挥作用，必须具备可测性、可控性和相关性。

可测性，是指中央银行能对这些作为货币政策中介目标的变量加以比较精确地统计；可控性，是指中央银行可以较有把握地将选定的中介目标控制在确定的或预期的范围内；相关性，是指中央银行选择的中介目标必须与货币政策的最终目标有极为密切的联系，中间变量的变动能对最终目标起到牵制作用。中央银行通过对中介目标的控制和调节，能够保证货币政策最终目标的实现。

3. 货币政策中介目标的种类

中介目标又分成两类：一类是近期中介目标，也称操作目标；另一类是远期中介目标，也称中间目标。近期中介目标是货币政策工具直接作用的对象，中央银行对它们的控制力较强，也离货币政策的最终目标较远；远期中介目标是中央银行货币政策工具间接作用的对象，中央银行对它们的控制力较弱，但与货币政策的最终目标联系较密切。

（1）货币政策的近期中介目标。

货币政策的近期中介目标主要包括基础货币和短期利率。

货币政策的近期中介目标离货币政策的最终目标较远，二者相关性较弱。近期中介目标的变化首先影响到远期中介目标，然后才传导到最终目标上。但近期中介目标离中央银行的调节手段距离很近，可控性很好，当货币政策最终目标确定之后，近期中介目标就成为中央银行操作调控工具的直接作用对象和掌握调控力度的观测指标。

① 基础货币。它是银行存款准备金总量和流通中通货的总和，包括商业银行及其他金融机构在中央银行的存款、银行库存现金及社会公众持有的现金。在基础货币中，银行存款准备金至关重要，它构成基础货币的主体。

② 短期利率。货币政策时常运用的短期市场利率是银行同业拆借利率。中央银行随时可在货币市场上观察到短期利率的水平，然后通过公开市场操作和再贴现率，影响短期利率的水平和结构。中央银行在公开市场上出售证券，必然会减少银行准备金，从而导致同业拆借利率提高，迫使银行到贴现窗口借入中央银行资金或降低其借款意愿。这必然会对银行的信用扩张产生影响，相应地引起长期利率的追随性变动。

（2）货币政策的远期中介目标。

货币政策的远期中介目标主要包括货币供应量和长期利率。

① 货币供应量。通过中央银行自身和金融机构的资产负债表，中央银行可以对货币供应量进行量的测算和分析；货币供应量一般由通货和各种存款货币构成，前者直接由中央银行创造并投入流通，中央银行对它有一定的控制能力；就相关性而言，一定时期的货供应量代表了整个社会的购买力，它直接影响着货币政策目标的实现。因此，货币供应与货币政策最终目标之间存在着密切的联系。

② 长期利率。以长期利率作为货币政策的中介目标时，可发挥如下的作用：从可测性看，中央银行在任何时候都可以观察到资本市场上的利率水平和结构，并及时进行分析。从可控性看，中央银行只要借助公开市场业务的作用来影响商业银行的准备金数量、商业银行的信用创造，就可以影响短期利率，相应地引起长期利率的追随性变动，以达到对长期利率的控制。从相关性来看，利率的变化与经济周期变化有着密切关系，当经济处于萧条阶段，利率呈下降趋势；当经济转向复苏乃至高涨时，利率则趋向上升。因此，利率可作为观测经济波动状况的一个尺度。

作为操作目标，基础货币同样符合中介目标可测性、可控性和相关性的要求。首先,从可测性来看,基础货币表现为中央银行的负债,其数额多少随时在中央银行的资产负债表上反映出来,中央银行很容易掌握这些资料。其次,基础货币中的通货是中央银行向社会注入的现金量,中央银行注入多少现金是可以直接控制的。金融机构的存款准备金总量则取决于中央银行的再贴现和再抵押贷款以及法定存款准备金比率水平,它有较强的可控性。最后,根据货币乘数理论,货币供应量是基础货币与货币乘数的乘积,因而,基础货币与货币供应量呈明显的正相关关系。

三、货币政策工具

中央银行为达到货币政策目标,需要一套行之有效的调控工具来保证其实现。货币政策工具是中央银行为达到货币政策目标而采取的手段。目前,可供中央银行运用的调控政策工具主要有三类,即一般性货币政策工具、选择性货币政策工具和其他货币政策工具。

（一）一般性货币政策工具

一般性货币政策工具是对货币供给量或信用总量进行调控的政策工具,主要包括法定存款准备金比率、再贴现利息率和公开市场业务,它们一般被称作中央银行传统的三大法宝。

1. 法定存款准备金比率

各类金融机构按所接受存款的一定比率,提存一定数额的存款准备金,这种提存的比率一般由中央银行确定,并以法律形式固定下来,称为法定存款准备金率。根据法定存款准备金率计算出来的金额为法定存款准备金。

法定存款准备金建立的最初目的,是保持银行资产的流动性,提高银行的清偿能力,从而保证存款人的利益和本身的安全,防止银行大批倒闭。但1935年美国联邦储备法规定了会员银行的最低存款准备限额,联邦储备委员会由此第一次运用了此项权力,于是,调整法定存款准备金率就逐渐成为各国中央银行控制信用与货币供应量的一项重要工具。

中央银行调整法定存款准备金率,不仅影响银行的超额准备,而且也成倍地影响信用机构信贷和货币供应量的规模。这是因为,在银行与金融体系、信贷、存款量、准备量之间,存在乘数放大关系,而乘数的大小则与准备金率成反比。因此,即使法定准备金率发生最微小的变化,比如增减半个百分点,都会对金融和信贷状况发生强烈影响。它"更像巨斧而不像小刀",它是中央银行手中掌握的一件强有力的但不轻易、不经常使用的武器。

2. 再贴现利息率(再贴现率)

中央银行对其他金融机构请求再贴现(或贴现)或请求给予转贷款的票据、有价证券等,规定一定的标准和条件,影响其他金融机构取得信贷的数额,达到紧缩或扩张信用的目的,这就是所谓的再贴现政策(或贴现政策)。

商业银行等金融机构,将以办理贴现的票据到中央银行申请再贴现,中央银行根据当时的再贴现率,从票据总金额中扣除再贴现利息以后,将余额付给商业银行等金融机构,在这种情况下,使用了“再贴现率”这一名词。

再贴现政策的作用,主要是掌握贷款条件的松紧程度影响信贷的成本。当提高再贴现率时,表明取得信贷的成本增加,这将减少信贷的需求额,造成市场信贷和货币供给的紧缩;当降低贴现率时,表明取得信贷的成本减少,这会促使信贷的需求额增加,出现市场信用的扩张。调整再贴现率,不仅直接影响到信用机构筹资成本,而且还间接影响信用机构对企业和私人发放贷款的态度,从而也对企业和个人的经济活动产生影响。所以,调整再贴现率,既有增减信贷成本的效果,也有心理、行为上的影响力。

3. 公开市场业务

公开市场业务,是指中央银行在金融市场上公开买卖有价证券和银行承兑票据等,从而起到调节信用与货币供给作用的一种业务活动。如果根据经济形势的发展,中央银行认为有收紧银根的必要,则出售债券;反之,如果中央银行认为有放松银根的必要,则应购入证券。中央银行在出售证券时,购买者无论是金融机构还是企业或居民个人,经过票据交换清算后,必然导致银行体系储备的减少,从而收缩信贷和货币供应;反之,中央银行在购入证券后,也必然会导致银行体系储蓄的增加,进而扩张信贷。

(二) 选择性货币政策工具

选择性货币政策工具,是指央行针对某些特殊的经济领域或特殊用途的信贷而采用的信用调节工具。主要有:

1. 证券投机的信用管理

为了防止证券投机,中央银行对各商业银行办理的以证券为担保的贷款,有权随时规定保证金比率。例如,保证金比率规定为60%,证券购买者就得付出60%的现款,其余40%才能向银行借款。这就是说,如果保证金比率提高,付现款的比重就越大,可以向银行贷款的比重则越小。当证券价格上涨,中央认为有出现危机的可能性时,就提高保证金比率;反之,则降低保证金比率。

2. 消费者信用管理

银行可采取措施,干预消费者用分期付款方式购买消费品的条件。例如,提高定金数额，或缩短付清价款的期限，或二者并用。由于大部分消费信用是直接或间接地由银行贷款支持的，它不仅扩大企业的商品销售，而且直接增加银行存款，增加货币供应量。因此，它们也被列入政策调节范围。

3. 不动产信用管理

这与管理消费者信用的方法基本相同。例如，中央银行为了减轻通货膨胀的压力，防止商业银行对建筑业过多贷款，规定不动产信用每次贷款限额，以及每次最低的偿还条件等。

（三）其他货币政策工具

1. 直接信用控制

直接信用控制是指中央银行根据有关法令，对银行系统创造信用的活动施以各种直接的干预。主要的干预措施有信用分配、利率最高限额、流动性比率等。

（1）信用分配。信用分配是指中央银行根据金融市场的状况和宏观经济形势，权衡客观经济需要的轻重缓急，对银行系统的信用加以合理分配和限制。主要表现为在限制银行系统对某个领域的信贷时，中央银行用各种理由拒绝银行系统的该项贷款申请；在支持银行对某个领域的信贷时，中央银行可以设立专门信贷基金以保证某项事业的特殊需要。

（2）利率最高限额。西方国家中央银行有时依据法律，规定商业银行和储蓄机构的定期及储蓄存款所能支付的最高利率。利率最高限额的主要作用在于影响利率结构。由于这项规定会改变银行资金来源及去向，进而影响银行信用供给能力和货币供应量。同时，利率最高限额有利于防止金融机构之间争夺存款的过度竞争，避免造成资本成本过高而使银行风险增大。因此，利率最高限额也是中央银行控制信用数量的主要途径之一。

（3）流动性比率。有些国家的中央银行为了保障金融机构的支付能力，除规定法定存款准备金比率外，还规定金融机构对其资产维持某种程度的流动性，即规定金融机构的全部资产中流动性资产所占的比重。一般来说，资产的流动性比率与收益率成反比。金融机构为了保持中央银行规定的流动性比率，一方面必须缩减长期性放款所占的比重，扩大短期性放款的比重；另一方面，还必须持有一部分随时应付提现的资产。

2. 间接信用控制

间接信用控制是指中央银行采用一般性货币政策工具和选择性货币政策工具以外的其他的各种控制方法，主要有道义劝告、金融检查和公开宣传等。

（1）道义劝告，也称“君子协议”或“窗口指导”，是指中央银行运用自己在金融体系的特殊地位和威望，通过对商业银行及其他金融机构的劝告，以影响其放款的数量和投资的方向。这一手段的优点在于对信贷的质和量控制并存，具有较大的伸缩性，但无法律强制。尽管它对商业银行和其他金融机构没有法律的约束力，但由于中央银行的地位，一般来说，它或多或少会产生效力。如日本央行对各商业银行进行的“窗口指导”就是典型的道义劝告。“窗口指导”是日本央行根据产业政策、物价趋势、金融市场动向和前一年度同期的都市银行贷款情况，非正式要求每家都市银行和较大的地方银行等金融机构每季度应有的贷款的增加额（或减少额）。在民间银行不按日本央行的规定去做时，日本央行保留削减向该银行贷款的额度，甚至采取停止提供信用等制裁措施的权力。

（2）金融检查，指中央银行利用自己“银行的银行”的身份，不定期地对商业银行和其他金融机构的业务经营情况进行检查，看其是否符合法律规定，并将检查结果予以公开，以监督商业银行的金融活动。

（3）公开宣传，是中央银行通过各种宣传媒介公布自己的政策方针和各种经济金融信息，引导各商业银行和金融机构及公众按自己的意图行事。

四、我国央行近年来的货币政策

20 年来，我国货币政策的基调有过多次调整，大致分为四个阶段：

（1）适度从紧的货币政策（1993—1996 年）。从 1993 年开始，我国经济出现高增长、高通胀并行的情况，通胀率的峰值一度达到 24%。针对于此，中央银行采用了“适度从紧”的货币政策，其间两次加息，并成功地于 1996 年上半年基本实现了经济的“软着陆”。

（2）稳健的货币政策（1997—2002 年）。1996 年后，随着国内外经济环境的变化，出现了有效需求不足、物价持续下降及经济增长减缓的严峻局势。尤其是 1997 年亚洲金融危机的全面爆发，加大了国内经济出现通货紧缩的风险。基于此，中央银行果断调整方向，从 1998 年起开始实施“稳健”的货币政策。而事实上，从 1996 年 5 月开始，央行就审时度势地采取了持续降息的调控手段，将一年期存款基准利率由 1993 年 7 月的 10.98%降至 2002 年初的 1.98%，同期贷款基准利率由 10. 98%降到 5.04%。

（3）事实上稳中从紧的货币政策（2003—2007 年）。从 2003 年开始，我国进入新一轮经济增长周期的上升期，投资、出口、信贷及外汇储备快速增长。在此期间，货币政策虽然名义上仍维持“稳健”的基调，但内涵已逐步开始发生变化，一个主要变化就是根据经济金融运行形势的变化逐步表现出适度从紧的趋向。此期间一共加息 8 次，上调准备金率 14 次。尤其是 2007 年以来，央行紧缩货币政策的趋向日益明显，年内10次提高存款准备金率，6次上调存贷款基准利率，并于年底开始重点严控房地产信贷快速增长，同时加大货币资金回笼。

（4）从2008年开始实行从紧的货币政策。为防止经济增长由偏快转为过热，防止价格由结构性上涨演变为明显的通货膨胀，2007年底的中央经济工作会议明确提出，从2008年起，货币政策由“稳健”改为“从紧”。至此，我国实施10年之久的“稳健”的货币政策正式被“从紧”的货币政策所取代。在2008年“从紧货币政策”的基调之外，央行进一步加大政策调控的灵活性，并增强政策的协调性，从而切实体现了“从紧货币政策”的内涵。

资料卡　史上最高存款准备金率调至20%

中国中央银行于2011年3月18日宣布，2011年3月25日起上调存款类金融机构人民币存款准备金率0.5个百分点。这是央行年内第3次上调存款准备金率，也是自2010年以来第9次上调存款准备金率。此次上调后，大型商业银行存款准备金率已达到20%的历史高位。2011年底，我国人民币存款余额达72.59万亿元，依此计算，此次上调存款准备金率可大致“冻结”商业银行资金逾3600亿元。

本章小结

1. 中央银行是一国金融体系的核心，通过实施货币政策和金融监管，在稳定一国金融体系和调控国民经济活动等方面发挥着重要的作用。中央银行作为政府的银行，一般都由政府赋予代理国库的职责，国家财政的收入与支出都由中央银行代理。

2. 中央银行的资产业务主要是再贴现和再贷款业务、证券业务、黄金与外汇储备业务等。再贴现业务是指中央银行按照一定的再贴现率，买进商业银行已贴现未到期的商业票据的行为。全国商业银行缴存在中央银行的存款准备金，构成中央银行吸收存款的主要部分。证券业务是指中央银行在金融市场上买卖有价证券的业务，是中央银行执行货币政策的重要手段，又称为公开市场业务。中央银行担负着为国家管理外汇和黄金储备的责任，而黄金与外汇储备是中央银行重要的资产，对外可发展对外经济关系，对内可保持国内货币流通。

3. 中央银行的其他业务主要是对各商业银行在中央银行的资金进行划拨和清算。中央银行的负债业务主要包括货币发行、财政存款及集中存款准备金等。中央银行的货币是通过再贴现、贷款、购买证券、收购金银与外汇等方式投入市场，形成流通中的货币，以满足国民经济发展对流通手段和支付手段的需要，促进商品生产的发展和商品流通的扩大。

4. 货币政策是调节社会总需求的间接调节经济的宏观经济政策，它有广义和狭义的概念之分。

5. 货币政策最终目标包括物价稳定、充分就业、经济增长和国际收支平衡四大目标。

6. 货币政策中介目标是数量化、传导性的金融变量。货币政策中介目标的选择具有可测性、可控性和相关性。近期中介目标可供选择的金融变量主要有：基础货币和短期利率。远期中介目标可供选择的金融变量主要有：货币供应量、长期利率。

7. 货币政策工具可分为一般性货币政策工具、选择性货币政策工具及其他货币政策工具。一般性货币政策工具有法定存款准备金比率、再贴现利息率、公开市场业务三大政策，通常称之为“三大法宝”。选择性货币政策工具有证券市场信用管理、消费信用管理、不动产信用管理等。其他调控工具中，属于直接信用控制的有信用分配、利率限额和流动性比率等，属于间接信用控制的有道义劝告（窗口指导）、金融检查和公开宣传等。

思考题：

1. 简述中央银行的定义及其经营原则。
2. 简述中央银行资产业务的主要内容。
3. 简述中央银行负债业务的主要内容。
4. 中央银行货币政策的最终目标有哪些？
5. 中央银行一般性的货币政策工具有哪些？

操作题：

1. 上网查找我国近年来货币政策的实施情况，并结合当时的经济情况做出分析说明。

2. 通过网络，查找我国法定存款准备金比率的调整情况。

第十一章 通货膨胀和通货紧缩

学习目标

✧ 掌握通货膨胀的概念与类型；
✧ 掌握通货膨胀的成因与效用；
✧ 了解通货紧缩的概念、成因与治理对策；
✧ 掌握通货膨胀的治理对策。

引言

生活在当今这个年代，人们对“涨价”已经见怪不怪了，因为人们都明白，通货膨胀这一经济现象会长期存在，并且会像一个“隐形大盗”，时时都在抢劫人们的财富。

通货紧缩是比通货膨胀更危险的敌人，严重的通货紧缩将会造成经济的大萧条，使经济发展倒退几十年，并且在较长时间内难以复苏。

第一节 通货膨胀的概念和类型

在纸币流通条件下，货币供给大于货币实际需求会导致货币贬值，钱不值钱，物价上涨。但一般的物价上涨，如某一年大白菜歉收，大白菜的价格从 1 元涨到 2 元，这不叫通货膨胀。但是，如果包括大白菜在内的一揽子的商品价格，像猪肉、粮食，乃至酱油、醋的价格全面地持续地上涨，这就叫通货膨胀了。为什么会发生通货膨胀呢？经济学认为就是因为社会上的商品还是那么多，但是流通的货币增加了，比如原来是 1 000 个亿，现在增加到 2 000 个亿。当价格全面上涨的时候，真正的通货膨胀就真的来了。

一、通货膨胀的概念

通货膨胀是一个古老的经济问题，自从铸币产生以来，它就时常困扰着各国的经济运行。近几十年来，通货膨胀日益普遍，严重困扰着世界经济和各国人民的生活，已成为一个重大的国际性经济现象。

（一）对通货膨胀含义的不同理解

迄今为止，无论在西方或中国，经济学家们对于通货膨胀的定义并没有取得一致意见，颇具权威的《大英百科全书》中就写着："不存在一个唯一的、普遍接受的关于通货膨胀的定义。"

凯恩斯之前，西方经济学家通常把通货膨胀定义为货币的过度发行，从而使单位货币购买力下降。这一时期流行的经典性定义就是："太多的货币追逐太少的货物。"

凯恩斯本人不同意早期货币数量论者关于货币数量直接决定物价的理论，他认为，这只是在充分就业实现以后的一种特殊情况。而在非充分就业的情况下，增加的货币最初会全部为产量的扩大所吸收，物价可保持不变；当就业量逐渐增加时，投资的增加就会引起劳动边际生产力的下降，于是，物价会随着有效需求的增加而上涨，此时增加的货币只是部分地被产量的增长所吸收，物价上涨的速度将小于货币数量的增长率，凯恩斯把这种情况称为半通货膨胀。只有在已经实现充分就业的情况下，供给已经毫无弹性，货币供给的增加不再有增加产量和就业的作用，物价便随货币供给的增加同比例上涨，这才是真正的通货膨胀。凯恩斯之后，新古典综合派代表人物保罗·萨缪尔森认为，"通货膨胀的意思是：物价和生产要素的价格普遍上升的时期——面包、汽车、理发价格上升，工资、租金等等也都上升"。新剑桥学派代表人物琼·罗宾逊也指出，"通货膨胀就是物价上涨，其上涨归咎于货币而非货物，这是通常的习惯说法。更广义说来，通货膨胀通常指物价总水平的持续上升"。新自由主义者哈耶克明确指出，"通货膨胀一词的原意和真意是指货币数量的过度增长，这种增长会合乎规律地导致物价上涨"。货币学派代表人物弗里德曼说，"许多国家的实践表明：通货膨胀率很高，货币增长率也很高"。

（二）通货膨胀概念的界定

通货膨胀指因货币供给大于货币实际需求，而引起的一段时间内物价持续而普遍地上涨的现象，其实质是社会总需求大于社会总供给。

通货膨胀只有在纸币流通的条件下才会出现，在金银货币流通的条件下不会出现此种现象。因为金银货币本身具有价值，作为贮藏手段的职能，可以自发地调节流通中的货币量，使之同商品流通所需要的货币量相适应。而在纸币流通的条件下，因为纸币本身不具有价值，它只是代表金银货币的符号，不能作为贮藏手段，因此，纸币的发行量如果超过了商品流通所需要的数量，就会贬值。

例如，商品流通中所需要的金银货币量不变，而纸币发行量超过了金银货币量的一倍，单位纸币就只能代表单位金银货币价值量的二分之一，在这种情况下，如果用纸币来计量物价，物价就上涨了一倍，这就是通常所说的货币贬值。此时，流通中的纸币量比流通中所需的金银货币量增加了一倍，这就是通货膨胀。

多数经济学家认为，通货膨胀是总体物价水平的持续的、较为明显的上升。物价上涨越快，持续的时间越长，这种物价变动的通货膨胀就越明确。他们同意弗里德曼的看法，即货币才是通货膨胀之源。因此，完整的通货膨胀定义应该包括以下几方面的内容：

(1) 通货膨胀是纸币流通条件下特有的经济现象。

(2) 流通中的或流通中所需要的“货币量”应包括现金和全部存款货币。

(3) “物价水平”是指物价总水平，而不是个别或部分商品的价格水平。

(4) 通货膨胀不是指一次性或短期性的物价总水平的上升，而是指物价总水平普遍地、持续地上涨。

(5) 纸币贬值不等于通货膨胀，当纸币贬值致使物价总水平上涨到一定程度时，才视为通货膨胀。

总而言之，通货膨胀是指物价总水平持续大幅度上涨的经济现象。

二、衡量通货膨胀的指标

通货膨胀程度可以用物价上涨的幅度来衡量，即物价指数。所谓物价指数，是本期物价水平对基期物价水平的比率，它是一般物价水平的指数形态，反映了物价的涨跌幅度。通常人们将基期的物价指数设定为100。如果本期物价指数大于100，则表示本期物价水平相对于基期物价水平来说上涨了；反之，如果本期物价指数小于100，则表示本期物价水平相对于基期物价水平来说下跌了。以物价指数变动所表示的通货膨胀程度的一般计算公式为：

报告期通货膨胀率＝(报告期物价指数－基期物价指数)/基期物价指数×100

常见的指标有以下几种。

(一) 消费物价指数

消费物价指数(CPI)主要是根据居民消费的代表性商品和劳务的价格波动状况编制的，主要反映与居民消费相关的食品、服装、住房、交通、通信等商品和劳务的价格变化。其优点在于资料较易收集，公布次数较频繁，因此，较能迅速和直接反映影响居民生活水平的物价变化趋势。其缺点是范围较窄，且不能表示消费品与劳务的质量改善。

由于该指标与公众生活密切相关，且公布的频率较高，公众可通过这一指标感受币值稳定与否，因此，许多国家的中央银行都十分关注该指标。

1. 生活费用价格指数

生活费用价格指数，又称生活费指数，是反映不同时期居民生活费用水平变动情况的指数，其计算方法是以报告期生活消费品和服务项目价格与基期生活消费品和服务项目价格相对比。生活费用价格指数从家庭支出角度出发，反映一定社会阶层居民用于吃、穿、用、住、行等日常生活方面的开支因价格变动所受影响的程度，是居民感受最直接的通货膨胀指标，也是计算实际工资的重要依据。该指数不能反映物价变动的整体状况，尤其是不能反映生产资料的价格变化情况。

2. 零售物价指数

零售物价指数是反映不同时期商品零售价格变动的指数，其计算方法是以报告期零售价格与基期零售价格相对比，是选择若干消费品的零售价格以及水、电、住房、交通、医疗和劳务费用价格编制的指数，主要反映与居民生活有直接关系的商品、劳务价格的变动趋势与变动幅度。零售物价指数与城乡居民的支出和生活状况高度相关，是市场稳定状况的显示器。零售物价指数可以按全部商品的零售价格编制综合零售物价指数，也可以分别编制城市零售物价指数和农村零售物价指数，还可以按不同种类商品，如粮食、副食品、服装、百货等分别编制各类商品的零售物价指数。

计算消费价格指数所选择的商品的范围要随着人民生活水平的变化而变化，我国由原来的325种提高为现在的500多种商品。

（二）批发物价指数

批发物价指数是根据商品批发价格变动资料所编制，反映不同时期生产资料和消费品批发价格的变动趋势与幅度的相对数。

批发价格是商品进入零售、形成零售价格之前，由中间商或批发企业所定，其水平决定出厂价格或收购价格，对零售价格有决定性影响。

批发物价指数与产品出厂价格紧密相关，代表的商品范围较广，既有消费品又有生产资料，主要反映商品流通总环节的物价变化情况。在判断由于成本推动的原因导致的通货膨胀时，该指数是最适宜的。但是，批发物价指数不能反映劳务费用价格的变化情况，统计范围狭窄。

（三）国民生产总值平减价格指数

国民生产总值平减价格指数，又称国民生产总值折算价格指数，是指按当年价格计算的国民生产总值与按不变价格计算的国民生产总值的比率。其统计范围包括一切产品和劳务，也包括进出口商品，能全面、准确地反映物价总水平的变化。

国民生产总值平减价格指数可以全面反映生产资料、消费品和劳务费用的价格变动，因而统计范围更广，更适合作为测定通货膨胀的指标。世界银行的年度报告，即以国民生产总值平减价格指数的增长率来测定通货膨胀的程度。这一指数的缺点在于指数的编制需要收集大量资料，多数国家只能一年统计和公布一次，有些统计系统不发达的国家甚至无法编制出这一指数，因此，这一指数的工作难度较大，并且不能迅速及时地反映通货膨胀的程度和动向。另外，由于这一指数涵盖了所有商品和劳务甚至进出口商品的价格变化，有许多是与居民生活不直接相关的，反映出的通货膨胀程度与居民的直接感受相差较大。消费物价总水平上涨是国际上普遍采用的衡量通货膨胀的指数。

对通货膨胀和通货紧缩的衡量一般以消费价格总指数表示，称为通货膨胀率。

通货膨胀率＝（本期物价总水平－基期物价水平）/本期物价总水平×100％

三、通货膨胀的类型

（一）开放型通货膨胀和隐蔽型通货膨胀

按照通货膨胀的表现形式，可分为开放型通货膨胀和隐蔽型通货膨胀。

1. 开放型通货膨胀

开放型通货膨胀，又称为公开型通货膨胀，是指通货膨胀状况可以灵敏地通过物价变动反映出来。在市场经济条件下，对物价管制较少的国家，市场商品供求对比关系的变动必然引起物价水平的波动，这时，通货膨胀状况可以灵敏地通过物价变动反映出来。市场经济条件下产生的通货膨胀往往体现为开放型通货膨胀。

2. 隐蔽型通货膨胀

隐蔽型通货膨胀，又称为抑制型通货膨胀，是指在市场商品的价格受到管制的情况下，通货膨胀压力无法通过市场价格的变动反映出来。在管制物价的前提下，当市场商品出现供不应求的现象时，由于物价受到管制，官方价格并不会出现显著的上涨，但是往往会导致排队现象、限量供应和黑市价格。隐蔽型通货膨胀往往发生在实行计划经济制度的国家。

（二）根据年物价上涨率的不同分类

根据年物价上涨率的不同，可分为温和通货膨胀、快速型通货膨胀、恶性通货膨胀。

1. 温和通货膨胀

一般来说，年物价上涨率在5%～10%为温和通货膨胀。在温和的通货膨胀情况下，价格比较长期地以一个稳定的、较低的比例上涨。因为每年物价变化不大，比较稳定，货币的购买力损失不多，人们并不急于把货币抛出去购买商品。

2. 快速型通货膨胀

快速型通货膨胀，又称高通货膨胀。一般认为，年物价上升率达到5%～10%，但也有人认为达到10%左右即为高通货膨胀。这时，经济会发生严重的扭曲，货币的购买力迅速下降，货币的真实购买力降到－50%或－100%，人们除了最必需以外，不持有货币而是囤积商品。

3. 恶性通货膨胀

一般认为，年物价上升率在10%以上，并飞速发展，即为恶性通货膨胀。目前，也有人认为在20%以上为恶性通货膨胀。这种通货膨胀破坏性强，如持续的时间长，则会导致经济崩溃。此时，通货膨胀失去控制，价格非常不稳定，货币极度贬值。

（三）根据通货膨胀的原因分类

按照通货膨胀产生的原因划分，可分为需求拉上型通货膨胀、成本推动型通货膨胀、供求混合推进型通货膨胀和结构型通货膨胀。

1. 需求拉上型通货膨胀

需求拉上论是西方经济学界出现最早的通货膨胀理论。该理论认为，通货膨胀是由于商品和劳务的总需求量超过其总供给量，导致需求过剩、物价普遍上涨。由于“太多的货币追求太少的商品”，使包括物资与劳务在内的总需求超过了按现行价格可得到的总供给，物价总水平上涨。凯恩斯学派认为，在社会的生产设备、劳动力等资源未被充分利用的情况下，增加消费、投资、政府开支等因素引起的社会总需求上升，不会导致通货膨胀。当社会总需求持续增加，导致劳动力、资本等资源被充分利用后，社会总供给无法再增加，从而形成总需求大于总供给的膨胀性缺口。由于生产能力的制约，总需求增长不再引起产量的增加，而只导致物价水平按同一比例增长，出现通货膨胀。

2. 成本推动型通货膨胀

成本推动型通货膨胀，又称成本通货膨胀或供给通货膨胀，是指在没有超额需求的情况下，由于供给方成本的提高所引起的一般价格水平持续和显著的上涨。由于成本上升的原因不同，成本推动型通货膨胀可以分为三种类型：工资推动型通货膨胀、利润推动型通货膨胀、进口和出口推动型通货膨胀。

(1) 工资推动型通货膨胀，是指由于工会组织的存在，工人谈判能力提高，工资不再是竞争工资，而是工会和雇主集体议价的工资，这往往导致工资的增长速度超过劳动生产率的增长速度，因此，工资的提高就导致了成本的提高，从而导致一般价格水平上涨，这就是所谓的工资推动型通货膨胀。许多经济学家将欧洲大多数国家在 20 世纪 60 年代末 70 年代初经历的通货膨胀认定为工资推动型通货膨胀。

(2) 利润推动型通货膨胀，是指寡头企业和垄断企业为获得较高的垄断利润，依靠其垄断市场的力量，提高产品价格，从而导致价格总水平上升。其中最为典型的是，1973—1974 年，石油输出国组织(OPEC)历史性地将石油价格提高了 4 倍。到 1979 年，石油价格又被再一次提高，引发“石油危机”。这两次石油提价导致了当时西方国家的通货膨胀。

(3) 进口和出口推动型通货膨胀，是由于进口商品价格上涨，特别是进口原材料价格上涨引起的通货膨胀。由于出口数量快速增加，国内市场产品不足，也能引起物价上涨和通货膨胀。

3. 供求混合推进型通货膨胀

该理论认为，尽管理论上可将通货膨胀的成因分为需求拉上和成本推动，但在现实经济中，需求因素和供给因素往往是混合在一起共同发生作用，这类通货膨胀被称为供求混合推进型通货膨胀。实际上，单纯的需求拉上或成本推进不可能引起物价的持续上涨，只有在总需求和总供给的共同作用下，才会导致持续性的通货膨胀。

4. 结构型通货膨胀

结构型通货膨胀，是指经济中总供给和总需求处于均衡状态，当一些产业和部门在需求方面或成本方面发生变动时，对某些部门的产品需求过多或者某些部门的成本上升造成部分产品的价格上涨现象。部门产品的物价上涨或者成本上涨往往会通过部门之间相互看齐的过程而影响其他部门，从而导致一般物价水平的上升。如果结构型通货膨胀没能有效抑制，就会变成成本推动型通货膨胀，进而造成全面通货膨胀。

四、通货膨胀的危害

严重的通货膨胀对经济发展和社会稳定会产生不利的影响。

(1) 通货膨胀会引起社会收入和国民财富的再分配。它会使工薪阶层和债权人受损,雇主和债务人受益。

(2) 通货膨胀将影响产业的协调发展。因为不同产业所生产商品的价格上升幅度的不同会引起各个行业发展的不同。

(3) 通货膨胀会扭曲资源配置,使社会经济秩序出现混乱。

所以,各国政府都把稳定币值和物价作为调节经济的重要目标之一。

资料卡　津巴布韦通货膨胀:一盘鱼香肉丝 1.2 亿津元

据《国际先驱导报》记者欧飒、李努尔 2008 年 8 月 31 日发自哈拉雷的消息称:津巴布韦通膨胀率居世界之最,经济陷入极度困境,但并未发生如西方所料的崩溃。

津巴布韦是非洲东南部一个美丽的国家,这个有着维多利亚大瀑布自然奇观的国家,目前正遭受着罕见的经济衰退。

津巴布韦不仅有高通胀,还有高达 80%的失业率。

1. 算钱以"捆"为单位

在哈拉雷一家名叫"华园饭店"的中餐馆,售价 1.2 亿元的鱼香肉丝,堪称世界上最"贵"的鱼香肉丝了。不过这个"元"既不是美元,也不是人民币,而是津元。官方公布的汇率是 1 美元兑 3 万津元,但是在黑市上,1 美元可兑 4 000 万津元。

按黑市兑换价,华园饭店的鱼香肉丝每份 3 美元,是很公道的价格。在华园饭店,价格最低的油炸花生米和小葱拌豆腐都是 9 000 万津元一份,而高档的海鲜类菜品标价要 3 亿多津元。

在西方多年制裁下,津巴布韦的经济陷入极度困境之中,津元一路贬值,实际通货膨胀率高达 100 000%,创下当今世界之最。津巴布韦纸币最高面值为 1 000 万津元,是目前世界上面值最高的纸币,但这样高面值的钞票就是扔在地上都没人捡。

津元不断贬值,商家不停地更改价签上的数字。很多商店每两三天或四五天就调一次价。超市里价签上那一长串数字看得人眼花缭乱,让初到哈拉雷的人感到很不习惯。有时侯,价格数字长得以至于账单都打不下。

去趟超市随便买点东西,就得花厚厚一摞钱。当地华人报金额时,往往以

“捆”为单位，一捆钱是100张面值1 000万津元的纸币，按目前的黑市汇率共合25美元。

2. 领到工资马上花掉

在津巴布韦，几乎没人存钱，人们领到工资就要马上花掉，或者兑换成外币，否则转眼之间就贬值不少。

《国际先驱导报》记者初次来津巴布韦，想买些特色工艺品。当地朋友建议记者不要马上兑换成津元，因为如果花不完，剩下的钱隔一天就要贬值不少。比较通行的做法是去商店看中要买的东西，商定好价钱，店主可将货品留存一两天，等顾客换好津元后再回来买。

在津巴布韦经商的中国人在计算生产成本时，也要考虑通货膨胀因素。一名中国商人告诉该报记者，他的公司每天赚到的钱都要尽快拿去购买再生产所用的原料或兑换成外币。他说，由于存款太不划算，所以身边总有大量现金，这成了无法避免的安全隐患。

通货膨胀倒也不全是坏事，有时能够让人受益。当地一位华人一次身体突感不适，叫来了救护车，本来要付的钱约合30美元，但是等一个月后付款账单寄到时，美元汇率涨了不少，只需付3美元即可。

《国际先驱导报》(欧飒等，2008)

第二节　通货紧缩的概念和类型

当市场上流通的货币减少，人们的货币所得减少，购买力下降，从而导致物价下跌，造成通货紧缩。长期的货币紧缩会抑制投资与生产，导致失业率升高及经济衰退。大多数人往往把通货膨胀想成一件坏事，但事实未必如此。通货膨胀是经济繁荣发展的“副产品”，通货不膨胀或者通货紧缩(即物价水平下降)，实际上是更为糟糕的经济指标。

一、通货紧缩的概念与判断标准

(一) 通货紧缩的概念

通货紧缩从本质上讲是一种货币现象。在市场化条件下，通货紧缩表现为物价水平的持续下跌，一般来说，对通货紧缩的分析与通货膨胀刚好相反，它们是两个相对的概念。通货紧缩是指商品和劳务价格水平的普遍持续下降。通货紧缩通常会引起一系列的经济现象，一般来说，通货紧缩期间有以下几种表现：

(1) 物价水平持续下降。一般来说，物价水平长时间的负增长才可以称为通货紧缩。

(2) 货币供给量减少。通货膨胀是"太多的货币追逐太少的商品"，相对而言，通货紧缩随着货币供应量的不足，而导致市场需求低速、纸币升值和价格水平稳定下降的过程。

(3) 需求不足，投资萎缩。一方面，货币供应量的减少降低了整个社会的有效需求，商品滞销，因而企业不愿进行投资；另一方面，通货紧缩使实际利率有所提高，因而投资成本上升。同时，通货紧缩又会使投资的预期收益率下降，这是因为投资者预期物价水平会进一步下降，利润将进一步降低。投资成本的增加和预期投资利润的降低成为抑制投资的两大因素。

（二）通货紧缩的判断标准

要判断一国经济是否出现通货紧缩，往往有如下一些标准：

(1) 物价水平是否持续下降。通过物价水平来看是否发生通货紧缩，一是看通货膨胀率是否由正转变为负；二是看物价下降是否持续了一定的时间，如持续下降达到 6 个月、12 个月或 18 个月，可基本判断为出现了通货紧缩。

(2) 在物价下降过程中，是否出现了货币供应量的相应持续减少而造成了社会总需求的不足。与通货膨胀相对应，货币供应量在某一水平持续下降是通货紧缩的另一种表现形式。各国一般都会根据本国的具体情况，在货币供应量与物价水平、经济增长率和就业率之间确定一个能够实现充分就业的货币供应量增长的"合意"区间，并以此为标准来判断是否出现通货膨胀或通货紧缩。当货币供应量达不到"合意"区间并持续相当长时间时，就可认为出现了通货紧缩。

(3) 商品有效需求是否不足。通货紧缩往往发生在通货膨胀得到抑制之后。如果在通货膨胀期间，已经扩大的商品供应没有相应的有效需求相匹配，物价就会下跌。有效需求不足持续一定时间，就必然表现为物价的持续下降。

(4) 投资风险是否明显加大。如果出现通货紧缩，必然反映出市场有效需求不足，企业商品滞销，库存增加，发展前景黯淡。在这种情况下，市场无热点、投资无热项，致使整个投资风险加大，从而导致投资不足，经济发展受到严重影响。

(5) 经济增长率是否持续下降或在低位徘徊。通货紧缩对经济发展的打击是非常大的，需求不足、投资减少、物价下跌，企业没有盈利空间，经济增长率必然持续下降。

(6) 失业率是否上升。通货紧缩期间，由于货币供应量没有达到充分就业的水平，企业商品积压导致再生产萎缩，市场投资不足又不能提供新的就业机会，因此，失业人员大幅度增加，人们的收入水平下降，这又反过来进一步加重了社会有效需求的不足。

通货紧缩依其程度不同，可分为轻度通货紧缩、中度通货紧缩和严重通货紧缩三类。通货膨胀率持续下降，并由正值变为负值，可称为轻度通货紧缩；通货膨胀率负增长持续 1 年且没出现转机，可视为中度通货紧缩；中度通货紧缩持续发展，持续时间达到 2 年以上，或物价下降幅度达到两位数以上，此时就是严重通货紧缩。

二、通货紧缩的成因

造成通货紧缩的原因是多方面的，总体来说可以概括为两个方面：一是有效总需求不足，二是供给绝对过剩。

（一）总需求不足引发的通货紧缩

在开放的经济条件下，有效需求包括四个方面：居民消费、企业投资、政府支出和出口。造成总需求不足的原因可能是信贷紧缩或货币供应紧张导致的市场利率上升、筹资成本增加，致使投资需求下降；而投资下降，又会导致生产萎缩，并使企业开工不足，工人收入下降，从而引起消费需求减少；也可能是金融、房地产泡沫破灭，国民财富缩水，引起居民消费需求萎缩，同时使银行等金融机构坏账增加，导致信用紧缩，引致投资需求也同时减少。

需求不足因国家制度、经济发展阶段、社会传统等因素而异。对于我国还有具体的国情，例如，劳动力价格偏低，城乡居民收入水平偏低，加上近年来失业、再就业压力较大，居民在住房、养老、医疗、子女教育等方面不确定性的预期支出增加。同时由于收入的两极分化，高收入阶层消费趋向饱和，边际消费倾向递减；低收入阶层由于收入增长缓慢，有效购买力不足，这些都在一定程度上影响了消费需求的增长。

（二）供给绝对过剩引起的通货紧缩

引起供给过剩的原因也是多方面的。由于经济发展的周期性，当经济发展进入繁荣的高峰阶段，投资高涨，生产能力大量过剩，产品供过于求，可能引起物价水平持续下跌，进而引发通货紧缩；随着知识经济的发展，科技进步和企业管理水平提高的速度不断加快，当企业通过技术进步及加强管理而降低成本后，其产品的价格也会因成本的降低而下降，再加上全球经济一体化和市场竞争的日益加剧，也会促使企业不断降低商品价格，从而引起通货紧缩；在开放的经济体系下，国际经济和金融环境的冲击，也是造成通货紧缩的原因。我国近十年来发生的两次较为明显的通货紧缩，或多或少都与这种外来冲击有关。在我国，长期以来盲目追求速度的低效率、粗放式发展模式，经济结构的失调，造成了某些产业盲目扩张、重复投资，再加上货币政策的调整，信贷过度扩张，产生大量不良投资，这些也都是引起通货紧缩的原因之一。

三、通货紧缩的影响

（一）通货紧缩对消费者的影响

在通货紧缩时期，人们预期未来的价格下降，就会持币观望，推迟购买。这样，通货紧缩使个人消费支出受到抑制，致使总需求下降，加剧经济衰退。

（二）通货紧缩对企业的影响

物价的下降会使实际利率上升，致使企业投资成本高昂，利润减少，引起部分企业亏损和破产。企业不敢借款投资，商业活动萎缩，市场低迷，企业因而减少投资支出。这将使失业率增长，进一步降低消费和投资，使经济陷入衰退之中。

（三）通货紧缩对银行业的影响

通货紧缩可能导致银行出现亏损甚至破产。这是因为：通货紧缩加重了贷款者的实际负担，而且产品价格出现非预期下降，收益率也随之下降，使贷款者归还银行贷款的能力有所减弱，银行贷款面临的风险增大。资产价格的持续下跌会降低资产的抵押或担保价值，银行被迫要求客户尽快偿还贷款余额，这又导致资产价格进一步下跌。贷款者的净资产进一步减少，从而加速破产过程，最终使银行遭受损失，甚至破产。银行经营环境的恶化会使人们对银行产生一种不信任感，为了保护自己资金的安全，人们一方面将钱放在手边，不存入银行；另一方面会把钱从银行提出，而这又会增加银行的流动性危机。

第三节　通货膨胀和通货紧缩的治理

一、通货膨胀的治理

由于通货膨胀对一国经济、社会和政治生活均产生较大影响，如何治理通货膨胀就成为各国政府都很关心的课题，又因各国经济学家对通货膨胀的成因看法不同，因此，提出的治理通货膨胀的措施也有一定的差异。

治理通货膨胀必须"对症下药"，对于不同原因引致的通货膨胀，采取的反通货膨胀政策也不完全一致。通常各国政府主要采用财政政策、货币政策、收入政策和供给政策，从以下几个方面入手，治理通货膨胀。

（一）控制货币供应量

由于通货膨胀作为纸币流通条件下的一种货币现象，其最直接的原因就是流通中的货币量过多，所以，各国在治理通货膨胀时所采取的一个重要对策就是控制货币供应量，使之与流通中的货币需求量相适应，减轻货币贬值和通货膨胀的压力。具体做法通常采取紧缩的货币政策，提高存款准备金率；提高再贴现率；中央银行在公开市场上出售有价证券等，从而达到抽紧银根、减少投资、减少货币供给量的目的。

（二）调节和控制社会总需求

对于需求拉动的通货膨胀，调节和控制社会总需求是个关键。这主要通过实施紧缩的财政和货币政策来实现。在财政政策方面，就是通过紧缩财政支出、增加税收、谋求预算平衡、减少财政赤字来实现；在货币政策方面，主要是紧缩信贷、控制货币投放、减少货币供应量、控制固定资产投资规模和控制消费基金过快增长来实现控制社会总需求的目的。

（三）增加商品有效供给，调整经济结构

治理通货膨胀的另一个重要方面就是增加有效商品供给。从长期来看，发展经济、增加有效供给，是抑制物价上涨、控制通货膨胀的根本措施。具体的办法包括：改善产业结构和投资结构，支持短缺商品的生产；鼓励技术创新，提高单位资源利用率，较快地增加有效供给，减缓市场需求压力。供给政策是治理结构性通货膨胀和需求拉动性通货膨胀的有效措施。

(四)收入指数化政策

收入指数化政策是指将工资、储蓄和债券利息、租金、养老金、保险金和各种社会福利津贴等名义收入与消费物价指数紧密地联系起来。名义收入随物价指数的变化而变化,也就是说,对各种不同的收入实行指数化,使其按照物价指数的变动而得到调整,以避免通货膨胀带来的损失,并减弱由通货膨胀带来的分配不均的问题。

(五)供给政策

针对需求拉上型通货膨胀的总需求大于总供给,宏观紧缩政策着眼于压缩总需求来适应总供给,而供给政策立足于既压缩总需求,又扩张总供给来适应总需求。这样,一方面解决了总需求与总供给的不平衡,平抑了物价;另一方面不致引起失业率增加,甚至可降低失业率。20 世纪 70 年代以后,许多发达国家出现了停滞膨胀现象,供给政策也因此受到重视。具体包括:①改善产业结构,通过消除产业部门的"瓶颈"来增加有效供给;②降低所得税税率,并提高机器设备折旧率,促进投资,增加供给量;③削减政府开支,减少总需求;④稳定币值,限制货币量增长率,压缩总需求;⑤精简规章制度,给企业等微观经济主体松绑,减少政府对企业活动的限制,让企业在市场经济原则下更好地扩大商品供给。

增加有效供给应该说是治理通货膨胀的最根本手段,但要受到生产力发展水平和供给弹性的限制。

二、通货紧缩的治理

由于通货紧缩往往会造成经济发展的萧条和失业的增加,给社会经济发展带来很多不利影响,因此,世界各国的政府对于治理通货紧缩都比较重视。治理通货紧缩的政策措施通常包括以下几个方面。

1. 实行积极的货币政策

实行积极的货币政策,综合运用货币政策工具中的信贷政策、利率政策、准备金政策,或公开市场业务,适时增加货币供应量,降低实际利率。密切关注金融机构的信贷行为,通过灵活的货币政策促使金融机构增加有效贷款投放量,以增加货币供给。

2. 实行积极的财政政策

实行积极的财政政策,扩大财政支出,可以弥补个人消费需求不足造成的需求减缓，还可以通过投资的“乘数效应”带动私人投资的增加，以增加社会总需求。

3. 优化供给结构

调整供给结构，使其适应需求结构的变化，是扩大有效需求、缓解通货紧缩的有效措施之一。优化供给结构，就是要使供给在品种、数量及价位等方面更好地适应消费者的即期需求，并适当超前地适应消费者的未来需求，减少过剩部门或行业的投资，鼓励新兴部门或行业发展。这样既可以减少重复投资和不良投资，又可以建立新的经济增长点，调节有效需求不足，促进新的经济周期的形成。

4. 完善社会保障体系，提高城乡居民收入

根据我国的具体国情，培育城乡居民的购买力，关键是增加收入，主要是增加中低阶层居民的收入。同时，从货币政策上，扩大消费信贷发放的规模和范围，也是增加城乡购买力的有效措施。在此基础上，建立健全社会保障体系，适当改善国民收入的分配格局，提高中下层居民的收入水平和消费水平，可以增加广大居民的消费需求，缓解有效需求不足造成的通货紧缩。

5. 深化金融体系的改革

在通货紧缩、经济面临衰退阴影的情况下，金融体系的稳定至关重要。如何防范金融风险，同时又能使货币政策发挥有效的作用，最根本的出路在于深化金融体系改革。这包括：进一步改革商业银行，建立风险防范机制；在防范风险的同时，增强现有金融机构之间的竞争，运用竞争压力促使银行积极开拓信贷市场，努力提供金融服务，为货币政策作用的充分发挥创造必要条件；清理违法金融机构，健全金融法规，完善金融市场、利率市场化等。

无论是美国、欧盟、日本等发达国家的历史经验，还是改革开放以来我国经历的几次经济的周期性波动，都表明通货膨胀和通货紧缩对经济发展均有较大的破坏作用，只有物价稳定才最有利于促进经济增长和社会发展。因此，在实际的经济生活中，防范通货膨胀固然重要，但是对于我们发展中国家来说，警惕和治理通货紧缩更具有现实意义和政治意义，在这方面还需要货币政策、财政政策以及收入政策等宏观经济政策的有机配合。

本章小结

1. 通货膨胀是总体物价水平持续的、较为明显的上升，是纸币流通条件下特有的经济现象，常用消费物价指数、生产者物价指数、GDP 平减指数来度量，可按不同的划分标准进行分类。

2. 按通货膨胀的成因,可分为需求拉上型、成本推动型、供求混合型、推进型和结构型通货膨胀。

3. 对通货膨胀的治理对策包括:控制货币供应量,调节和控制社会总需求,增加商品有效供给,调整经济结构收入指数化政策,供给政策等。

4. 通货膨胀是与通货紧缩相反的一种经济现象,是指货币不断升值、社会价格总水平持续下降的过程。通货紧缩一样对经济发展不利:形成经济衰退,加重债务人负担,抑制消费,有可能引起银行危机。因此,常用扩张的财政货币政策,增加有效需求、刺激投资等政策进行治理。

思考题:

1. 通货膨胀有哪些类型?
2. 衡量通货膨胀的指标有哪些?
3. 通货膨胀形成的原因有哪些? 如何治理通货膨胀?
4. 通货紧缩有哪些类型? 通货紧缩对经济的影响有哪些? 该如何治理?

操作题:

上网查找近 10 年的 CPI 指数,分析近 10 年来我国是否出现过严重的通货膨胀,近 10 年来是否出现过通货紧缩? 根据当时的情况谈谈是如何治理的?

第四篇

国际金融篇

第十二章　外汇与汇率

学习目标

- ✧ 掌握外汇的概念及种类；
- ✧ 掌握汇率的标价方法；
- ✧ 理解影响汇率变动的主要因素。

引言

外汇交易市场是个现金银行间市场或交易商间市场，它并非传统印象中的实体市场，没有实体的场所供交易进行，交易是通过电话及经由计算机终端在世界各地进行，直接的银行间市场是以具有外汇清算交易资格的交易商为主，它们的交易构成总体外汇交易中的大额交易，这些交易创造了外汇市场的交易巨额，也使外汇市场成为最具流通性的市场。

第一节　外汇的概念及种类

一、外汇的概念

外汇的含义有动态和静态之分。动态意义上的外汇，是指一国货币兑换或折算为另一国货币的运动过程。静态意义上的外汇，是指以外国货币表示的用于国际结算的支付手段。

国际货币基金组织（以下简称 IMF）给外汇的定义是：外汇是货币行政当局（中央银行、货币管理机构、外汇平准基金及财政部）以银行存款、财政部库券、长短期政府债券等形式所保有的在国际收支逆差时可以使用的债权。根据 IMF 的定义，我国对外汇做了更为明确的规定。《中华人民共和国外汇管理条例》（2008 年 8 月 1 日国务院第 20 次常务会议修订通过）第三条规定，我国的外汇是指以外币表示的可以用作国际清偿的支付手段和资产，包括外币现钞（纸币、铸币）；外币支付凭证或者支付工具，包括票据、银行存款凭证、银行卡等；外币有价证券，包括债券、股票等；特别提款权；其他外汇资产。

二、外汇的种类

1. 按照能否自由兑换划分，外汇可分为自由外汇和记账外汇

自由外汇是指无须货币发行当局批准，就可以自由兑换为其他国家货币的外汇。自由外汇在国际结算中被广泛使用，是各国可以选择的国际储备资产。

记账外汇又称清算外汇、协定外汇，是指两国政府间支付协定下的，只能用于双边清算的外汇。记账外汇未经外汇管理当局批准，不能兑换为其他货币或对第三国进行支付。

2. 按外汇的来源和用途划分，外汇可分为贸易外汇和非贸易外汇

贸易外汇是指来源于或用于进出口贸易的外汇，即由于国与国之间的商品流通所形成的一种国际支付手段。贸易外汇是一国外汇收入的主要来源。

非贸易外汇是指贸易外汇以外通过其他方面所收付的外汇，如劳务外汇、侨汇和捐赠外汇等。

3. 按交割期限划分，外汇可分为即期外汇和远期外汇

即期外汇又称现汇，是指外汇买卖成交后在两个营业日内交割完毕的外汇。远期外汇是指外汇买卖成交后不马上进行实际交割，而是约定在将来某一日期再进行交割的外汇。

资料卡 常见外汇货币符号

货币名称	货币符号	货币名称	货币符号
人民币	RMB	俄罗斯卢布	SUR
日元	JPY	韩国元	KRW
英镑	GBP	美元	USD
瑞士法郎	CHF	欧元	EUR
加拿大元	CAD	澳大利亚元	AUD
港币	HKD	马来西亚林吉特	MYR
爱尔兰镑	IEP	菲律宾比索	PHP
印尼盾	IDR	新加坡元	SGD
新西兰元	NZD	泰铢	THB

第二节　汇率的标价方法与种类

一、汇率及其标价

（一）汇率的定义

汇率是指一国货币折算为他国货币的比率，它是两种不同货币之间的折算比价，也就是用一种货币所表示的另一种货币的价格。

公式表示：汇率＝A货币/B货币

或：汇率＝B货币/A货币

（二）汇率的标价

1. 直接标价法

直接标价法，简单地说，就是用若干数量的本币表示一定单位的外币，或是以一定单位的外币为标准，折算成若干单位本币的一种汇率表示方法。在这一标价法下，外国货币好似“商品”，称为单位货币；本国货币好似货币，称为计价货币。两者对比后的直接标价法，则表示银行买卖一定单位的外币应付或应收多少本币。

特点：

（1）外币的数量固定不变，折合本币的数量则随着外币币值和本币币值的变化而变化。

（2）汇率的涨跌都以本币数额的变化来表示。如果一定单位的外币折算成本币的数额比原来多，则说明外汇汇率上升，本币汇率下跌。在这种方式下，外汇汇率的涨落与本币标价额的增减是一致的，更准确地说，本币标价额的增减“直接”表现了外汇汇率的涨跌。

2. 间接标价法

间接标价法，就是用若干数量的外币表示一定单位的本币，或是以一定单位的本币为标准，折算成若干单位外币的一种汇率表示方法。在这一方式下，本币好似“商品”，作为单位货币，外币好似“货币”，作为计价货币，两者对比后的汇率，表示银行买卖一定单位的本币应收或应付多少外汇。目前只有极少数国家采用该标价法。

特点：

（1）本币的数量固定不变，折合成外币的数额则随着本币和外币币值的变动而变动。

(2) 汇率的涨跌都以相对的外币数额的变化来表示。如果一定单位的本币折成外币的数量比原来多,则说明本币汇率上升,外币汇率下跌。

3. 美元标价

美元标价是以一定单位的美元为标准来计算应兑换多少其他货币的汇率表示方法。

特点:

美元的单位始终不变,美元与其他货币的比值是通过其他货币量的变化体现出来的。随着国际金融市场之间外汇交易量的猛增,为了便于国与国之间进行交易,而在银行之间报价时采用的一种汇率表示法。目前各大国际金融中心已普遍使用该标价法。

二、汇率的种类

(一) 按汇率制订的方法划分

1. 基本汇率

基本汇率是本国货币与关键货币之间的汇率。所谓关键货币,是指在国际贸易中使用最多、在各国外汇储备中所占比重最大,可以自由兑换,并被各国普遍接受的货币。目前,各国一般把美元作为制订汇率的关键货币,本币同美元的汇率即是该国的基本汇率。

2. 套算汇率

套算汇率是根据基本汇率套算出来的本国货币与非关键货币之间的汇率。目前,各国外汇市场上每天公布的汇率都是各种货币与美元之间的汇率,非美元之间的汇率均需通过美元汇率套算出来。

(二) 按国际货币制度演变划分

1. 固定汇率

固定汇率是指因某种限制而在一定的幅度内进行波动的汇率。该汇率在规定幅度内相对固定,具有相对稳定性。在历史上存在两种固定汇率,一是金本位制下的固定汇率,二是布雷顿森林体系下的固定汇率。

2. 浮动汇率

浮动汇率指各国货币之间的汇率波动不受限制,而主要根据市场供求关系自由涨落的汇率。外币供过于求，意味着外币贬值，相对来说本币升值，呈现外汇汇率下浮；反之，外币供不应求，则意味着外币升值和相对的本币贬值，呈现外汇汇率上浮。

（1）按汇率浮动过程是否受到干预来划分，可分为自由浮动和管理浮动。

自由浮动：指货币当局对汇率上下浮动不采取任何干预措施，汇率完全随外汇市场供求变化而自由涨落。它是一种纯理论分析，事实上并不存在。

管理浮动：指货币当局以各种不同的方式来干预和影响汇率的变动。

（2）按汇率浮动方式，又可分为单独浮动、钉住浮动和联合浮动。

单独浮动：指一国货币不与其他国家货币发生固定联系，而按市场供求变化独立实行浮动，如美元、日元、英镑等。

钉住浮动：指一种货币钉住另一种货币或特别提款权或“一篮子货币”，并随其汇率的变化而变动。

联合浮动：又称共同浮动或集体浮动，是指某些国家组成货币集团，集团内各种货币间实行固定汇率，而对集团外的货币汇率实行共同浮动，如欧盟的汇率制度。

（三）按银行买卖外汇的角度划分

1. 买入汇率

买入汇率又称买入价，指银行向同业或客户买入外汇时所使用的汇率。采用直接标价法时，外币折合本币数额较少的那个汇率，或采用间接标价法时，本币折合外币数额较多的那个汇率，即为买入价。

2. 卖出汇率

卖出汇率又称卖出价，是指银行向同业或客户卖出外汇时所使用的汇率。采用直接标价法时，外币折合本币数额较多的那个汇率，或采用间接标价法时，本币折合外币数额较少的那个汇率，即为卖出价。

3. 中间汇率

中间汇率也叫中间价，是买入价与卖出价的平均数。

中间汇率＝（买入价＋卖出价）/2

4. 现钞汇率

一般来说，外国现钞不能在本国流通，只有将外币兑换成本币，才能够购买本国的商品和劳务。把外币现钞换成本币，就出现了买卖外币现钞的兑换率，即现钞汇率。

（四）按对外汇管理的宽严程度划分

1. 官方汇率

官方汇率是指国家机构确定、调整和公布的汇率，一切外汇交易都必须以这一汇率为准。我国外汇管理局公布的外汇牌价，就属于官方汇率。官方汇率分为单一汇率和多重汇率（包括双重汇率和多重汇率）。

2. 市场汇率

市场汇率指在外汇市场上进行外汇买卖的实际汇率。

另外，按外汇买卖交割期限划分，有即期汇率和远期汇率；按外汇银行营业起讫时间划分，有开盘汇率和收盘汇率；按银行外汇汇付方式划分，有电汇汇率（telegraphic transfer，简称 T/T rate）、信汇汇率（mail transfer rate，简称 M/T rate）和票汇汇率（demand draft rate，简称 D/D rate）；按汇率计算方法划分，有基本汇率和套算汇率；按汇率在经贸金融往来中的重要性划分，有实际汇率和有效汇率。

第三节　影响汇率变动的主要因素

一般说来，市场汇率是以汇率决定为基础而上下波动的，外汇市场的供求关系决定汇率波动的过程。而影响外汇供给和需求的因素又有许多，这些因素既有经济的也有非经济的，既有客观的也有主观的，各因素之间相互联系、相互制约，错综复杂。

一、国际收支

国际收支是一国或地区对外经济交往活动的综合反映，它对一国或地区之间的汇率变动有着直接的影响。当一国国际收支出现长期持续性逆差，则该国外汇收入减少，进而国际储备减少，会引起本国对外汇需求增长，以及外国货币供给的减少，导致在外汇市场引起外汇汇率上升，即本币汇率下降；反之，当一国的国际收支出现长期持续性顺差，则该国外汇收入相应增多，国际储备随之增加，会引起外国对该国货币需求增长和外国货给的增加，导致外汇汇率下降和本币汇率上升。

二、通货膨胀

通货膨胀意味着货币贬值、物价上升、购买力水平下降。它影响汇率的传导机制有三条途径：①从贸易角度看，假如一国通货膨胀高于其他国家，意味着该国出口商品、劳务的国内成本提高，必然提高其商品、劳务的国际价格，则该国出口竞争力减弱，而外国商品在该国市场上的竞争力增强，这会引起该国贸易收支逆差，导致外汇供不应求，外汇汇率上升，本币汇率下降；②从资本角度看，实际利率等于名义利率减去通货膨胀率，一国通货膨胀率的长期持续上升，会使该国实际利率下降，促使资本流出，引起资本项目逆差和本币汇率下降；③从预期角度看，当通货膨胀成为公众的预期时，它会演变成公众对本币汇率下降的预期，在这种预期心理下，为避免本币贬值带来的损失，公众会在外汇市场上抛售本币，抢购外汇，而此类行为会引起本币汇率的进一步下降。

三、经济增长

经济增长对汇率的影响有两个方面：一方面，经济增长带来国民收入提高，会引起进口增加，这样容易造成该国的贸易收支逆差并引起该国货币汇率下降；另一方面，经济增长往往伴随着劳动生产率的提高，在增长过程中，生产成本会下降，产品价格下降且产品质量提高，从而使得该国产品在国际市场上的竞争力增强，出口增加、贸易收支顺差，该国货币汇率往往会上升。这种影响取决于这两方面作用的力量对比。经济增长也会对资本流动产生影响，一国经济增长较快时，国内对资本的需求较大，国外投资者也愿意将资本投向该国，于是，资金流入增加。一般来说，一国在经济高速增长的初期，会引起本币汇率下降，但长期来看，持续高速的经济增长会对本国币值起到有力的支撑作用。

四、利率因素

国际金融市场上的资本会根据各国利率水平的差异而流动，流动方向是从利率水平低的国家流向利率水平高的国家。如果一国提高利率，则对国际金融资本具有吸引力，导致资本内流，外币供大于求，从而促使本币汇率上升；反之，如果一国降低利率，使之低于其他国家的利率水平，则本币汇率会趋于下跌。另外，一国利率提高，意味着信用紧缩，会使本国居民消费减少，国内投资需求降低，国内有效总需求水平下降，导致进口减少，从而减少外汇需求，有助于本币汇率升值。

五、中央银行对外汇市场的干预

各国货币管理部门都会通过各种途径直接或间接地干预汇率。货币管理部门干预汇率的直接形式是通过中央银行在外汇市场上买卖外汇，改变外汇供求关系，从而影响外汇汇率或本币汇率；间接形式是以发表声明等方式来影响人们对外汇变动的心理预期，从而影响汇率。货币管理部门采取汇率政策的目的一般是为了稳定本币汇率，抑制外汇投机行为，减小汇率波动对国际贸易和国际金融活动造成的风险；也有可能是为了使汇率水平有利于本国的经济发展或服务于某种战略目标。

六、心理预期因素

在外汇市场上，人们买进还是卖出某种货币，与交易者对该种货币未来汇率的趋势预期有着很大的关系。如果交易者预期某种货币的汇率在未来可能下跌，他们为了避免损失或获取额外的收益，便会大量抛出该种货币，该货币汇率下降；相反，如果交易者预期某种货币未来汇率可能上升，则会大量买进，该货币汇率上升。因此，外汇交易者对某种货币的心理预期，是决定这种货币短期汇率的主要因素，它主要表现为外汇市场的投机力量。

除了上述基本因素之外，还有许多其他因素也能影响汇率，如政治局势、突发事件、自然灾害、经济结构、经济周期等，这些因素和上述基本因素相互交织、相互制约或相互抵消，形成一个复杂的影响外汇市场供求关系的系统。

资料卡 **我国的汇率制度**

自 2005 年 7 月 21 日起，我国开始实行以市场供求为基础、参考一篮子货币进行调节、有管理的浮动汇率制度。本次汇率机制改革的主要内容包括三个方面。

一是汇率调控的方式。实行以市场供求为基础、参考一篮子货币进行调节、有管理的浮动汇率制度。人民币汇率不再盯住单一美元，而是参照一篮子货币，根据市场供求关系来进行浮动。这里的“一篮子货币”，是指按照我国对外经济发展的实际情况，选择若干种主要货币，赋予相应的权重，组成一个货币篮子。同时，根据国内外经济金融形势，以市场供求为基础，参考一篮子货币计算人民币多边汇率指数的变化，对人民币汇率进行管理和调节，维护人民币汇率在合理均衡水平上的基本稳定。篮子内的货币构成，将综合考虑在我国对外贸易、外债、外商直接投资等外经贸活动占较大比重的主要国家、地区及其货币。参考一篮子货币表明外币之间的汇率变化会影响人民币汇率，但参考一篮子货币不等于盯住一篮子货币，它还需要将市场供求关系作为另一重要依据，据此形成有管理的浮动汇率。这将有利于增加汇率弹性，抑制单边投机，维护多边汇率。

二是中间价的确定和日浮动区间。中国人民银行于每个工作日闭市后公布当日银行间外汇市场美元等交易货币对人民币汇率的收盘价，作为下一个工作日该货币对人民币交易的中间价格。现阶段，每日银行间外汇市场美元对人民币的交易价仍在人民银行公布的美元交易中间价上下 0.3%的幅度内浮动，非美元货币对人民币的交易价在人民银行公布的该货币交易中间价 3%的幅度内浮动。

三是起始汇率的调整。2005 年 7 月 21 日 19 时，美元对人民币交易价格调整为 1 美元兑 8.11 元人民币，作为次日银行间外汇市场上外汇指定银行之间交易的中间价，外汇指定银行可自此时起调整对客户的挂牌汇价。这是一次性地小幅升值 2%，并不是指人民币汇率第一步调整 2%，事后还会有进一步的调整。因为人民币汇率制度改革重在人民币汇率形成机制的改革，而非人民币汇率水平在数量上的增减。这一调整幅度主要是根据我国贸易顺差程度和结构调整的需要来确定的，同时也考虑了国内企业进行结构调整的适应能力。

本章小结

1. 外汇的含义有动态和静态之分。动态意义上的外汇是指一国货币兑换或折算为另一国货币的运动过程。静态意义上的外汇是指以外国货币表示的用于国际结算的支付手段。外汇的标价方法主要有直接标价法和间接标价法。

2. 汇率是指一国货币折算为他国货币的比率，它是两种不同货币之间的折算比价，也就是用一种货币所表示的另一种货币的价格。

3. 市场汇率是以汇率决定为基础而上下波动的，外汇市场的供求关系决定汇率波动的过程。影响汇率变动的因素主要有国际收支、通货膨胀、经济增长、利率因素、中央银行对外汇市场的干预、心理预期因素等。

思考题:

1. 什么是外汇,汇率的标价方法有哪几种?
2. 简述汇率的种类。
3. 影响汇率变动的主要因素有哪些?

第十三章　国际收支

学习目标

✧ 掌握国际收支的概念；
✧ 掌握国际收支平衡表的定义和编制方法；
✧ 理解国际收支不平衡的调节方法；
✧ 了解我国的国际收支发展状况。

引言

现代世界是开放的世界，随着世界经济的一体化、金融的全球化，各国的经济活动早已跨越国界，按照国际统一的游戏规则运行。在开放的经济中，国际金融占有十分重要的地位，而国际收支和外汇又是国际金融中最基本、最重要的内容。

第一节　国际收支及其平衡

一、国际收支的概念

国际收支有广义与狭义之分。狭义的国际收支，指的是一国的外汇收支，各种国际经济交易只要涉及外汇收支，就都属于国际收支的范畴。第二次世界大战后，国际经济、政治和文化等交往日益广泛，各种国际资本流动频繁，国际贸易形式及其结算方式越来越多样化，经济交易的内容也越来越多样化。没有外汇收支的交易、无偿援助、补偿贸易等在国际经济中的地位也越来越重要，于是出现了广义的国际收支概念，也就是由国际货币基金组织（International Monetary Fund，IMF）制定的，目前被各国所普遍采用的国际收支概念，即国际收支是指在一定时期内（通常是1年），一国居民与非居民之间经济交易的系统记录。

国际收支概念的内涵非常丰富，应从以下三方面加以理解和把握。

(1) 国际收支是一个流量概念。当人们提及国际收支时,总是需要指明是属于哪一段时期的。这一报告期可以是一年,也可以是一个季度或一个月等,但通常以一年作为报告期。当国与国之间发生了债权债务关系,就需要在一定时期内进行清算,一国对其他各国的国际结算所引起的货币收支,就构成了该国的国际收支。因此,国际收支是一个流量概念。

(2) 正确理解国际收支概念中居民与非居民的含义。所谓居民,是指在一个国家(或地区)的居住期限达一年以上的经济实体,否则,该经济实体就被称为该国(或该地区)的非居民。需要指出的是,"居民"是一个经济概念,与法律概念的"公民"不同,居民与非居民都包括个人、企业、政府、非营利团体四类。个人居民一般是根据其居住地点和居住时间来判定,凡是在一国保有住所满1年及1年以上的自然人,无论其国籍,都是该国的居民。据此,移民属于其工作所在国的居民;逗留时间在1年以上的留学生、旅游者也属所在国的居民。但身在外国且代表本国政府的个人(如官方外交使节、驻外军事人员),一般认为是他们自己国家的居民,是所在国的非居民。

一国的企业居民,是指在该国成立注册、从事生产经营活动的企业,它包括国内企业及外资、合资、合作企业等。国内企业设在国外的分支机构是本国的非居民、所在国的居民。政府机构,包括在其境内的各级政府机构及设在境外的大使馆、领事馆和军事机构等,都是本国居民。凡设在该国的外国使领馆和国际组织机构,都是该国的非居民。联合国、国际货币基金组织、世界银行等是任何国家的非居民。

(3) 在国际收支概念中,经济交易是指经济价值从一个经济实体向另一个经济实体的转移。它可分为如下五种类型:①金融资产与商品劳务之间的交换;②商品与商品及商品与劳务之间的交换;③金融资产之间的交换;④无偿的商品劳务转移;⑤无偿的金融资产转移。

二、国际收支平衡表

(一) 国际收支平衡表的定义

国际收支平衡表是反映一定时期一国同外国的全部经济往来的收支流量表。它是对一个国家与其他国家进行经济技术交流过程中所发生的贸易、非贸易、资本往来以及储备资产的实际动态所做的系统记录,是国际收支核算的重要工具。通过国际收支平衡表,可综合反映一国的国际收支平衡状况、收支结构及储备资产的增减变动情况,为制定对外经济政策、分析影响国际收支平衡的基本经济因素、采取相应的调控措施提供依据，并为其他核算表中有关国外部分提供基础性资料。

国际收支平衡表是一种统计表，它以特定的形式记录、分类、整理一个国家或地区国际收支的详细情况。

编制原理：复式簿记。

记账方法：

(1) 凡是引起本国外汇收入的项目，记入贷方，记为"＋"(可省略)。

(2) 凡是引起本国外汇支出的项目，记入借方，记为"－"。

① 贸易往来，即各种物质商品的输出入。出口列为贷方金额，进口列为借方金额。

② 非贸易往来，主要包括劳务收支、投资所得等。收入列为贷方金额，支出列为借方金额。

③ 无偿转让。从外国转入本国，列为贷方金额；从本国转向外国，列为借方金额。

④ 资本往来，分为长期和短期。从外国流入本国的资本，列为贷方金额；从本国流向外国的资本，列为借方金额。

⑤ 储备。包括本国作为国际货币基金组织的成员国分配得到的特别提款权以及作为国际储备的黄金和外汇等。储备本身是存量，其增减额是流量。本年度储备增加额列为借方金额，其减少额列为贷方金额，二者相抵得出储备净增额或净减额。

国际收支平衡总表虽然平衡，但各类项目却经常是不平衡的。商品输出大于输入，则贷方金额大于借方金额，形成外贸顺差；相反，则形成外贸逆差，或称外贸赤字。贸易项目中，资本项目流入大于流出，则贷方金额大于借方金额，形成资本净流入；相反，则形成资本净流出。储备项目中，本年度增加额大于减少额，则借方金额大于贷方金额，形成借方净增金额，即本国的国际储备增加；相反，则形成借方净减金额，即本国的国际储备减少。

(二) 国际收支平衡表的主要内容

1. 经常项目

经常项目主要反映一国与他国之间实际资源的转移，是国际收支中最重要的项目。经常项目包括货物(贸易)、服务(无形贸易)、收益和单方面转移(经常转移)四个项目。经常项目顺差表示该国为净贷款人，经常项目逆差表示该国为净借款人。

2. 资本与金融项目

资本与金融项目反映的是国际资本流动，包括长期或短期的资本流出和资本流入，是国际收支平衡表的第二大类项目。

资本项目包括资本转移和非生产、非金融资产的收买或出售，前者主要是投资捐赠和债务注销，后者主要是土地和无形资产（专利、版权、商标等）的收买或出售。

金融账户包括直接投资、证券投资（间接投资）和其他投资（包括国际信贷、预付款等）。

3. 净差错与遗漏

为使国际收支平衡表的借方总额与贷方总额相等，编表人员人为地在平衡表中设立该项目，来抵消净的借方余额或净的贷方余额。

4. 储备与相关项目

储备与相关项目包括外汇、黄金和分配的特别提款权（SDR）。

特别提款权是以国际货币基金组织为中心，利用国际金融合作的形式而创设的新的国际储备资产。国际货币基金组织（IMF）按各会员国缴纳的份额，分配给会员国的一种记账单位，1970 年正式由 IMF 发行，各会员国分配到的 SDR 可作为储备资产，用于弥补国际收支逆差，也可用于偿还 IMF 的贷款，又被称为“纸黄金”。

计算公式：

国际收支总差额＝经常账户差额＋资本与金融账户差额＋净差错与遗漏国际收支总差额＋储备资产变化＝0

各项差额＝该项的贷方数字减去借方数字

（三）编制国际收支表的用途

1. 进行国际收支平衡状况分析

国际收支平衡状况分析，重点是分析国际收支差额，并找出原因，以便采取相应对策，扭转不平衡状况。

2. 进行国际收支结构分析

通过对国际收支结构进行分析，可以揭示各个项目在国际收支中的地位和作用，从结构变化中发现问题，找出原因，为指导对外经济活动提供依据。

资料卡 **举例：国际收支平衡表的编制**

2005 年，甲国发生 6 笔交易：

1. 甲国M企业出口100万美元设备，所获出口收入存入该企业的海外银行账户。

2. 甲国居民L到国外旅游，花费30万美元，这笔费用从该居民的海外银行账户中扣除。

3. 外商S以价值1 000万美元的设备投入甲国，开办合资企业。

4. 甲国政府动用外汇储备40万美元向外国提供无偿援助，另外，提供相当于60万美元的粮食援助。

5. 甲国N企业在海外投资所得利润为150万美元，其中，75万美元用于当地再投资，50万美元购买当地商品运回国内，25万美元调回国内并出售给政府以换取本币。

6. 甲国居民K动用海外存款40万美元，用于购买外国某公司的股票。

交易1

借：本国在海外银行的存款　　100万美元

　　贷：商品出口　　100万美元

交易2

借：服务进口　　30万美元

　　贷：本国在海外银行的存款　　30万美元

交易3

借：商品进口　　1 000万美元

　　贷：外国对本国的直接投资　　1 000万美元

交易4

借：经常转移　　100万美元

　　贷：官方储备　　40万美元

　　　　商品出口　　60万美元

交易5

借：商品进口　　50万美元

　　官方储备　　25万美元

　　对外长期投资　　75万美元

　　贷：海外投资利润收入　　150万美元

交易6

借：证券投资　　40万美元

贷：本国在海外银行的存款　　40万美元

甲国6笔交易的国际收支平衡表

项目	借方(－)	贷方(＋)	差额
商品贸易	1 000＋50	100＋60	－890
服务贸易	30		－30
收入		150	150
经常转移	100		－100
经常账户合计	1 180	310	－870
直接投资	75	1 000	925
证券投资	40		－40
其他投资	100	30＋40	－30
储备资产	25	40	15
资本与金融账户合计	240	1 110	870
总计	1 420	1 420	0

资料来源：周晓志，何伟主编.《金融学基础》. 机械工业出版社，2009年版，第240—241页。

第二节　国际收支的调节

一、国际收支不平衡的类型

国际收支不平衡是绝对的、经常的，而平衡则是相对的、偶然的。

(1) 周期性不平衡。由于世界各国所处的阶段不同而造成的不平衡。经济周期一般包括四个阶段，危机—萧条—复苏—繁荣。当一国处于繁荣阶段，而贸易伙伴国处于衰退阶段，易造成本国的贸易收支赤字。

(2) 结构性不平衡。由于国际市场对本国的出口和进口的需求条件发生变化，本国贸易结构无法进行调整所导致的国际收支不平衡。

(3) 货币性不平衡。由于一国的价格水平、成本、汇率、利率等货币性因素而造成的国际收支不平衡。

(4) 收入性不平衡。由于一国国民收入相对快速增长，导致进口增长超过出口增长而引起的国际收支失衡。

二、国际收支不平衡的调节

1. 国际收支自动调节机制

国际收支自动调节机制，是指市场经济各种因素与国际收支相互制约和相互作用的过程。国际收支失衡必然会直接或间接地引起其他经济变量的变化，后者又反过来引起国际收支失衡缩小的趋势。

国际收支自动调节机制的表现：

(1) 国际金本位制下的国际收支自动调整机制。在金本位下，国际收支差额会引起黄金的国际流动，导致该国货币供应量相应变动，这会改变各国的物价水平和商品的国际竞争力，并最终使国际收支趋于平衡。

如一国国际收支出现赤字，意味着本国黄金净输出，由于黄金外流，国内黄金存量下降，货币供给减少，从而引起国内物价水平下降。因此，本国商品在国外市场竞争力提高，外国商品在本国市场上竞争力下降，由于出口增加、进口减少，使国际收支赤字减少或消除。同样，国际收支盈余也会通过相同机制，使出口减少、进口增加，从而使盈余趋于消失。价格铸币流动机制具体如下：国际收支逆(顺)差→黄金外(内)流→货币供应量减少(增加)→商品国内价格下降(上升)→出(进)口增加→逆(顺)差得到纠正。

(2) 固定汇率制下为国际收支自动调节机制。在固定汇率制下，当一国国际收支失衡，可通过收入机制和货币机制的调节，使国际收支趋于平衡。

一国国际收支出现赤字时，为了维持固定汇率，一国货币当局就必须减少外汇储备，造成本国货币供应量的减少。一方面，这会对该国的资本账户带来影响，货币供应量减少使市场银根紧张、利率上升，利率上升会导致本国资本外流的减少、外资流入的增加，结果使资本账户收支改善；反之，国际收支盈余则会通过利率下降导致本国资本流出的增加、外国资本流入的减少，使盈余减少或消除。另一方面，会影响该国的经常账户，货币供应量减少，公众为恢复现金余额水平，就会直接减少支出，这其中一部分用于进口花费，因此会减少进口需求，使赤字消失。同样，盈余也可以通过该机制消减得失。货币调节机制具体如下：逆(顺)差→储备减少(增加)→进口减少(增加)→逆(顺)差得到改变。

(3) 在浮动汇率制下的国际收支自动调节机制。在浮动汇率制下，一国当局不对外汇市场进行干预。如一国国际收支赤字，外汇需求大于外汇供给，外汇价格即汇率就会上升；反之，如果一国国际收支出现盈余，外汇需求小于外汇供给，外汇价格就会下跌。通过汇率随外汇供求变动而变动，国际收支失衡就会在一定程度上得以消除。调节机制具体如下：逆(顺)差→对外汇需求增加

(下降)→外币升(跌)本币跌(升)→进口(出口)产品贵→进口减少(出口增加)→逆(顺)差得到改变。

2. 国际收支不平衡的调节政策

各国政府可以选择的国际收支调节手段包括财政政策、货币政策、汇率政策、直接管制政策和其他奖出限入措施等。这些政策措施不仅会改变国际收支,而且会给国民经济带来其他影响。各国政府根据本国的国情,采取不同措施对国际收支进行调节。

(1) 财政政策。当一国出现国际收支顺差时,政府可以通过扩张性财政政策促使国际收支平衡。首先,减税或增加政府支出,通过税收乘数或政府支出乘数成倍地提高国民收入,由于边际进口倾向的存在,导致进口相应增加。其次,需求带动的收入增长通常伴随着物价水平上升,后者具有刺激进口、抑制出口的作用。此外,在收入和物价上升的过程中,利率有可能上升,后者会刺激资本流入。一般说来,扩张性财政政策对贸易收支的影响超过它对资本项目收支的影响,因此,它有助于一国在国际收支顺差的情况下恢复国际收支平衡。

(2) 货币政策。货币政策,指一国政府和金融当局通过调整货币供应量实现对国民经济需求管理的政策。在发达的资本主义国家,政府一般通过改变再贴现率、改变法定准备金率和进行公开市场业务来调整货币供应量。由于货币供应量变动可以改变利率、物价和国民收入,所以,货币政策成为国际收支调节手段。

(3) 汇率政策。汇率政策,指一国通过调整本币汇率来调节国际收支的政策。当一国发生国际收支逆差时,政府实行货币贬值可以增强出口商品的国际竞争力,并削弱进口商品的竞争力,从而改善该国的贸易收支。当一国长期存在国际收支顺差时,政府可以通过货币升值来促使国际收支平衡。为了保证各国汇率的相对稳定,国际货币基金组织曾规定各会员国只有在国际收支出现基本不平衡时,才能够调整汇率。

(4) 直接管制政策。直接管制政策,指政府直接干预对外经济往来实现国际收支调节的政策措施。上述国际收支调节政策都有较明显的间接性,它更多地依靠市场机制来发挥调节作用。直接管制可分为外汇管制、财政管制和贸易管制。

(5) 国际收支调节政策的国际协调。各国政府调节国际收支都以本国利益为出发点,它们采取的调节措施都可能对别国经济产生不利影响,并使其他国家采取相应的报复措施。为了维护世界经济的正常秩序,第二次世界大战后,各国政府加强了对国际收支调节政策的国际协调。

第三节 我国的国际收支

在我国，国际收支平衡实质上是外汇收支的平衡。新中国成立以来，特别是改革开放以来，我国根据国际收支的一般原则，再结合我国的具体情况，摸索出了一套基本适合我国国情的国际收支管理理论和管理方法。

一、外汇平衡的基本原则

我国外汇平衡总的管理原则是把外汇收支平衡当作整个国民经济综合平衡的一个有机组成部分来考虑。具体把握以下两条：

（1）国民经济综合平衡是外汇收支平衡的根本保证。我国国民经济的综合平衡，包括财政、信贷、物资和外汇四个方面的平衡，实质上是社会总供给与社会总需求之间的平衡。总供给与总需求之间的失衡，必然会导致外汇收支的失衡。因此，整个国民经济的综合平衡是实现我国外汇收支平衡的前提条件和根本保证。

（2）外汇收支平衡是保障国民经济健康发展，维持和促进国民经济平衡不可缺少的环节。外汇收支平衡作为国民经济综合平衡的一个组成部分，一方面受国民经济综合平衡的决定，同时反过来又影响国民经济的综合平衡。外汇收支平衡作为国民经济综合平衡的一个环节，不仅直接影响着国民经济的综合平衡，而且，由于它与其他三个方面的平衡，即财政、信贷和物资平衡之间有着极为密切的联系，因此，它还可以通过影响整个平衡关系，对综合平衡起作用。

二、我国外汇收支平衡的政策手段

1. 计划手段

新中国成立以来，我国一直坚持“以收定支、量入为出、收支平衡、略有节余”的外汇平衡方针，实行外汇的计划管理，把贸易外汇收支和非贸易外汇收支都纳入计划管理，统一编制全国性的外汇收支计划。

2. 集中管理和统一经营

为保证外汇收支按计划进行，我国实行严格的外汇管理制度，执行集中管理、统一经营的方针。

3. 严格的外汇收支管理

长期以来,我国一直采取扩大外汇收入和控制外汇支出的做法。通过外贸政策、财政税收政策、信贷货币政策来刺激国内企业扩大出口,增加外汇收入,同时根据“量入为出”的原则,控制外汇支出。另外,资本项目下的外汇支出实施严格控制。

4. 利用外资的管理

利用外资包括四个方面:一是利用外国贷款;二是吸收国外直接投资;三是鼓励国内企业和机构在国际资本市场上进行直接筹资,如发行股票或债券;四是吸收国外资金直接进入国内资金市场,如鼓励外国投资者投资B股市场。近几年来,我国在上述方面已制定了一系列的政策法规,进行了一系列的尝试,但总的来说还处于起步阶段,有待进一步的改革和完善。

资料卡 国际收支平衡表

2013年中国国际收支平衡表

单位:亿美元

项目	差额	贷方	借方
一、经常项目	1 828	26 637	24 809
A. 货物和服务	2 354	24 250	21 896
a. 货物	3 599	22 190	18 591
b. 服务	−1 245	2 060	3 305
B. 收益	−438	1 855	2 293
1. 职工报酬	161	178	17
2. 投资收益	−599	1 677	2 276
C. 经常转移	−87	532	619
1. 各级政府	−31	11	42
2. 其他部门	−56	520	577
二、资本和金融项目	3 262	17 271	14 009
A. 资本项目	31	45	14
B. 金融项目	3 232	17 226	13 995
1. 直接投资	1 850	3 478	1 629
1.1 我国在外直接投资	−732	364	1 096
1.2 外国在华直接投资	2 582	3 114	532

2. 证券投资	605	1 041	436
2.1 资产	−54	258	311
2.1.1 股本证券	−25	136	161
2.1.2 债务证券	−28	122	150
2.1.2.1 中长期债券	−28	122	150
2.1.2.2 货币市场工具	0	0	0
2.2 负债	659	784	125
2.2.1 股本证券	326	407	81
2.2.2 债务证券	333	377	44
2.2.2.1 长期债券	160	204	44
2.2.2.2 货币市场工具	173	173	0
3. 其他投资	776	12 707	11 930
长期	8	21	13
短期	−8	97	104
三、储备资产	−4 314	13	4 327
3.1 货币黄金	0	0	0
3.2 特别提款权	2	2	0
3.3 在基金组织的储备头寸	11	11	0
3.4 外汇	−4 327	0	4 327
3.5 其他债权	0	0	0
四、净误差与遗漏	−776	0	776

本章小结

1. 国际收支有广义与狭义之分。狭义的国际收支概念，指的是一国的外汇收支，各种国际经济交易只要涉及外汇收支，就都属于国际收支的范畴。第二次世界大战后，国际经济、政治和文化等交往日益广泛，各种国际资本流动频繁，国际贸易形式及其结算方式越来越多样化，经济交易的内容也越来越多样化。没有外汇收支的交易、无偿援助、补偿贸易等在国际经济中的地位也越来越重要，于是出现了广义的国际收支概念，也就是由国际货币基金组织制定的，目前被各国所普遍采用的国际收支概念，即国际收支是指在一定时期内（通常是1年），一国居民与非居民之间经济交易的系统纪录。

2. 国际收支平衡表是反映一定时期一国同外国的全部经济往来的收支流量表。它是对一个国家与其他国家进行经济技术交流过程中所发生的贸易、非贸易、资本往来以及储备资产的实际动态所做的系统记录，是国际收支核算的重要工具。通过国际收支平衡表，可综合反映一国的国际收支平衡状况、收支结构及储备资产的增减变动情况，为制定对外经济政策、分析影响国际收支平衡的基本经济因素、采取相应的调控措施提供依据，并为其他核算表中有关国外部分提供基础性资料。

3. 在我国，国际收支平衡实质上是外汇收支的平衡。新中国成立以来，特别是改革开放以来，我国根据国际收支的一般原则，再结合我国的具体情况，摸索出了一套基本适合我国国情的国际收支管理理论和管理方法。

思考题：

1. 简述国际收支的概念。
2. 简述国际收支平衡表的概念及其编制方法。
3. 国际收支不平衡的调节手段有哪些？
4. 简述我国的国际收支现状。

参考文献

[1] 周晓志,何伟. 金融学基础. 北京:机械工业出版社,2009.

[2] 张炳达,芮晔平. 金融理论与实务. 上海:立信会计出版社,2007.

[3] 毕春燕,郑兴. 金融概论. 北京:机械工业出版社,2009.

[4] 中国证券业协会. 证券市场基础知识. 北京:中国财政经济出版社,2008.

[5] 中国证券业协会. 证券发行与承销. 北京:中国财政经济出版社,2008.

[6] 王松奇. 金融学. 北京:中国金融出版社,2000.

[7] 鲍静海. 金融学. 北京:科学出版社,2006.

[8] 戴国强. 货币银行学. 上海:上海社会科学院出版社,2000.

[9] 张启文. 金融学. 北京:科学出版社,2009.

[10] F.S.米什金. 郑艳文,译. 货币金融学:7版. 北京:中国人民大学出版社,2006.

[11] 刘金章,孙可娜. 现代金融理论与实务. 北京:北方交通大学出版社,2006.

[12] 朱静,等. 商业银行经营管理. 北京:电子工业出版社,2008.

[13] 唐旭,成加军. 现代商业银行业务与管理. 北京:中央广播电视大学出版社,2002.

[14] 李大雁,彭永贵. 现代金融实物与案例. 北京:经济科学出版社,2007.

[15] 刘舒年. 国际金融. 北京:中国人民大学出版社,2006.

[16] 宗宪,孔德明. 国际金融. 西安:西安交通大学出版社,2006.

[17] 梁峰. 金融学概论. 北京:中国财政经济出版社,2007.

[18] 徐进前. 金融创新. 北京:中国金融出版社,2003.

[19] 郭茂佳. 金融市场学. 北京:经济科学出版社,2005.

[20] 邢秀琴. 保险学. 北京:邮电大学出版社,2008.

[21] 周建松. 金融学基础. 中国人民大学出版社,2013.

[22] 韩宗英. 金融基础知识. 人民邮电出版社,2011.

[23] 李军. 金融学基础. 清华大学出版社,2010.